Heranças guardadas e transições ponderadas

História econômica do interior paulista

CONSELHO EDITORIAL
Ana Paula Torres Megiani
Eunice Ostrensky
Haroldo Ceravolo Sereza
Joana Monteleone
Maria Luiza Ferreira de Oliveira
Ruy Braga

Heranças guardadas e transições ponderadas

História econômica do interior paulista

Lélio Luiz de Oliveira

Copyright© 2016 Lélio Luiz de Oliveira

Grafia atualizada segundo o Acordo Ortográfico da Língua Portuguesa de 1990, que entrou em vigor no Brasil em 2009.

Publishers: Joana Monteleone/Haroldo Ceravolo Sereza/Roberto Cosso
Edição: Joana Monteleone
Editor assistente: João Paulo Putini
Projeto gráfico e diagramação: Camila Hama
Assistente acadêmica: Danuza Vallim
Revisão: Patrícia Jatobá C. de Oliveira
Assistente de produção: Gabriel Siqueira
Capa: Camila Hama
Imagem da capa: sxc.hu

Este livro foi publicado com o apoio da USP

CIP-BRASIL. CATALOGAÇÃO NA PUBLICAÇÃO
SINDICATO NACIONAL DOS EDITORES DE LIVROS, RJ
O48H

Oliveira, Lélio Luiz de
HERANÇAS GUARDADAS E TRANSIÇÕES PONDERADAS: HISTÓRIA ECONÔMICA DO INTERIOR PAULISTA
Lélio Luiz de Oliveira. - 1. ed.
São Paulo : Alameda, 2016.
200 P. : IL. ; 23 CM.

Inclui bibliografia
ISBN 978-85-7939-308-2

1. Economia - Brasil - História. 2. Desenvolvimento econômico - Franca, SP - História. I. Título.

15-26241   CDD: 332.414
                 CDU: 336.748.12

ALAMEDA CASA EDITORIAL
Rua 13 de Maio, 353 – Bela Vista
CEP 01327-000 – São Paulo, SP
Tel. (11) 3012-2403
www.alamedaeditorial.com.br

*À memória
do meu pai Boanerges Leão das Oliveiras*

SUMÁRIO

Apresentação   9

Introdução   13

Os números da produção   19
     O avanço dos cafezais   19
     A resistência das roças e criatórios   57

Chácaras, sítios e fazendas   69
     A estrutura material   69
     O perfil agrário   91

Crescimento e acumulação   125
     A composição da riqueza   125
     Incremento e diversificação da população   151

Conclusões   187

Fontes e Bibliografia   189

ABREVIATURAS

AHMF – Arquivo Histórico Municipal de Franca Capitão Hypólito Antônio Pinheiro.
MHMF – Museu Histórico Municipal de Franca José Chiachiri.
APESP – Arquivo Público do Estado de São Paulo.
IBGE – Instituto Brasileiro de Geografia e Estatística.
SEADE – Fundação Sistema Estadual de Análise de Dados do Estado de São Paulo.
NEPO – Núcleo de Estudos Populacionais da Universidade de Campinas.
SPP-DD – São Paulo do Passado – Dados Demográficos
INV – Inventários *post-mortem*
ESC – Escrituras de Compra e venda

APRESENTAÇÃO

Os debates sobre as linhas de força da economia brasileira remontam aos anos 30 do século XX, quando a polarização política discutia, entre outras, a dificuldade da consolidação nacional frente à hegemonia dos setores exportadores. Os problemas enfrentados pelo setor cafeeiro, protegido pela República Velha, indicavam a necessidade de fortalecimento de setores voltados para o mercado interno.

A polêmica entre produção exportadora e crescimento do mercado interno não se referia apenas à economia; envolvia principalmente questões sociais e políticas. Para uns, o setor exportador era a base da exclusão social e o latifúndio, monocultura e escravismo haviam constituído freio para a formação do povo livre e cidadão, em século de hegemonia de uma classe dominante opressora e inibidora do desenvolvimento.[1] Para outros, o paradoxo estava justamente na relação íntima entre essa produção exportadora e a história do capitalismo.[2] Os problemas nacionais não se resolveriam no horizonte da modernização capitalista.

O período pós-guerra e os impasses dos processos de descolonização aprofundaram as discussões, estimuladas nos anos 60 pela Revolução Cubana e pela busca do socialismo. Na academia, os estudos tenderam a acompanhar essa polarização, dissecando as estruturas fundiárias monocultoras e de exportação ou mos-

---

[1] MARCHANT Alexander. Feudal and Capitalistic Elements in the Portuguese Settlement of Brasil. *H.A.H.R.*, ago., 1942, p. 493-512; DUARTE Nestor. *A ordem privada e a organização política nacional*. São Paulo: Nacional, 1939.

[2] SIMONSEN Roberto. *História econômica do Brasil*. São Paulo: Nacional. JÚNIOR Caio Prado. *Formação do Brasil Contemporâneo*. 13. ed. São Paulo: Brasilisense, 1973.

trando as potencialidades e a importância dos setores ligados ao abastecimento e ao mercado interno.[3]

Os avanços dos estudos apontaram lentamente novas possibilidades, nuançando a dicotomia entre pequenas e grandes propriedades, mostrando a coexistência entre a pequena produção e a exportação, como no caso dos lavradores de cana, dos produtores de algodão ou da existência de população livre considerável relacionada à área açucareira do Rio de Janeiro.[4]

A tese da continuidade das estruturas monocultoras, sem muitas modificações desde o período colonial, me parece que ainda não foi suficientemente revisitada pelos pesquisadores. Em que pese os trabalhos que indicam: ter sido a produção escravista (do século XIX) redefinida pelo mercado concorrencial capitalista; as alterações das bases da consolidação das oligarquias cafeeiras; e, a modernização que encaminhou o abolicionismo e a república.

As pesquisas que mostram o vigor da produção escravista para o mercado interno, principalmente para Minas Gerais, em fazendas mistas, abriram perspectivas para o questionamento, também, da rigidez monocultora e latifundiária da cafeicultura.[5] Estudos verticalizados sobre a rede fundiária de antigas áreas cafeeiras indicaram, inclusive, a convivência de pequenos sítios produtores de café, articulados a grandes fazendas.[6]

A região de Franca, antiga área de abastecimento interno e de pecuária, no chamado "caminho de Goiás" é o objeto deste livro. A reflexão historiográfica e teórica de Lélio Luiz de Oliveira levou ao estudo da economia paulista nos primeiros anos da República, na perspectiva das especificidades regionais e do questionamento ao monolitismo da cafeicultura exportadora. A análise detalhada da economia da

---

[3] CEPAL. *Economic Survey of Latin America*. Nova York: United Nations Publications, 1951. FURTADO, Celso. *Formação Econômica do Brasil*. 20. ed. São Paulo: Nacional, 1985. LAMBERT, Jacques. *Os dois brasis*. Rio de Janeiro: MEC, 1959. GUIMARÃES, Alberto Passos. *Quatro séculos de latifúndio*. 3. ed. Rio de Janeiro: Paz e Terra, s/d.; FRANK, André Gunder. "Brasilian Agriculture: Capitalism and myth of feudalismo". In: *Development and underdevelopment in Latin América*. Nova York: Monthly review Press, 1957. p. 219-277.

[4] SCHWARTZ, Stuart. "Free labor in a slavery economy". In: ALDEN, Dauril. *Colonial roots of Modern Brazil*. Berkely: University of California Press, 1973; FERLINI, Vera Lúcia Amaral. *Terra, trabalho e poder*. Bauru: Edusc, 2003; FARIA, Sheila de Castro. *A colônia em movimento*. Rio de Janeiro: Nova Fronteira, 1988; PALÁCIOS, Guillermo. *Campesinato e escravidão no Brasil*: agricultores livres e pobres na capitania geral de Pernambuco (1700-1871). Brasília: UnB, 2004.

[5] MARTINS Roberto Borges. *Growing in silence: the slave economy of nineteenth-century Minas Gerais, Brasil*. Nashville: Vanderbilt university, 1980.

[6] FILLIPINI, Elizabeth. *À sombra dos cafezais: sitiantes e chacareiros em Jundiaí (1890-1930)*. Tese (doutorado) – FFLCH-USP, São Paulo, 1998, p. 216.

região, entre 1890 e 1920, possibilita o aprofundamento das abordagens generalistas, mostrando o dinamismo cafeeiro para além da força do mercado externo, ressaltando o peso de uma estrutura socioeconômica consolidada e, mesmo de uma cultura econômica de transformação progressiva.

Partindo de um minucioso e exaustivo estudo das escrituras de compra e venda e dos inventários *post-mortem* do período, o autor descortinou, em Franca, um panorama diferente, abrindo perspectivas inovadoras de investigação e de entendimento da economia cafeeira, no avanço da fronteira oeste.

Ao lado das fazendas de café que dominavam a área de Ribeirão Preto, a tradicional produção francana para o abastecimento regional, originada nos finais do século XVIII, fortaleceu-se, apoiada e revigorada por cafezais. A extensão da ferrovia incentivou a cafeicultura no município, mas ampliou o espectro da produção para o mercado interno. O livro demonstra como os proprietários rurais participaram da rentável cafeicultura, mas mantiveram a produção de gado e de alimentos. Ao mesmo tempo, embora o movimento de compra e venda de terras tenha se intensificado, o padrão fundiário da região, em que grandes e médias propriedades conviviam com chácaras e sítios, se manteve.

Os benefícios da cafeicultura puderam ser colhidos por todos, sem que o padrão monocultor, característico do avanço sobre outras áreas, tenha se implantado. O trabalho contribui para o avanço dos estudos da economia brasileira e da reflexão sobre a análise da agricultura de exportação, ao trazer à luz, a possibilidade de convivência entre produção mercantil de abastecimento, solidamente consolidada na região, por mais de dois séculos[7] e os proveitos dinamizadores da cafeicultura, tanto para o crescimento da inserção no setor exportador, como para ampliação do mercado interno, fosse pela expansão das redes viárias e mercantis, fosse pelo crescimento demográfico.

Este trabalho insere-se numa linha vigorosa de História Econômica, indicando o entrelaçamento das pesquisas demográficas, da história quantitativa, e associando a análise das tendências populacionais, os fluxos de mercadorias, o movimento de compra e venda de terras, os perfis fundiários, e o peso das estruturas culturais dessa área do sertão, solidamente fincada na produção mercantil de abastecimento interno. Assim, abandonando as rígidas polarizações entre mercado interno e mercado externo, o livro revela as especificidades da produção cafeeira, os avanços da moderniza-

---

[7] OLIVEIRA, Lélio Luiz de. *As transformações da economia de Franca no século XIX*. Dissertação (Mestrado) – FHDSS-Unesp, 1995, p. 214.

ção e as transformações da agricultura tradicional. Firmemente ancorado em dados fundiários, de produção, de transporte, de população e dos níveis de riqueza, Lélio Luiz de Oliveira apresenta uma economia que cresceu ao lado do café, mas mantendo sua diversidade original.

Vera Lúcia Amaral Ferlini
Presidente da Comissão Gestora da Cátedra Jaime Cortesão – USP
Professora do Programa de Pós-Graduação na FFLCH-USP

INTRODUÇÃO

As características das atividades econômicas hegemônicas do setor rural, na Primeira República, têm sido analisadas a partir das continuidades das práticas predominantes no século XIX, cujas estruturas teriam sido fixadas nos séculos anteriores,[1] ou seja, todo o processo econômico seria resultante da formação colonial, de caráter comercial, condicionada por fatores externos e participantes da formação do capitalismo moderno.[2]

O paradoxismo desse enfoque de ênfase do setor exportador na economia brasileira muitas vezes deixou em segundo plano, ou mesmo ignorou, as articulações internas e seus processos de acumulação e crescimento.[3]

Se, mais recentemente os excessos dessa vertente têm sido matizados, com o aumento de estudos sobre redes comerciais, produção para abastecimento interno, papel dos pequenos produtores,[4] a eclosão da cafeicultura, principalmente em São Paulo tem

---

1   OLIVEIRA, Francisco de. "Herança econômica do Segundo Império". In: FAUSTO, Boris (dir.). *História Geral da Civilização Brasileira*. São Paulo: Difel, 1985, v. 3, p. 395-397.

2   JÚNIOR, Caio Prado. *Formação do Brasil contemporâneo*. 20. ed., Brasiliense: 1987; JÚNIOR, Caio Prado. *História econômica do Brasil*. São Paulo: Brasiliense, 1978; *Evolução política do Brasil*. São Paulo: Brasiliense, 1975. SIMONSEN, Roberto. *História econômica do Brasil – 1500-1820*. 3. ed. São Paulo: Nacional, 1957. FURTADO, Celso. *Formação econômica do Brasil*. 20. ed., São Paulo: Nacional, 1985. NOVAES, Fernando Antônio. *Portugal e Brasil na crise do antigo sistema colonial (1777-1808)*. São Paulo: Hucitec, 1983. MELLO, João Manoel Cardoso de. *Capitalismo tardio*. São Paulo: Brasiliense, 1982.

3   NOVAES, Fernando Antônio. "Condições da privacidade na Colônia". In: _____(org.). *História da vida privada no Brasil* v. 1. São Paulo: Companhia das Letras, 1997, p. 17.

4   LENHARO, Alcir. *As tropas da moderação: o abastecimento da corte na formação da política do Brasil, 1808-1842*. São Paulo: Símbolo, 1979 (Ensaio e Memória, 21). MARTINS, Roberto Borges. *Growing in silence: the slave economy of nineteenth-century Minas Gerais, Brasil*. Nashville: Vanderbilt University, 1980. CHAVES, Cláudia Maria das Graças. *Perfeitos negociantes*: mercadores das minas setecentistas. São Paulo: Annablume, 1999.

sido mostrada, de um lado como continuidade da vinculação ao mercado externo e, de outro, como atividade que ao se implantar em uma região eliminava as anteriores.[5]

O estudo da expansão da cafeicultura, em Franca, expõe um processo diferente. Município do Nordeste paulista, originado no caminho das minas de Goiás, desenvolveu produção para o abastecimento interno local e regional.[6] Com a chegada de levas de mineiros, especialmente nas duas primeiras décadas do século XIX, consolidou-se importante produção regional.[7] Os mineiros, criadores de gado, formaram fazendas de perfil diversificado, com elevado grau de autossuficiência interna e mercantilização do excedente.[8] Foi o momento da expansão da economia de abastecimento interno a partir do Sul de Minas,[9] que atingiu o Nordeste paulista. No decorrer do século XIX, os francanos foram, gradativamente, ampliando e diversificando essas atividades e, além da pecuária [principal centro dinâmico] e da agricultura de abastecimento interno, dinamizou-se o comércio do sal, e passando-se a produzir a cana-de-açúcar e seus derivados.[10]

O avanço do café, no chamado Oeste paulista, já ao final do século XIX chegava à região de Ribeirão Preto e ocupava áreas de Franca. Com a ampliação das plantações de café, especialmente a partir de 1885, e a chegada da ferrovia (1887), a tendência foi de grande modificação das bases produtivas, inserindo o município de Franca no circuito da cafeicultura paulista. Contudo, o café não promoveu somente transformações, mas, fortaleceu permanências e continuidades, no confronto dialético entre a *"transformação progressiva"* – em muitos casos destruidora das antigas estruturas – e *"a implacável tragédia da permanência histórica"*[11] – senhora do "hábito

---

5 ZAMBONI, Ernesta. *Processo de formação e organização da rede fundiária da área de Ribeirão Preto (1874-1900)*: uma contribuição ao estudo da estrutura agrária – Dissertação (Mestrado) – FFLCH-USP, São Paulo, 1978, p. 135. Luciana Suares Galvão Pinto. Ribeirão Preto: a dinâmica da economia cafeeira de 1870 a 1930. Araraquara: Faculdade de Ciências e Letras, 2000. 199p. Dissertação (Mestrado em História Econômica) – Universidade Estadual Paulista, 2000.

6 "Por suas origens [a 'economia de troca'], perde-se na noite dos tempos mas não chega a unir toda a produção a todo o consumo, perdendo-se uma enorme parte da produção no autoconsumo, da família ou da aldeia, pelo que não entra no circuito do mercado." BRAUDEL, Fernand. *A dinâmica do capitalismo*. Trad. Álvaro Cabral. Rio de Janeiro: Rocco, 1987, p. 21.

7 FILHO, José Chiachiri. *Do Sertão do rio Pardo à Vila Franca do Imperador*. Ribeirão Preto: Ribeira, 1982.

8 MARTINS, Roberto Borges. *A fazenda mineira*. In: *Op. cit.*, p. 314-9.

9 LENHARO, Alcir. *Op. cit.*

10 OLIVEIRA, Lelio Luiz de. *As transformações da economia de Franca no século XIX* – Dissertação (mestradom) – FHDSS-Unesp, Franca, 1995, p. 214.

11 MAYER, Arno J. *A força da tradição: a permanência do Antigo Regime, 1848-1914*. Trad. Denise Bottmann. São Paulo: Companhia das Letras, 1987, p. 14.

– *[ou] melhor, [d]a rotina –, (...) [dos] gestos herdados, acumulados a esmo, repetidos infinitamente, (...) [que] remontam ao mais fundo dos tempos."*[12]

As análises sobre a economia de Franca, para o período 1890-1920, têm, em maior ou menor grau, apontado a substituição pela cafeicultura, da produção diversificada para abastecimento interno. Lucila Brioschi,[13] tratando sobre migrações mineiras para a região e a formação de uma sociedade de criadores, localizada entre os rios Pardo e Sapucaí-Mirim, afirma que próximo ao século xx *"Franca deixou a criação de gado e a agricultura de abastecimento interno em um segundo plano e passou a fazer parte do conjunto privilegiado das regiões produtoras para o mercado externo. (...) Ou, em outros termos, [ocorreu] um processo em que a cultura do café foi tomando espaço à criação do gado e à cultura de subsistência."* Para Pedro Tosi,[14] o caráter dinâmico da produção cafeeira foi fundamental na implementação das *"condições que possibilitaram a emergência da atividade industrial, na cidade de Franca"*, entre os anos de 1860 e 1945.

Este trabalho invoca uma análise de âmbito regional, priorizando as articulações internas,[15] consolidadas no Município de Franca, e que permitiram a coexistência da cafeicultura e da produção mercantil de abastecimento interno. As balizas temporais – *1890-1920* –, foram escolhidas por constituir um período em que a cafeicultura promoveu a reacomodação da estrutura produtiva, tradicionalmente baseada no abastecimento interno.

Concomitante às resistências, a cafeicultura ditou a nova lógica econômica.[16] Mais dinâmica, ligou o município ao mercado externo e promoveu a retroalimentação dos setores destinados ao abastecimento interno. Com isso, as velhas forças não foram destruídas, pelo contrário, foram beneficiadas. A cafeicultura, sem se tornar

---

12 BRAUDEL, Fernand. *A dinâmica do capitalismo*. Trad. Álvaro Cabral. Rio de Janeiro: Rocco, 1987, p. 20.

13 Carlos de Almeida Prado Bacellar, Lucila R. Brioschi (orgs.) *Na estrada do Anhanguera. Uma visão regional da história paulista*. São Paulo: Humanitas,FFLCH-USP, 1999, p. 76.

14 TOSI, Pedro Geraldo. *Capitais no interior*: Franca e a história da indústria coureiro-calçadista (1860-1945) – Tese (Doutorado) – IE-Unicamp, Campinas, 1998, p. 81.

15 "impõem-se atentar para as disparidades regionais que matizam e historicizam o processo, condicionando uma compreensão mais vertical e abrangente da formação social nos seus dimensionamentos regionais. (...) Após a captação das determinações mais gerais (...) é necessário cuidar-se contra a excessividade de sistematização que obscurece a especificidade, privilegiando a igualmente em detrimento das diferenças." ARRUDA, José Jobson de Andrade. "A prática econômica setecentista no seu dimensionamento regional". *Revista Brasileira de História*, v. 5, n. 10, mar./ago., 1985, p. 147.

16 "Com a introdução da máquina de beneficiamento na cafeicultura paulista, além de poupar mão-de-obra, reduziu os custos, aumentou a produtividade e os lucros. Ambas, ferrovia e máquina de beneficiamento, aumentando os lucros da cafeicultura, possibilitaram a esta uma crescente dinâmica de acumulação." CANO, Wilson. "O complexo cafeeiro de São Paulo". In: *Ensaios sobre a formação econômica regional do Brasil*. Campinas: Unicamp, 2002, p. 64-5.

monocultura, por conseguinte, reestruturou a pecuária e a agricultura de abastecimento interno, dando maior fôlego, inclusive, às atividades urbanas.[17]

No período estudado (1890-1920), o município de Franca, região fronteiriça, servia de aceiro às forças avassaladoras da cafeicultura monopolista. Os fazendeiros da região, porém, assimilaram com parcimônia o empreendedorismo dos paulistas, sem relegar o comedimento das tradições mineiras. Portanto, o processo de modernização do campo foi controlado, ponderado no limiar entre o novo e o velho.[18]

Próprio de um período de transição, as práticas resistentes passaram a ser aparentemente repetidas, guardaram semelhança de forma, mas com conteúdo modificado. Um bom exemplo foi a pecuária, que guardou seu lugar. A cafeicultura veio postar-se ao seu lado. Contudo, a ferrovia abriu novos mercados e direcionou o gado de corte para outras bandas. Parte das boiadas não eram mais tangidas. Mesmo a raça do gado criado no município foi sendo substituída, do europeu para o indiano.[19]

A compreensão do processo impactante da cafeicultura na estrutura produtiva do município de Franca, passa, simultaneamente, pelo conceito de tempo histórico diluído em durações longas, conjunturais ou factuais,[20] e pela predominância da análise no nível da *"vida material – uma parte da vida dos homens, tão profundamente inventores quanto rotineiros."*[21]

No primeiro capítulo, são apresentados os antecedentes históricos do município de Franca, no século XIX, concentrando-se na gradativa formação das atividades econômicas, que tiveram como eixo dinâmico a pecuária. A seguir, passa-se à compreensão do crescimento do café no seio da produção de abastecimento. Em contrapartida, baseando-se no *Censo Agrícola de 1920*, apresenta-se o panorama das propriedades rurais do município, suas formas de produzir e os resultados da produção, reafirmando a diversificação após a inserção do café.

---

17 "A mudança sempre retorna ao chão do mundo conhecido e é incorporada". REIS, José Carlos. *Op. cit.*, p. 19.
18 "A mudança é preservada em uma 'dialética da duração', isto é, ela é dialeticamente superada. (...) Mas, enquadrada pela longa duração, a mudança é limitada e não tende à ruptura descontrolada." REIS, José Carlos. Escola dos Annales. *A inovação em História*. São Paulo: Paz e Terra, 2000, p. 19.
19 TOSI, Pedro Geraldo. *Capitais no interior: Franca e a história da indústria coureiro-calçadista (1860-1945)* – Tese (doutorado) – IE-Unicamp, Campinas, 1998, p. 81.
20 BRAUDEL, Fernando. "História e ciências sociais". *Revista de História*, São Paulo, v. 30, n. 62, p. 261-94, abr./jun., 1965. "Constatar e reconstituir articulações de durações: mais lentas, mais ou menos lentas, mais ou menos rápidas, mais rápidas, mais ou menos breves, breves." REIS, José Carlos. *Op. cit.*, p. 22.
21 BRAUDEL, Fernand. *A dinâmica do capitalismo*. Trad. Álvaro Cabral. Rio de Janeiro: Rocco, 1987, p. 20.

No segundo capítulo, caracteriza-se a estrutura material das propriedades rurais, divididas em chácaras, sítios, partes de terras e fazendas, conforme a nomenclatura indicada na documentação. Conjuntamente, analisa-se o movimento de compra e venda dos imóveis rurais, enfocando as áreas transacionadas, e os elementos indicativos do perfil agrário.

No último capítulo, procede-se ao detalhamento do patrimônio dos proprietários, acompanhando-se a trajetória dos investimentos realizados e a capacidade de geração de riqueza em uma economia de transição entre o abastecimento e a exportação. Apresenta-se, ainda, o perfil populacional, nesse período do crescimento econômico do município, detalhando-se especialmente o quadro profissional.

A base documental está alicerçada em: a) escrituras de compra e venda e inventários *post-mortem* dos cartórios de primeiro e segundo ofícios de Franca, depositados no Arquivo Histórico Municipal Capitão Hipólito Antônio Pinheiro; b) jornais, atas da Câmara e livros de regulamento para arrecadação de impostos, valores de arrecadação do Mercado Municipal e o Código de Posturas, no Museu Histórico Municipal José Chiachiri; c) Relatórios da Secretaria de Negócios da Agricultura, Comércio e Obras Públicas, no Arquivo Público do Estado de São Paulo; d) Recenseamento Agrícola do Brasil, realizado em 1920, no Instituto Brasileiro de Geografia e Estatística – IBGE; e) o Anuário Estatístico do Estado de São Paulo, na Fundação Seade; f) dados dos censos populacionais, no Núcleo de Estudos Populacionais – NEPO, na Universidade de Campinas – Unicamp; e, g) dados dos Relatórios da Diretoria da Companhia Mogyana de Estradas de Ferro, gentilmente fornecidos por Pedro Geraldo Tosi.

OS NÚMEROS DA PRODUÇÃO

O avanço dos cafezais

O território do Nordeste paulista era, no início do século XVIII, terra dos Kayapó.[1] O movimento de populações rumo a Goiás e, mais tarde, descendo do rio das Mortes, empurrou os indígenas para o Oeste e permitiu o estabelecimento de pousos de tropeiros, atraindo populações dispersas, oriundas de São Paulo.[2]

No *sertão e caminho de Goiás* (Mapa 1) surgiram pequenos e dispersos núcleos de povoamento, compostos pela família, poucos escravos e alguns agregados, que tinham na pousada, na agricultura de sobrevivência e na criação de alguns animais, suas principais atividades econômicas.[3] A parcela de mercantilização devia-se ao fornecimento de alimentos àqueles que trafegavam pela estrada de Goiás. Parte do lucro dos comerciantes e boiadeiros que por ali transitavam ficava nos *pousos*, onde pagavam por local de dormir, alimentação, bebida e aluguel das invernadas para o descanso dos animais.[4]

---

1 SANTOS, Wanderley dos. *O índio na História de Franca*. Franca: Prefeitura Municipal de Franca, 1995. PRESOTTO Zélia; RAVAGNANI, Oswaldo. "Dados históricos e arqueológicos dos primeiros habitantes do Nordeste paulista". *Boletim de História e ciências correlatas*, Franca, ano 2, n. 4, p. 50-57, 1970. p. 55. Os autores sustentam suas afirmações em relatos de viajantes como Luís D'Alincourt e Saint-Hilaire, moradores do começo do século XIX e através de pesquisas realizadas em restos arqueológicos, especialmente feitos de cerâmica (igaçaba) ou de material lítico (machado de âncora).

2 FILHO, José Chiachiri. *Do sertão do rio Pardo à Vila Franca do Imperador*. Ribeirão Preto: Ribeira, 1982.

3 *Idem*, p. 87.

4 "Outras áreas particulares em que a agricultura de subsistência encontra condições propícias é ao longo das grandes vias de comunicação, freqüentadas pelas numerosas tropas de bestas,

A ocupação mais efetiva e sistemática da região é obra de populações mineiras que, desde os fins do século XVIII, buscavam novas paradas devido à decadência dos centros de mineração[5] e às possibilidades de ampliação das atividades econômicas, destinadas ao abastecimento.[6] Os mineiros deslocaram-se da Comarca do Rio das Mortes para São Paulo, vindo estabelecer-se na área entre Franca e Mogi-Mirim (Mapa 2). Adotaram a criação de gado bovino como principal atividade econômica, devido às experiências implementadas nas regiões de origem, às condições naturais propícias e às conveniências do mercado.[7]

Durante o século XIX, na área que compreendia o município de Franca (Mapa 2), assistiu-se à gradativa ampliação de atividades produtivas, voltadas ao mercado. A diversificação dos empreendimentos foi a característica predominante: pecuária e seus derivados, comércio do sal, agricultura para abastecimento local e regional, engenhos de açúcar e aguardente, tecelagem, garimpo, atividades artesanais e plantações de café.[8]

A economia do Nordeste paulista teve na pecuária seu principal fator de crescimento. Durante o século XIX, exerceu efeito multiplicador através de atividades correlatas.[9]

O gado bovino destacou-se como produto de maior importância comercial.[10] Através do comércio do gado o Nordeste paulista integrava-se a outras regiões.

que fazem todo o transporte por terra na colônia, e pelas boiadas que das fazendas do interior demandam os mercados do litoral. Sobretudo as primeiras, que no sentido que nos interessa aqui mais se destacam: é preciso abastecer estas tropas durante a sua viagem, alimentar os condutores e os animais. Não se julgue que este trânsito é pequeno (...), basta-nos adiantar que é largamente suficiente para provocar o aparecimento, sobretudo nas grandes vias que articulam Minas Gerais, Goiás, São Paulo e Rio de Janeiro entre si, de uma atividade rural que não é insignificante. O consumo do milho pelas bestas, em particular, é tão volumoso e constitui negócio de tal modo lucrativo para os fornecedores, que estes, para atrair os viajantes, não só lhes põem à disposição 'ranchos' onde pousem na jornada, mas dão ainda mantimentos gratuitos para o pessoal das tropas e pasto para os animais." JÚNIOR, Caio Prado. *Formação do Brasil contemporâneo.* 20. ed. São Paulo: Brasiliense, 1987, p. 163.

5   FURTADO, Celso. *Formação econômica do Brasil.* 20. ed. São Paulo: Nacional, 1985, p. 85.

6   MARTINS, Roberto Borges. *Growing in silence: the slave economy of nineteenth-century Minas Gerais, Brasil.* Nashville: Vanderbilt University, 1980.

7   JÚNIOR, Caio Prado. *Formação do Brasil contemporâneo.* 20. ed. São Paulo: Brasiliense, 1987, p. 198.

8   FILHO, José Chiachiri. *Do Sertão do rio Pardo à Vila Franca do Imperador.* Ribeirão Preto: Ribeirão, 1982. OLIVEIRA, Lelio Luiz de. *Economia e História.* Franca – século XIX. Franca: FHDSS-Unesp: Amazonas Prod. Calçados S/A, 1997 (História Local, 7). TOSI, Pedro Geraldo. *Capitais no interior:* Franca e a história da indústria coureiro-calçadista (1860-1945) – Tese (Doutorado) – IE-Unicamp, Campinas, 1998.

9   OLIVEIRA, Lelio Luiz de. *Economia e História.* Franca – século XIX. Franca: UNESP-FHDSS: Amazonas Prod. Calçados S/A, 1997 (História Local, 7); Simonsen destaca Franca como uma das áreas em que a pecuária fincou raízes no início do século XIX. SIMONSEN, Roberto. *História econômica do Brasil: 1500-1820.* 3. ed. São Paulo: Nacional, 1957.

10 D'ALINCOURT, Luiz. *Memória sobre a viagem do porto de Santos à cidade de Cuiabá.* Belo Horizonte: Itatiaia; São Paulo: Universidade de São Paulo, 1975. (Reconquista do Brasil, 25), p. 24.

Somados aos vínculos estabelecidos de longa data com as minas de Goiás, nas décadas iniciais do século XIX, os criadores francanos negociavam com localidades distantes: boiadeiros de Formiga e São João Del Rei[11] compravam o gado criado nas margens do Rio Grande e do Rio Pardo, destinando-o ao Rio de Janeiro,[12] importante mercado consumidor.[13] Os criadores francanos também enviavam seus rebanhos a outras partes do interior paulista: Sorocaba, Piracicaba, Mojiguaçú e Jundiaí, áreas de intensa produção açucareira.[14]

A preponderância da criação do gado, em Franca, é constatada nos inventários *post-mortem* do início do século XIX. Dos rebanhos registrados verifica-se que os bovinos representavam 76,7% do total de animais, restando 7,0% de equinos, 7,5% de suínos, 7,3% de lanígeros e 1,0% de caprinos[15] (Tabela 1).

Parte considerável do rebanho bovino era de *bois de carro*, criados tanto para uso doméstico, como para serem vendidos em outras regiões. Eram animais indispensáveis ao transporte de mercadorias, por toda a região e pela estrada de Goiás, devido a topografia que facilitava o uso dos *carros de boi*.[16] Na década de 1820, os bois amansados e treinados para puxar carros e arados, tinham o maior valor médio entre os bovinos: 10$700. Na mesma década os bois reprodutores valiam 8$300 e as vacas 6$700.[17] Alípio Goulart, ressalta que "*o boi franqueiro criado ao norte de São Paulo é um dos descendentes diretos do boi alentejano, caracterizado por sua grande estatura e desenvolvimento dos chifres. São bovinos de maior opulência encontrados no território nacional. Destinados ao corte, um pouco tardiamente, eram considerados bons carreiros.*"[18]

---

11 CHAVES, Cláudia Maria das Graças. *Perfeitos negociantes. Moradores das Minas setecentistas.* São Paulo: Annablume, 1999.

12 SAINT-HILARIE, Auguste. *Viagem às nascentes do Rio São Francisco.* Trad. Clara Ribeiro Lessa. São Paulo: Nacional, 1937, v. 1, p. 122 (Brasiliana, 68).

13 LENHARO, Alcir. *As tropas da moderação*: o abastecimento da corte na formação da política do Brasil, 1808-1842. São Paulo: Símbolo, 1979 (Ensaio e Memória, 21). Idem. "Rota menor: o movimento da economia mercantil de subsistência do centro-sul do Brasil, 1808-1831". *Anais do Museu Paulista,* v. 23, p. 29-49, 1977/78. MARCONDES, Renato Leite. "Formação da rede regional de abastecimento do Rio de Janeiro: a presença dos negociantes de gado (1801-1811)". *Topoi,* Rio de Janeiro, mar. 2001, p. 41-71.

14 PETRONE, Maria Thereza Schorer. *A lavoura canavieira em São Paulo: expansão e declínio.* São Paulo: Difusão Europeia do Livro, 1968.

15 Em 1829, havia 688 criadores de gado bovino notificados em Franca, possuidores do rebanho de 37.768 cabeças. MHMF – Museu Histórico Municipal de Franca. Livro de Assentamento de Gados – 1829.

16 FILHO, José Chiachiri. *Do sertão do rio Pardo à Vila Franca do Imperador.* Ribeirão Preto: Ribeira, 1982, p. 78.

17 OLIVEIRA, Lelio Luiz de. *Economia e História. Franca – século XIX.* Franca UNESP-FHDSS: Amazonas Prod. Calçados S/A, 1997 (História Local, 7), p. 113.

18 GOULART, José Alípio. *Brasil do boi e do couro.* Rio de Janeiro: Edições GRD, 1965, v. 1, p. 240.

O gado de corte – garrotes e novilhos – também era importante no estoque de bovinos, destinando-se preponderantemente ao comércio. Já as vacas, em contrapartida, atendiam a *economia da casa*[19] (Tabela 1).

Tabela 1
Média de animais por proprietário – Franca – 1820-1830

Animais	Número	Porcentagem	Média*
Vacas	459	28,5	22,9
Novilhas, garrotes	539	33,5	24,5
Bois reprodutores	35	2,2	3,2
Bois de carro	202	12,5	12,6
Sub total – bovinos	1235	76,7	45,7
Cavalos, éguas e potros	113	7,0	4,7
Muares	8	0,5	1,3
Suínos	121	7,5	3,9
Lanígeros	116	7,3	3,7
Caprinos	16	1,0	0,5
TOTAIS	1.609	100,00	–

*Média por proprietário.
Fonte: AHMF – Processos de Inventário, 2. Ofício Cível, cx. 2 a 4, 1820/30.

Os subprodutos do gado bovino, além de atenderem ao consumo da sociedade basicamente rural, eram largamente comercializados. Tinham papel destacado: carne, leite, queijos, arreios, selas, mobílias e calçados.[20]

Atrelado à criação de bovinos, havia o comércio do sal, atividade relevante ao estreitar os vínculos do município francano com outras localidades.[21] Vindo de Santos (via Campinas), transportado em *carros de boi*, o sal tinha Franca como entreposto distribuidor para todo o Nordeste paulista, Sul de Minas, Goiás e Mato Grosso.[22]

---

[19] Os produtos destinados ao consumo na própria unidade produtiva, são identificados por Martins como mantimentos da "economia da casa". MARTINS, Roberto Borges. *Growing in silence*: the slave economy of nineteenth-century Minas Gerais, Brasil. Nashville: Vanderbilt University, 1980. (mimeo).

[20] BRIOSCHI Lucila R. et al. *Entrantes do sertão do Rio Pardo: o povoamento da Freguesia de Batatais – séculos XVIII e XIX*. São Paulo: CERU, 1991, p. 51.

[21] Sobre o consumo e comércio do sal em Batatais, município limítrofe a Franca, ver: BRIOSCHI Lucila R. et al. *Entrantes do sertão do Rio Pardo: o povoamento da Freguesia de Batatais – séculos XVIII e XIX*. São Paulo: CERU, 1991.

[22] SAINT-HILAIRE, Auguste. *Viagem à Província de São Paulo*. São Paulo: Livraria Martins, [s.d.], p. 110. Segundo Naldi, "no caso do comércio de sal, as Atas da Câmara nos mostram que o fazendeiro adquiria o produto quase sempre arcando com todas as despesas de transporte. Tirava o necessário para o próprio consumo e o restante redistribuía, vendendo-o na região e províncias vizinhas." NALDI, Mildred Regina Gonçalves. *O barão e o bacharel: um estudo de política local no II Reinado, o caso de Franca*. São Paulo – Tese (doutorado) – FFLCH-USP, São Paulo, 1988. p. 227.

A agricultura, principalmente de milho, algodão, mandioca, fumo, feijão, arroz, e em menor quantidade mamona e trigo,[23] atendia aos próprios produtores, sendo o excedente destinado aos viajantes do sertão do Rio Pardo, aos mercados locais e à Vila Franca que estava em crescimento.[24]

D'Alincourt[25] e Saint-Hilaire[26] notaram em Franca a produção de tecidos de lã e algodão,[27] produzidos nos teares caseiros. A tecelagem tornou-se prática constante durante o século XIX,[28] visto que nos inventários *post-mortem*, da década de 1870, há menções sobre *descaroçadores de algodão,*[29] *rodas de fiar, tear e seus pertences.*[30]

Uma vez por ano, os maiores produtores iam a Campinas ou a São Paulo com *carros de boi*, abarrotados de cereais e toucinho,[31] para trocar por sal e ferramentas.[32] Na década de 1860, chegavam a Campinas, anualmente, de 400 a 600 carros de boi *francanos ou mineiros*, como eram conhecidos, carregados de mercadorias para serem negociadas.[33]

---

23 MÜLLER, Daniel Pedro. *Ensaio d'um quadro estatístico da Província de São Paulo: ordenado pelas leis municipais de 11 de abril de 1836 e 10 de março de 1837*. 3. ed. São Paulo: Governo do Estado, 1978.

24 Os produtos que saíam de Franca, geralmente, eram registrados nas Barreiras de: Ponte Alta (Porto do Rio Grande) – 1853-1876 e do Rio Grande (Franca, limite com Minas Gerais) – 1859-1876. COSTA, Hernani Maia. *As barreiras de São Paulo: estudo histórico das barreiras paulistas no século XIX* – Dissertação (mestrado) – FFLCH-USP, São Paulo, 1984.

25 "Os habitantes do lugar são industriosos e trabalhadores, fazem diversos tecidos de algodão, boas toalhas, colchas e cobertores, fabricam pano azul de lã muito sofrível, chapéus, alguma pólvora, e até têm feito espingardas." D'ALINCOURT, Luiz. *Memória sobre a viagem do porto de Santos à cidade de Cuiabá*. Belo Horizonte: Itatiaia; São Paulo: Universidade de São Paulo, 1975. (Reconquista do Brasil, 25), p. 71.

26 "Os francanos cultivam, fabricam em suas propriedades tecidos de algodão e de lã, e aplicam-se especialmente à criação de gado vacum, de porcos e de carneiros." SAINT-HILARIE, Auguste. *Viagem às nascentes do Rio São Francisco*. Trad. Clara Ribeiro Lessa. São Paulo: Nacional, 1937, v. 1 (Brasiliana, 68), p. 119.

27 "(…) Na Freguesia da Franca, que fazia parte do Termo de Mogy-Mirim (sic), havia pequenas fábricas de chapéus e de tecidos de lã e de algodão." SOBRINHO, Júlio Brandão. "Várias notas: Minerais". In: SÃO PAULO. "Secretaria da Agricultura, Commercio e Obras Publicas". *Boletim da Diretoria de Industria e Commercio*. Mai., n. 5, 1912, p. 197. Apud TOSI, Pedro Geraldo. *Capitais no interior: Franca e a história da indústria coureiro-calçadista (1860-1945)* – Tese (doutorado) – IE-Unicamp, Campinas, 1998, p. 40. MÜLLER, Daniel Pedro. *Op. cit.*, p. 76.

28 A criação de carneiros era exclusiva dos maiores proprietários de animais. Como exemplo, em 1829, Maria Francisca, viúva de Antônio José de Souza, tinha 297 cabeças de gado, sendo 8 carneiros. AHMF – Inventário. Proc. 54, cx. 4, 1829.

29 AHMF – Inventariado: Firmiano Barbosa de Avelar. Proc. 474, cx. 28, 1877.

30 AHMF – Inventariada: Maria Lima Rodrigues de Freitas. Proc. 470, cx. 28, 1877.

31 Por volta de 1820, Franca "era um dos maiores produtores [de suínos] da Capitania". HOLANDA, Sérgio Buarque de. *Monções*. 3. ed., São Paulo: 1989, p. 122.

32 SAINT-HILARIE, Auguste. *Viagem às nascentes do Rio São Francisco*. Trad. Clara Ribeiro Lessa. São Paulo: Nacional, 1937, v. 1, p. 116, (Brasiliana, 68).

33 GOULART, José Alípio. *Op. cit.*, p. 240.

Em grande parte do século XIX, o comércio empreendido no caminho de Goiás, influenciava a vida do produtor rural. Nos *pousos*,[34] a rotina consistia em receber os boiadeiros, alugar o pasto, vender as refeições, a carne seca, o queijo, as quitandas, as rapaduras, o aguardente, o milho e seus derivados, além de oferecer os serviços para a cura do gado estropiado. Quando tivesse estoque, vendia uma partida de novilhos.[35]

A mineração era atividade notável no entorno de Franca, que, entre 1804 e 1824, recebeu migrantes de localidades de onde eram extraídas pedras preciosas e ouro, como é o caso de 79 indivíduos oriundos do Julgado de Nossa Senhora do Desterro do Desemboque.[36] A procura pelo diamante passou a ser atividade corriqueira nos ribeirões Santa Bárbara, Sapucahy-Mirim e Canoas,[37] tanto que a figura do ourives inseria-se no rol de profissões dos francanos.[38] Diante disso, em 1883, as autoridades municipais requereram ao Governo Imperial o *status* de área propícia a extração do diamante.[39]

Ao longo do século XIX, as práticas econômicas em Franca foram sofrendo modificações no sentido de ampliar as atividades já existentes (pecuária, agricul-

---

34 "Os pousos não eram somente estalagens ou pensões, (...) localizados à beira da estrada, eram também fornecedores; vendiam o que produziam e produziam o que era necessário e procurado. (...) A denominação dos pousos, no sentido sul-norte, era a seguinte: Paciência, Pouso Alegre, Sapucaí, Bagres, Posse, Ressaca, Monjolinho, Ribeirão, Calção de Couro, Rio das Pedras, Rossinha e Rio Grande." JÚNIOR, Carmelino Correia. *Os primórdios do povoamento do Sertão do Capim Mimoso*. Franca, s/d (mimeo).

35 Conforme D'Alincourt, "na fazenda das Macahubas, junto à qual se passa o ribeiro Sapucahy, o dono, natural de Guimarães, (...) faz seu melhor negócio em gado. A principal exportação consta de gado vacum, porcos e algodão, que levava a Minas; plantava milho, feijão e outros legumes para consumo do país." D'ALINCOURT, Luiz. *Op. cit.*, p. 24. FILHO, José Chiachiri. "Realidade colonial". In: BRIOSCHI, Lucila R. *et al. Entrantes da Freguesia de Batatais – séculos XVIII e XIX*. São Paulo: CERU, 1991, p. 57.

36 FILHO José Chiachiri. *Do sertão do rio Pardo à Vila Franca do Imperador*. Ribeirão Preto: Ribeira, 1982, p. 47. Desemboque é um povoado que em fins do século XVIII "ofereceu aos desbravadores do Sertão da Farinha Podre (Triângulo Mineiro) ouro em abundância". FERREIRA, Jurandyr Pires. *Enciclopédia dos municípios brasileiros*. Rio de Janeiro: IBGE, 1957, v. 23, p. 193; NABUT, Jorge Alberto (org.). *Desemboque: documento histórico e cultural*. Uberaba: Fundação Cultural de Uberaba, Arquivo Público de Uberaba, Academia de Letras do Triângulo Mineiro, 1986.

37 FILHO, José Chiachiri. "A mineração". In: Franca: banco de dados. s/d. (mimeo).

38 "Francisco de Paula, de 46 anos, oriundo de Minas Gerais, casado pai de 3 filhos, tinha um agregado e 4 escravos, era 'oficial de ourives'; Antônio Francisco Macedo, de 40 anos, natural de Minas Gerais, casado, pai de uma filha, possuía 3 escravos e tinha profissão de 'oficial de ourives'." APESP – Lista Popular de Habitantes da 1ª. Companhia de Ordenanças da Vila Franca do Imperador Constitucional, dos anos de 1830 e 1831, CX. 47.

39 SOBRINHO, Júlio Brandão. "Várias notas: Minerais". In: SÃO PAULO. Secretaria da Agricultura, Commercio e Obras Publicas. *Boletim da Diretoria de Industria e Commercio*. 3ª série, junho, n. 6, 1912, p. 254-5. *Apud* TOSI, Pedro Geraldo. *Capitais no interior: Franca e a história da indústria coureiro-calçadista (1860-1945)* – Tese (doutorado) – IE-Unicamp, Campinas, 1998, p. 23.

tura e comércio), além de incluir novos experimentos. Em 1837, a região contava com *"11 engenhos de açúcar, 34 destilarias de aguardente, 176 fazendas de criar, 2 fazendas de café e 8 engenhos de serrar"*.[40]

As propriedades rurais do município, tinham características parecidas com as *fazendas mineiras*, conhecidas pela diversificação da produção, autossuficiência interna e vínculos com o comércio regional.[41] Não é de se estranhar, tendo em vista que a ocupação efetiva das terras do Nordeste paulista foi, em grande parte, obra de mineiros.[42]

A diversificação da estrutura produtiva predominava nas propriedades dos pequenos e grandes produtores. O pequeno proprietário, Aleixo Alves Borges,[43] possuía um escravo e *"uma parte de terras de matos, com benfeitoria de casa de morada de capim de um só 'lanço'(sic)"*. Seus animais consistiam de um boi, 17 novilhas e 16 vacas. Para a produção de cereais tinha as *ferramentas de roça*.

Entre os mais abastados estava Rosa Maria de Viterbo,[44] dona de 15 escravos e uma fazenda denominada Monjolinho, onde havia *"casas cobertas de palha, moinho, monjolos e paiol"*. O rebanho de bovinos era constituído de 104 cabeças. Entre os bens pessoais constava: ferramentas de roça e carpintaria.

Na década de 1870, o perfil das propriedades preserva as características do início do século XIX, como nas fazendas Bom Jardim e Salgado, cujo proprietário Manoel de Santa Anna,[45] detinha 3 escravos, 20 bois de carro, 11 vacas, 4 cavalos, 17 carneiros e 13 porcos. De forma parecida, a Fazenda da Matta, de José Bernardes Pinto,[46] comportava 26 *bois de carro*, um boi reprodutor, 41 vacas, 10 cavalos e 25 pavões.

O contínuo processo de ampliação das atividades econômicas, do município de Franca, inclui as transformações ocorridas no meio urbano, muitas delas com vínculo direto com a zona rural.[47] Os documentos, do fim do Império e começo da

---

40 MÜLLER, Daniel Pedro. *Op. cit.*, p. 131.
41 MARTINS, Roberto Borges. *Growing in silence: the slave economy of nineteenth-century Minas Gerais, Brasil*. Nashville: Vanderbilt University, 1980. (mimeo), p. 314-19.
42 JÚNIOR, Caio Prado. *Formação do Brasil contemporâneo*. 20. ed., São Paulo: 1987, p. 198; FILHO, José Chiachiri. *Do sertão do rio Pardo à Vila Franca do Imperador*. Ribeirão Preto: Ribeira, 1982. Os moradores de Franca, originários de Minas Gerais, mantinham seus vínculos e tradições. Um dos exemplos a ser citado é o de Josepha Gomes Moreira, que por ocasião do seu falecimento (1827) deixou 48$000, em dinheiro, para o Coral da Ordem Terceira de São Francisco de Ouro Preto. AHMF.
43 AHMF – Inventariado: Aleixo Alves Borges, Proc. 52, cx. 3, 1825.
44 AHMF – Inventariada: Rosa Maria de Viterbo, Proc. 20, cx.2, 1822.
45 AHMF – Inventariado: Manoel de Santa Anna. Proc. 519, cx.31, 1872.
46 AHMF – Inventariado: José Bernardes Pinto. Proc. 456, cx. 27, 1875.
47 OLIVEIRA Lelio Luiz de. "As transformações da economia da região de Franca no século XIX". *Estudos de História*, Franca: UNESP-FHDSS, v. 3, n. 1, p. 53-78, 1996.

República, nos esclarecem sobre a diversidade de profissões[48] e atividades econômicas exercidas pelos francanos.[49] O destaque fica para as oficinas de confecção de selas, arreios, laços e outros manufaturados em couro (Foto 1), que atendiam os fazendeiros, que por sua vez eram os fornecedores da principal matéria-prima: couro do gado bovino. Incluindo os curtumeiros e sapateiros, várias pessoas mantinham atividades profissionais vinculadas à pecuária (Tabelas 2, 3 e 4).

Tabela 2
Engenhos e máquinas, de Franca, de todas as espécies, obrigadas a pagar direitos, no ano de 1890

Atividades econômicas – 1890	Número de contribuintes
Engenhos de cilindros	2
Engenho movido a bois	7
Engenho de serra	23
Maquina de beneficiar café	15
Fábrica de tijolos	1
TOTAL	48

Fonte: MHMF – Livro n. 1 – Lançamento de negociantes e contribuintes – 1890/1.

Tabela 3
Negociantes de Franca, de todas as espécies, obrigados a pagar direitos, no ano de 1890

Atividades econômicas	Número de contribuintes
Gêneros do país, aguardente e molhados, ferragens, sal, corte de sapatos, drogas, fazendas, café, açougue de gado, bilhar,	114
víspora	2
Armarinho	4
Botica	1
Fábrica de cerveja	1
Venda de sola	1
Hotel	1
Restaurante	1
Total	124

Fonte: MHMF – Livro n. 1 – Lançamento de negociantes e contribuintes – 1890/1.

---

[48] Contavam-se em 1873: 84 fazendeiros, 6 advogados, 2 farmacêuticos, 2 professores particulares, 3 alfaiates, 2 caldeireiros, 4 carpinteiros, 2 ferradores, 4 ferreiros, 2 fogueteiros, 2 marceneiros, 1 padeiro, 6 sapateiros, 4 seleiros e 2 açougueiros. LUNÉ, Antônio José Baptista; FONSECA, Paulo Delfino da (orgs.). *Almanack da Província de São Paulo para 1873*. Ed. fac-similar. São Paulo: Imesp, 1985, p. 74-5.

[49] Entre os indivíduos dedicados ao comércio contavam-se: 15 negociantes de fazendas, ferragens, armarinho, molhados e louca, 6 proprietários de armazém de sal, 8 donos de armazéns de molhados, e 17 proprietários de armazéns de molhados e gêneros dos país. LUNÉ, Antônio José Baptista; FONSECA, Paulo Delfino da (orgs.). *Op. cit.*, p. 131.

Tabela 4
Oficinas de Franca, obrigadas a pagar direitos, no ano de 1890

Atividades econômicas	Número de contribuintes
Oficina de seleiro	17
Oficina de folheiro	7
Oficina de ferreiro	5
Oficina de retratista	1
Oficina de ourives	3
Oficina de sapateiro	9
Oficina de relojoeiro	1
Oficina de barbeiro	2
Oficina de marceneiro	6
Oficina de curtume de couros	1
Oficina de padaria	2
Oficina de alfaiate	2
Oficina de fogos	2
Oficina de alcozoeiro	1
Oficina de consertos	1
TOTAL	60

Fonte: MHMF – Livro n. 1 – Lançamento de negociantes e contribuintes – 1890/1.

Mapa 1
Caminho de Goiás

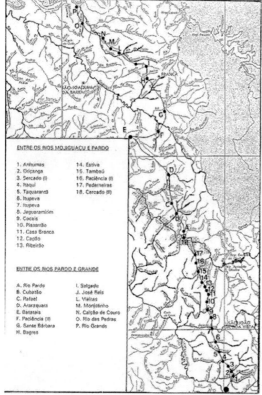

Fonte: José Antônio Correa Lages (1995)

Mapa 2

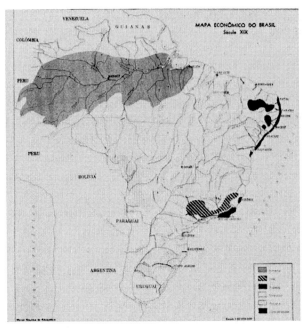

Fonte: Roberto Simonsen (1957)

Foto 1
Sellaria União de Macedo & Cia.

Fonte: AHMF.

O café, em seu avanço na Província de São Paulo, ocupou, primeiramente, o Vale do Paraíba, chegando depois aos solos férteis do Oeste e do Norte de Campinas.[50]

Nesse processo, o café teve, nas ferrovias, um parceiro constante: ora a chegada dos trilhos influenciava o avanço da fronteira agrícola, ora as novas lavouras condicionavam a construção dos ramais.[51]

No Nordeste paulista, que hoje compreende a região de Ribeirão Preto,[52] onde ramais da ferrovia foram implantados em 1883, o café encontrou condições propícias: clima, altitude e a terra roxa inexplorada.[53] Em Ribeirão Preto, a cafeicultura gerou um grande impacto:[54] as matas foram substituídas por vastos cafezais, sufocando as pequenas atividades voltadas para subsistência.[55] O crescimento populacional, decorrente da chegada de investidores e de trabalhadores, especialmente imigrantes foi

---

50 Sobre o trajeto percorrido pela cafeicultura no século XIX, ver: CANABRAVA, Alice P. "A grande lavoura". In: HOLANDA, Sérgio Buarque de (coord.). *História geral da civilização brasileira: o Brasil monárquico*. São Paulo: Difusão Europeia do Livro, 1971. STEIN, Stanley J. *Grandeza e decadência do café no vale do Paraíba, com referência especial ao município de Vassouras*. São Paulo: Brasiliense, 1961. DEAN, Warren. *Rio Claro: um sistema brasileiro de grande lavoura*. Rio de Janeiro: Paz e Terra, 1977. COSTA, Emília Viotti da. *Da senzala à Colônia*. São Paulo: Unesp, 1999. HOLLOWAY, Tomas H. *Imigrantes para o café. Café e sociedade em São Paulo, 1886-1934*. Rio de Janeiro: Paz e Terra, 1984. SAES, Flávio Azevedo Marques de. *As ferrovias em São Paulo: Paulista, Mogiana e Sorocabana* – Tese (doutorado) – FEA-USP, São Paulo, 1974, p. 273. NOZOE Nelson; MOTTA José Flávio. *Pródromos da acumulação cafeeira paulista*. Seminário permanente de estudo da família e da população no passado brasileiro. IPE-USP, abril, 1994. MATOS, Odilon N. *Café e ferrovias*. São Paulo: Alfa-Ômega, 1974. MONBEIG, Pierre. "As etapas da marcha pioneira". In: *Pioneiros e fazendeiros de São Paulo*. Trad. Ary França e Raul de Andrade e Silva. São Paulo: Hucitec/Polis, 1984, p. 165-79.

51 Parte dos lucros obtidos com o café foram investidos em ferrovias. Também, porque raros foram os casos, na Província Paulista, no século XIX, em que foram construídas ferrovias para outro fim. Em primeiro lugar vinha o transporte do café. MATOS, Odilon N. *Café e ferrovias*. São Paulo: Alfa-Ômega, 1974, p. 14. MILLIET, Sérgio. *Roteiro do café e outros ensaios*. 3. ed. São Paulo, 1941, p. 22.

52 Sobre o povoamento da região de Ribeirão Preto no século XIX, ver: ZAMBONI, Ernesta. "Povoamento, sesmarias, posses e formação do patrimônio eclesiástico na área de Ribeirão Preto, na primeira metade do século XIX". In: *Processo de formação e organização da rede fundiária de Ribeirão Preto (1874-1900): uma contribuição ao estudo de estrutura fundiária* – Dissertação (mestrado) – FFLCH-USP, São Paulo, 1978, p. 137. LAGES, José Antônio Corrêa. *O povoamento da mesopotâmia Pardo-Mojiguaçú por correntes migratórias mineiras: o caso de Ribeirão Preto (1834-1883)* – Dissertação (mestrado) – FHDSS-Unesp, Franca, 1995, p. 305.

53 "(...) as terras férteis teriam ficado ociosas se não houvesse condições de exploração. A disponibilidade de capital e mão-de-obra para o início e desenvolvimento da cultura foi essencial. Além disso, a existência da ferrovia proporcionava a garantia de que o café produzido poderia ser exportado com uma boa margem de lucro para o seu produtor." PINTO, Luciana Suares Galvão. *Ribeirão Preto: a dinâmica da economia cafeeira de 1870 a 1930* – Dissertação (mestrado) – FCL-UNESP, Araraquara, 2000, p. 30.

54 FRANÇA, Ary. *A marcha do café e as frentes pioneiras*. Rio de Janeiro: Conselho Nacional de Geografia, 1960.

55 ZAMBONI, Ernesta. *Op. cit.*, p. 50-52.

significativo.[56] A população em 1872 era de 5.552 pessoas, passando a ser de 68.838 habitantes, em 1920.[57]

Em Franca, a chegada dos trilhos da Mogiana, em 1887, foi responsável pelo plantio do café em larga escala.[58] A cafeicultura, porém, não promoveu a erradicação das atividades tradicionais destinadas ao mercado interno e não gerou um domínio monocultor, como aconteceu em Ribeirão Preto. O impacto da ferrovia e do café, em Franca, foi no sentido de dinamizar as atividades existentes no período imperial. O novo meio de transporte facilitava o escoamento das safras, dando maior incentivo à produção. As mercadorias, antes carregadas por mulas[59] ou carros de boi,[60] tiveram seus fretes reduzidos e com isso maior competitividade.

---

56 "O afluxo de capitais e cafeicultores fluminenses e condições propícias para escoamento da produção vão marcar um novo estágio de desenvolvimento na região, permitindo que a economia cafeeira se desenvolva rapidamente, vindo Ribeirão Preto a se tornar um dos pólos mais dinâmicos da economia regional". PIRES, Júlio Manuel. "Finanças públicas municipais na República Velha: o caso de Ribeirão Preto". *Estudos econômicos*. São Paulo, v. 27, n. 3, p. 481-518, set./dez, 1997. PINTO, Luciana Suares Galvão. *Ribeirão Preto: a dinâmica da economia cafeeira de 1870 a 1930* – Dissertação (mestrado) – FCL-UNESP, Araraquara, 2000, p. 30. PINTO Luciana Suares Galvão. "As origens da economia cafeeira em Ribeirão Preto". In: CONGRESSO BRASILEIRO DE HISTÓRIA ECONÔMICA, 3, 1999, Curitiba. *Anais*. Curitiba, 1999.

57 BASSANEZI, Maria Sílvia C. Beozzo (org.). *São Paulo do passado. Dados Demográficos*. Unicamp: Núcleo de Estudos de População, 1998.

58 Desde 1834 havia norma da Câmara Municipal determinando que "todo proprietário será obrigado a plantar e conservar 25 pés de café correspondente a cada braça – nunca menos, e todos aqueles, ou estes que o contrário fizerem pagarão 2$rs para as Despesas do Conselho, e na falta dois dias de prisão, e dobro na reincidência (...)". Cf. CHIACHIRI, José. *Vila Franca do Imperador: subsídios para a história de uma cidade*. Franca: O Aviso da Franca, 1967, p. 37. "(...) Tudo se iniciou com a introdução da estrada de ferro, comandada pelo capital mercantil nacional e apoiada, decisivamente, pelo capital financeiro inglês, única forma de rebaixamento dos custos de transportes (...)". MELLO, João Manoel Cardoso de. *O capitalismo tardio: uma contribuição à revisão crítica da formação e do desenvolvimento da economia brasileira*. 4. ed. São Paulo: Brasiliense, 1986. p. 80. "Foi a ferrovia que trouxe a cafeicultura capitalista para Franca, como de resto as transformações dela decorrentes. Embora houvesse algumas fazendas de café, elas poderiam ser classificadas como inexpressivas, frente às quantidades do produto que passaram a ser produzidas posteriormente, de modo que seria incorreto pensar a cafeicultura como tendo atraído a ferrovia, tanto quanto imaginar a existência de 'cafelistas' de expressão no município antes da sua chegada." TOSI, Pedro Geraldo. *Capitais no interior: Franca e a história da indústria coureiro-calçadista (1860-1945)* – Tese (doutorado) – IE-UNICAMP, Campinas, 1998.

59 HOLLOWAY, Thomas H. *Imigrantes para o café. Café e sociedade em São Paulo, 1886-1934*. Rio de Janeiro: Paz e Terra, 1984, p. 38.

60 Em Vassouras "o melhor índice de alteração dos meios de transporte era o crescente número de bois nas fazendas e o correlato decréscimo de bestas de carga depois de 1850. Essa alteração se acentuou depois de 1865, e, em 1873 o preço do boi ultrapassava o da besta de carga, chegando, dentro de poucos anos, a valer o dobro e, às vezes mais." STEIN, Stanley J. *Grandeza e decadência do café no vale do Paraíba, com referência especial ao município de Vassouras*. São Paulo: Brasiliense, 1961, p. 129-130.

No caso de Franca, foi somente a partir de 1870 que as notícias sobre o café ganharam espaço nos jornais da cidade,[61] bem como nos inventários *post-mortem*, entre os bens de tradicionais criadores de gado (Tabela 5). Na década de 1880, os maiores proprietários de terras ainda não tinham se aventurado a plantar grandes lavouras de café, mantendo a pecuária como atividade principal.[62] Referências a cafezais, neste período, são encontradas em inventários de porte médio, valendo em torno de 10:000$000. Um exemplo é o de Joaquim Francisco Machado,[63] que plantou um *quintal de café*, avaliado, no ano de 1882, em 1:200$000, que representava 8,58% do total dos bens (13:982$000). Sabendo-se que o gado deste proprietário tinha o valor de 1:382$000 (9,8% do total).

Tabela 5
Referências sobre plantações de café nos Inventários – Franca - 1878/1884

Ano	Inventariado	Descrição	Valor (1000 réis)
1878	Joaquim Antônio Natalino	Plantações de café	–
1879	Maria Silveira de Oliveira	Quintal com café plantado	200$000
1880	José Joaquim Teixeira	Plantações de café	–
1881	Cândida Maria de Jesus	Pequena plantação de café	–
1881	Maria Cândida de Jesus	Pequeno cafezal	–
1882	Francisco de Paulo e Melo	Pés de café, cafés menores	1:600$000
1882	Joaquim Francisco Machado	Quintal cafeeiro	1:200$000
1882	José Antônio Franco	Alguns pés de café	–
1883	Antônio Ferreira da Silva	Quintal cultivado de cafeeira	–
1884	Anna Cândida de Jesus	Pés de café	2:000$000

Fonte: AHMF – Processos de Inventário, 2º Ofício Cível, cx. 2 a 4, 1875-85.

Inserido em propriedades rurais, com estruturas produtivas tradicionalmente voltadas para o abastecimento do mercado interno, o café, em Franca, passou a ser mais uma das atividades dessa economia diversificada.[64]

---

61 LIMA, Sílvia Maria Jacintho. *Transformações na pecuária bovina paulista: o exemplo da região de Franca* – Tese (doutorado) – Faculdade de Filosofia Ciências e Letras de Franca, Franca, 1973.

62 É o caso de José Bernardes da Costa Junqueira possuidor de um patrimônio de 87:465$000, que não constava lavouras de café. Os bens dividiam-se em: imóveis – 69:500$000, escravos: 8:700$000, móveis e utensílios – 1:666$000, e animais: 8:099$000. AHMF – Inventariado: José Bernardes da Costa Junqueira. Inventariante: Ignácia Cândida de Andrade. Proc. 494. Cx. 29, 1879.

63 AHMF – INV. Inventariado: Joaquim Francisco Machado. Inventariante: Francisca Maria de Jesus. Proc. 515, cx. 31, 1882.

64 "(...) uma agricultura mercantil produtora de alimentos e de matérias-primas. (...) Emparelhada com o café, essa agricultura cresceu e diversificou-se. (...) insistimos em demonstrar que São Paulo 'não era apenas café.'" CANO, Wilson. *Ensaios sobre a formação econômica regional do Brasil*. Campinas: Unicamp, 2002, p. 67-8.

Assim, fazendas e fazendeiros não se limitaram à cafeicultura.[65] A nova atividade deu mais fôlego e dinamizou a produção destinada ao mercado interno local e de longa distância.[66] O caráter misto das fazendas foi reafirmado.

Essa característica inicial manteve-se durante todo o período de hegemonia cafeeira, na República Velha (pelo menos até 1920). Os fazendeiros francanos preservaram o perfil tradicional das propriedades. A habitual autossuficiência das fazendas, que trazia segurança aos proprietários, foi um fator de manutenção das práticas econômicas arraigadas.[67] Houve resistência em fazer investimentos vultuosos em uma nova lavoura, cujos resultados dependiam dos preços internacionais e das manipulações dos atacadistas.[68] Produzir para o autoconsumo e para os mercados conhecidos era mais seguro. Mesmo os grandes proprietários não utilizaram, de imediato, todos seus aportes na lavoura cafeeira. Aqueles que investiram, sempre tiveram o café ao lado da pecuária. Foram miúdos os passos dados em direção à cafeicultura, se comparado ao município vizinho de Ribeirão Preto.[69]

Dentre 750 inventários *post-mortem*[70] *de Franca*, entre 1890 e 1920, investigados, apenas em 28,80% (216) constam citações sobre plantações de café. Em 14,8%

---

65 "O desenvolvimento hegemônico da economia cafeeira não nos deve legar a pensar, todavia, numa economia extremamente especializada, na qual não sobravam espaços a outras atividades econômicas importantes. A produção para a subsistência, notadamente a criação de gado, atividade anterior e posterior à economia cafeeira, continu[ou] tendo importância, principalmente na região de Barretos e Franca.". PIRES, Julio Manuel. *Op. cit.*, p. 484.

66 Nossas afirmações contrastam com os dizeres de Delfim Neto: "(...) a libertação dos escravos e a posterior elevação dos preços do café, a agricultura de subsistência foi literalmente abandonada, pois os fazendeiros dedicavam os recursos disponíveis a produção do café, que era a cultura que lhes proporcionava maior lucro. Dessa maneira, o volume das importações de alimentos cresceu de maneira sensível.". NETO, Antônio Delfim. *O problema do café no Brasil* – Tese (livre docência) – FEA-USP, São Paulo, 1959, p. 349, p. 25.

67 "Na realidade, o habitual invade o conjunto da vida dos homens, difunde-se nela como a sombra da tarde enche uma paisagem." BRAUDEL, Fernand. *A dinâmica do capitalismo*. Trad. Álvaro Cabral. Rio de Janeiro: Rocco, 1987, p. 20.

68 "Exemplo de um atacadista francano: Caleiro, Baptista & Cia, firma de máquinas de beneficiar e café". *Jornal Tribuna da Franca*, 17 de setembro de 1908.

69 "O trecho do Planalto, que se insere no município de Franca, isto é, as porções sul e oriental, apresenta quase todas as classes [de capacidade de uso das terras], das existentes na região. Assim, temos solos desde os mais favoráveis às atividades agrícolas, até os que oferecem restrições quase que totais." VIEIRA, Benedito Eufrásio Marcondes. *O uso da terra no planalto de Franca* – Tese (doutorado) – Faculdade de Filosofia Ciências e Letras de Franca, Franca, 1973, p. 53-4.

70 Foram pesquisadas, também, 2.190 escrituras de compra e venda de imóveis rurais, referentes ao período de 1890 e 1920. Nas escrituras nem sempre foram discriminadas a quantidade e a idade dos cafezais. Nesta documentação encontramos anotações referentes 3.882.603 pés de café, sabendo-se que na década de 1890/1900 foram relacionados 448.525 pés, aumentando para 935.766 no período de 1900/1910, saltando para 2.498.312 pés nos anos de 1911/1920.

(111) do total dos processos, há a discriminação do número de pés de café, que totalizavam 2.399.227 unidades. Em outros 14% dos processos (105), não havia a quantificação dos cafeeiros, somente menções como: *uma pequena lavoura,*[71] *uma moita de pés de café velhos*[72] ou *todo o café empreitado.*[73]

No padrão da produção paulista da época, grandes cafezais correspondem a plantações acima de 100.000 pés de café. Todavia, em Franca, entre 1890 e 1920, a média é de pouco mais de 20.000 pés de café por propriedade, sendo a maior frequência a de lavouras com até 15.000 pés (79,23% das propriedades).

As plantações de café foram avançando nas propriedades (Tabela 6), resguardando as antigas práticas produtivas. Em 1901, as lavouras de 294 produtores somavam 4.222.500 pés de café, sendo que apenas 4 deles tinham mais de cem mil pés, números que não tinham grande expressão diante do complexo cafeeiro[74] (Tabela 7).

Nos inventários da primeira década – 1890-1900 – encontra-se um total de 188.199 pés de café, o que resulta em uma média de 8.179 pés por inventário (moda e mediana: 4.000 pés). Caso típico é o de Ana Ludovina da Assunção.[75] Em 1897, seu inventário aponta com uma quantidade de café próxima à média do período, com 9.700 pés, que representava 10% do valor de seus bens, enquanto os animais (bovinos, equinos e suínos) correspondiam a 7,72% e as terras e benfeitorias constituíam a parte mais representativa da riqueza (82,28%), totalizando 155:089$000.

Na década intermediária – 1901/1910 – constata-se 340.858 cafeeiros registrados em inventários. Nesse período, a média de pés por inventário, passou para 13.109 unidades. A taxa de crescimento, em relação à década 1890-1900 foi de 60,28%.

A pequena comerciante Maria Baldasari[76] era uma cafeicultora de padrão médio nos anos 1901-1910. Possuía 14.000 pés de café, avaliados em 3:500$000,

---

71   AHMF – INV. – Inventariado: Álvaro de Lima Guimarães Júnior. Inventariante: Álvaro de Lima Guimarães. Proc. 630. 1898. 1º Ofício.

72   AHMF – INV. – Inventariado: Antônio Rodrigues da Silva. Inventariante: Maria Claudina de Jesus. Proc. 569. 1890. 1º Ofício.

73   AHMF – INV. – Inventariado: José Nunes Ferreira. Inventariante: Maria Luiza da Trindade. Proc. 588. 1893. 1º Ofício.

74   TOSI, Pedro Geraldo. *Capitais no interior: Franca e a história da indústria coureiro-calçadista (1860-1945)* – Tese (doutorado) – IE-UNICAMP, 1998, p. 89.

75   AHMF – INV. – Inventariado: Ana Ludovina de Assunção. Inventariante: João Diogo Garcia Martins. Proc. 68, 1º Ofício, 1897. A inventariada possuía também Objetos Pessoais (1:614$000) e Dívidas Ativas (655$500).

76   AHMF – INV. – Inventariada: Maria Baldassari. Proc. 779, 2º Ofício, 1.908.

que correspondia a 18,45% do total de seus bens. O restante era composto de imóveis (13:863$000), benfeitorias (400$000), estoques (1:099$470) e objetos pessoais (100$000).

Na última década – 1911-1920 – o total de pés de café, registrados nos inventários, aumentou para 1.870.270 unidades. No entanto, a média de pés de café por inventário passou a ser de 30.165. Nesta década, o número relativo à mediana foi de 5.000 pés, sendo que a *moda*, a quantidade que mais predominava nas propriedades, diminuiu para 2.000 pés.

Um produtor com lavoura correspondente à média, entre 1911-1920, era Theodoro Martinês Tristão[77] que possuía 31.423 pés de café avaliados em 35:000$000. Além da lavoura, mantinha em suas propriedades 50 bovinos e 2 equinos (5:475$000). Contudo, o valor dos seus bens concentrava-se nos imóveis rurais e urbanos, que somavam 127:900$000. Sabendo-se que o proprietário também possuía 12:100$000 em dinheiro e mais *um carro com arreio para dois bois (500$000)*. Em suma, os cafezais tinham o peso de 19,33% no total da riqueza.

Tabela 6
Número total, média, mediana, moda e taxas de crescimento – pés de café nos inventários – 1890-1920

	Total	Tx. Cresc/to	Média	Tx. Cresc/to	Mediana	Tx. Cresc/to	Moda	Tx. Cresc/to
1890-1900	188.119	100,00	8.179	100,00	4.000	100,00	4.000	100,00
1901-1910	340.858	181,13	13.109	160,28	4.500	112,50	3.000	75,00
1911-1920	1.870.270	993,84	30.165	368,82	7.000	175,01	2.000	50,00
1890-1920	2.399.227	-	21.614	-	5.000	-	2.000	-

Fonte: AHMF – INV.

Em todo o período – 1890-1920 – a maioria dos proprietários (53,12%) eram pequenos plantadores de café, que possuíam até 5.000 pés. Em contrapartida, alguns poucos produtores concentravam as grandes lavouras: 5,4% tinham entre 100.000 e 400.000 pés (Tabela 7).

---

77 AHMF – INV. – Inventariado: Theodoro Martinês Tristão. Inventariante: Maria Christina de Jesus. Proc. 969, 2. Ofício, 1919.

Tabela 7
Distribuição do número de pés de café por inventário - 1890-1920

Pés de café	Número de inventários	% de inventários
30 – 1.000	17	15,31
1.001 a 2.000	17	15,31
2.001 a 3.000	09	8,10
3.001 a 4.000	07	6,30
4.001 a 5.000	09	8,10
5.001 a 10.000	19	17,11
10.001 a 15.000	10	9,00
15.001 a 20.000	03	2,70
20.001 a 30.000	05	4,50
30.001 a 40.000	03	2,70
40.001 a 50.000	02	1,80
50.001 a 100.000	04	3,60
100.001 a 200.000	04	3,60
200.001 a 300.000	01	0,90
300.001 a 400.000	01	0,90
TOTAIS	111	100,00

Fonte: AHMF – INV.

Sabino Carlos Meireles[78] tinha o perfil de um pequeno produtor de café, que, com certeza produzia somente para o autoconsumo. Tinha somente *150 pés em uma lavoura*, no valor de 150$000. Era dono de oito alqueires (20 hectares) de *terras de cultura e capim* e mais oito alqueires de *terras de campo*. Seu rebanho também era diminuto, composto de *11 bois e 2 éguas*.

Dentro do maior grupo – *de 5 a 10 mil pés de café* – encontrava-se Antônio Maximiano da Silva,[79] um pequeno proprietário rural,[80] que tinha 7.000 cafeeiros avaliados em 4:000$000. Era, também, pequeno criador e negociante de bovinos, mantendo 34 cabeças, sendo 2 bois, 1 novilho e 31 bezerros. Nas *benfeitorias* relatadas no seu inventário constam dois engenhos, tulha e paiol, o que nos esclarece sobre a diversidade das atividades.

As maiores lavouras foram encontradas nos inventários abertos após o ano de 1900, o que nos indica que a formação dos cafezais com destino mercantil, em Franca, realmente aconteceu nos anos finais do século XIX. Entre os produtores de porte Francisco Maciel Quintanilha,[81] dono de 200 alqueires de terra, onde foram

---

78 AHMF – INV. – Inventariado: Sabino Carlos Meireles. Inventariante: Maria Geralda. Proc. 827, 2. Ofício, 1911.
79 AHMF – INV. – Inventariado: Antônio Maximiniano da Silva. Inventariante: Eufrasia Olina Junqueira. Proc. 295, 1. Ofício, 1911.
80 O valor anotado de 6:200$000 indica que a propriedade rural era pequena. AHMF – INV.
81 AHMF – INV. – Inventariado: Francisco Maciel Quintanilha. Inventariante: Maria Luiza de Castro Quintanilha. Proc. 715, 2. Ofício, 1905.

plantados 75.000 pés de café *(31:250$000)*. Em cafezais em formação, com idade de 2 a 3 anos. O mesmo proprietário tinha uma grande partida de gado composta de 102 cabeças. O perfil do gado mostra que Quintanilha também se interessava pelo negócio de gado, pois criava e negociava bovinos e equinos.

Mesmo os grandes cafeicultores francanos não faziam frente aos maiores produtores de Ribeirão Preto[82] (Tabelas 8, 9 e 10), onde o café passou, sem sombra de dúvida, a ser o motor da produção, gerando grandes empresas, como as de Martinho Prado Júnior, *Dumont Coffee Company*, Francisco Schimidt e Geremia Lunardelli.[83] Ao sul do rio Sapucaí (Ribeirão Preto) a escassa produção para o autoabastecimento foi suplantada, em grande medida, pelo café,[84] enquanto que, em Franca, o cafeeiro veio se postar ao lado da agropecuária de caráter mercantil.

Tabela 8
Maiores produtores de café – Franca – 1901

Ordem	Cafeicultor	Pés de café
1	João de Faria (Dr.)	185.000
2	Cândido Cyrino de Oliveira	170.000
3	Hygino de Oliveira Caleiro	130.000
4	Brandão & Irmão	100.000
5	João T. Pinto de Carvalho	90.000
6	Affonso de Lima Guimarães	80.000
7	José Alves Guimarães Júnior (Dr.)	80.000
8	João M. Alves Nepomuceno	70.000
9	Leopoldo Pilares	70.000

---

82 Em 1912 os maiores produtores de café eram de Ribeirão Preto e região: São Simão, Cravinhos e Sertãozinho. FAUSTO, Boris. "Expansão do café e política cafeeira". In: _____(dir.) *História geral da civilização brasileira. O Brasil republicano. Economia e finanças nos primeiros anos da República*. São Paulo: Difel, 1975. t. 3, v. 1., p. 226.

83 "(...) os viajantes podiam visitar a fazenda de Martinho Prado Júnior e ver dois milhões de pés de café num vasto bloco, cultivados por mil e seiscentos imigrantes e quase cinqüenta trabalhadores brasileiros nativos. O visitante também poderia tomar um trem de bitola estreita para a Fazenda Dumont, propriedade de ingleses. As estatísticas impressionam tanto quanto a paisagem: quatro milhões de pés de café, três mil trabalhadores residentes, dos quais uns 80 por cento eram imigrantes. Não muito longe, ficava a fazenda Monte Alegre, quartel-general do império cafeeiro de Francisco Schmidt. Este alemão analfabeto chegara a São Paulo em 1856, com seis anos de idade, e no início do século XX possuía seis milhões de pés de café. Suas trinta e cinco fazendas, na área de Ribeirão Preto, cobrindo 24.000 hectares, empregavam quase três mil imigrantes e oitocentos brasileiros natos.". HOLLOWAY, Thomas H. *Imigrantes para o café. Café e sociedade em São Paulo, 1886-1934*. Trad. Eglê Malheiros. Rio de Janeiro: Paz e Terra, 1984, p. 217-8.

84 ZAMBONI, Ernesta. *Op. cit.*

10	Martiniano Francisco da Costa	70.000
11	Manuel Dias do Prado	70.000
12	Vicente de Carvalho (Dr.)	70.000
13	Gastão de Souza Mesquita (Dr.)	65.000
14	André Martins & Andrade Vilella	60.000
15	Antonio Flávio Martins Ferreira	60.000
16	Francisco Ultramar Vallim	60.000
17	Joaquim Garcia Lopes da Silva	60.000
18	José Pereira Leite da Silva	52.000
19	Antônio da Costa Valle	52.000
20	Andrade Silva & Cia.	50.000
21	Aristides da Silva Belém	50.000
22	Candido Ramos Ferreira de Abreu	50.000
23	Elias Antonio Elizeu Moreira	50.000
24	Francisco Gomes dos Reis	50.000
25	Gabriel A. Costa & Irmão	50.000
26	Luciano Vieira Santiago	50.000
27	José Christiano Barreto	50.000
28	José Diniz de Medeiros	50.000
TOTAL		2.044.000

Fonte: M. Franco (org.). Almanach da Franca (1902), p. 177-84.

Tabela 9
Maiores produtores de café de Ribeirão Preto – 1914

Ordem	Cafeicultor	Pés de café	Arrobas
1	Cel. Francisco Schimidt(*)	6.075.500	405.700
2	Cia. Agrícola Dumont(*)	3.999.990	301.000
3	Dr. Martinho Prado Júnior (herdeiros)	2.112.700	160.000
4	D. Francisca do Val	977.000	60.000
5	Cel. Manoel Maximiano Junqueira	696.000	50.000
6	D. Iria Alves Ferreira	693.000	48.000
7	Cel. Joaquim da Cunha Diniz Junqueira	650.000	50.000
8	Cel. Joaquim Firmino Diniz Junqueira	634.400	50.000
9	Cel. Francisco Maximiano Junqueira	624.859	43.000
10	Macedo & Cia.	600.000	42.000
11	Uchôa & Irmão	500.000	40.000
TOTAL		17.563.449	1.258.700

(*) inclui Sertãozinho.
Fonte: Almanach Ilustrado de Ribeirão Preto. Ribeirão Preto: Sá Manaia & Cia, 1914 apud Luciana Suarez Galvão Pinto. *Ribeirão Preto: a dinâmica da economia cafeeira de 1870 a 1930*, p. 84.

Tabela 10
Cafeicultura – Comparação entre Franca e Ribeirão Preto – 1905 e 1920

	Franca		Ribeirão Preto	
	1905	1920	1905	1920
Área cultivada – total (alqueires)	4.630,0	8.735,0	15.307,0	22.026,5
Tamanho das propriedades – média (alqueires).	158,9	109,6	173,6	137,8
Área cultivada – café (alqueires).	3.834,0	5.907,0	15.210,0	14.887,6
Pés de café (quantidade)	7.380.988	11.727.800	29.094.365	31.394.365
Pés de café p/ estabelecimento (média)	18.276	18.432	84.324	78.895

Fonte: José Francisco de Camargo. *Crescimento da população do Estado de São Paulo e seus aspectos econômicos.* p. 98-101.

Por volta de 1900, o município de Franca, já havia ingressado no circuito da cafeicultura. A tendência de crescimento do volume de café, embarcado na Companhia Mogiana (Estação – Franca), foi positiva entre 1890 e 1917, considerando alguns reveses na produção, decorrentes das geadas ou do próprio ciclo de produção do cafeeiro (Tabela 11 e Gráfico 1). Contudo, a produção local estava plenamente integrada à conjuntura econômica nacional, pois, as crises de preço e superprodução atingiam, diretamente, a área de Franca.[85]

Tanto nos períodos das crises como nos de crescimento do setor cafeeiro, o município francano reafirmava a vocação para a produção de abastecimento interno, revitalizando o comércio regional. Conforme os dizeres de um contemporâneo, na transição do século XIX para o XX:

> O comércio crescia dia-a-dia, acompanhando o desenvolvimento da lavoura e da indústria, que acha-se algum tanto estremecido, devido à persistente baixa dos principais produtos de exportação. Todavia, sendo a cidade da Franca um centro de relações comerciais, que se estendem além dos municípios florescentes de Minas[86*] (...), é uma das localidades em que menos se nota os efeitos da terrível crise, que atualmente abate todo o país.[87]

---

[85] No final do século XIX, a cafeicultura brasileira foi vítima da "coincidência de uma queda mais rápida do câmbio do que dos preços do café cri[ando] condições para a expansão da cultura cafeeira quando o mercado já não podia absorver a quantidade de café produzida a não ser a níveis ínfimos de preços." NETO, Antônio Delfim. *Op. cit.*, p. 29.

[86] *Franca mantinha comércio com várias localidades: Patrocínio do Sapucay, Santa Bárbara, Aterrado, Paraíso, Ituverava, Forquilha, Santa Rita de Cássia, São Sebastião do Paraíso, Desemboque, Araxá etc. FRANCO, M. (org.). *Op. cit.*, p. 62-63.

[87] FRANCO, M. (org.). *Almanack da Franca – 1902*. São Paulo: Duprat, 1902, p. 62-63.

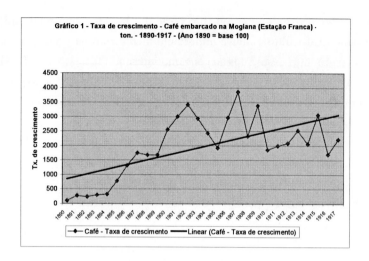

Tabela 11
Taxa de crescimento – Café embarcado na Mogiana (Estação Franca) – Ton. – 1890-1917 – (Ano 1890 = base 100)

Período	Tonelada	%	Tx. Cresc.
1890	285,31	285,31	100
1891	780,26	173,48	273,48
1892	654,55	-16,11	229,42
1893	842,35	28,69	295,24
1894	912,31	8,31	319,77
1895	2238,96	145,42	784,78
1896	3772,49	68,49	1322,28
1897	4998,92	32,51	1752,15
1898	4784,91	-4,28	1677,16
1899	4784,91	0	1677,16
1900	7284,55	52,24	2553,31
1901	8565,03	17,58	3002,18
1902	9755,31	13,9	3419,48
1903	8389,06	-14,01	2940,41
1904	6923,3	-17,47	2426,72
1905	5490,61	-20,69	1924,63
1906	8469,1	54,25	2968,74
1907	11007,52	29,97	3858,47
1908	6625,63	-39,81	2322,41
1909	9663,6	45,85	3387,23
1910	5297,32	-45,18	1856,88
1911	5692,22	7,45	1995,22
1912	5935,37	4,27	2080,42
1913	7188,41	21,11	2519,6
1914	5873,35	-18,29	2058,77
1915	8745,98	48,91	3065,71
1916	4852,44	-44,52	1700,86
1917	6315,16	30,14	2213,5

Fonte: RCM.

Entre 1890 e 1920, mesmo que boa parte dos investimentos tenha sido direcionada para a cafeicultura, houve importante incremento na produção e comercialização de produtos destinados ao consumo interno[88] (Tabelas 12 a 15). Além de atender às necessidades da população do município,[89] foram produzidos excedentes de alimentos para outras regiões, embarcados na Mogiana (Tabelas 16 a 19 e Gráficos 2 a 5), carregados em *carros de boi* ou tangidos.[90]

As áreas tradicionalmente destinadas à produção de gêneros foram mantidas[91] (Tabela 16), devido à demanda crescente de produtos básicos de consumo.[92] As leiras dos cafezais passaram a ser utilizadas no plantio de produtos de abastecimento dos colonos ou arrendatários[93] que comercializavam os excedentes.[94]

---

88 "Dado que a atividade-núcleo [o café] exigia enorme suporte de infra-estrutura de transporte, de comércio e financiamento, o 'capital cafeeiro' foi-se desdobrando, gerando ferrovias, porto, comércio, bancos, indústria e agricultura 'não café', a qual a partir de 1910, conduziria à substituição de importações de alimentos 'simples.'" CANO, Wilson. "Base e superestrutura em São Paulo: 1886-1929". In: LORENZO, Helena Carvalho de & COSTA, Wilma Peres da. *A década de 1920 e as origens do Brasil moderno.* São Paulo: Fundação Editora Unesp, 1997. p. 239 (Prismas).

89 Entre 1890 e 1920, população do município de Franca cresceu 357,5%.

90 "Do ponto de vista das transformações proporcionadas sob o regime da cafeicultura, a cidade [de Franca] exerceu, de 1886 a 1915, uma larga influência sobre os domínios da antiga Freguesia da Franca, tanto no território paulista quanto no mineiro, fazendo convergir para a cidade e, mais precisamente, para as estações da ferrovia a produção cafeeira e de 'gêneros do paiz', tendo a cidade, sobretudo, agido como um entreposto de bens até então inacessíveis, que passaram a se difundir por um mercado regional." TOSI, Pedro Geraldo. *Capitais no interior: Franca e a história da indústria coureiro-calçadista (1860-1945)* – Tese (doutorado) – IE-UNICAMP, Campinas, 1998, p. 87.

91 O poder público procurava normatizar as práticas dos agropecuaristas: "Art. 159 – Aquelle que plantar roças em beira de campo onde pastam gado e animais alheios, é obrigado a cercá-las em fecho de lei, sob pena de multa de 10$000, e não poder cobrar o danno causado, sendo ainda obrigado a pagar o gado ou animal que extraviar, ferir ou mattar (sic). AHMF – Código de Posturas da Câmara Municipal da cidade de Franca do Imperador, 1888. Cx. 0016, v. 0090.

92 OLIVEIRA, Roberson Campos de. *Agricultura e mercado interno. São Paulo: 1850-1930* – Dissertação (mestrado) – FFLCH-USP, São Paulo, 1993, p. 89-134.

93 "O significado econômico do colonato e as circunstâncias que lhe deram origem nas fazendas cafeeiras paulistas têm sido objeto de muita controvérsia. Igualmente controvertidas são sua extinção no início dos anos 60 e sua substituição pelo trabalho assalariado. No entanto, não existe nenhuma história do café em São Paulo que trace os variados destinos da burguesia cafeeira do Estado e as formas de exploração do trabalho sob as condições internas e externas em transformação, ao longo de todo o período desde os anos 1850, quando se realizaram as primeiras experiências com o trabalho livre (...). A produtividade no café por trabalhador era baixa, especialmente quando comparada à média usual de 2000 a 2500 pés tratados a partir da década de 1890, por trabalhadores que também 'produziam simultaneamente culturas alimentares.'(...) Como notou um observador em 1908, 'o que permite de fato aos colonos manter as contas em dia são as roças que eles têm direito de cultivar por eles próprios'. Em 1916, Bonadelli estimou que as culturas alimentares produzidas pelos trabalhadores compunham 1/3 de sua renda.'". STOLCKE, Verena. *Cafeicultura, homens, mulheres e capital (1850-1980).* Trad. Denise Bottmann e FILHO, João R. Martins. São Paulo: Brasiliense, 1986, p. 12, 35, 45.

94 Prática comum desde o período colonial, que perdura durante o Brasil republicano. CÂNDIDO, Antônio. *Os parceiros do Rio Bonito: um estudo sobre o caipira paulista e a transformação dos seus meios de vida.* 6. ed. São Paulo: Livraria Duas Cidades, 1982; MARTINS, José de Souza. *O cativeiro da*

Tabela 12
Produção total do Município de Franca Agrícola, extrativa e zootécnica - 1895-1897

Ano	1895	1896	1897
Valor 1:000 réis	1.631:000$000	1.879:000$000	2.882:300$000

Fonte: SEADE – Anuário Estatístico do Estado de São Paulo, 1895-1897.

Tabela 13
Produção Agrícola do Município de Franca - 1905-1906

Produtos	1905		1906	
	Quantidade	Valor	Quantidade	Valor
Aguardente (pipas)	N/C	N/C	400	60:000$000
Algodão (arrobas)	50	N/C	N/C	N/C
Arroz (litros)	325.500	N/C	2.000.000	200:000$000
Açúcar (arrobas)	N/C	N/C	20.000	120:000$000
Café (arrobas)	510.030	N/C	350.000	1.400:000$000
Feijão (litros)	165.500	N/C	200.000	400:000$000
Milho (litros)	445.200	N/C	4.000.000	200:000$000
Tabaco (arrobas)	N/C	N/C	500.000	15:000$000
Vinho (pipas)	N/C	N/C	N/C	N/C
TOTAL				2.035:000$000

Fonte: SEADE – Anuário Estatístico do Estado de São Paulo, 1895-1897.

Tabela 14
Produção extrativa do Município de Franca - 1905-1906

Produto	1905		1906	
	Quant.	Valor	Quant.	Valor
Carvão (sacos)	N/C	N/C	N/C	N/C
Madeiras (M3)	N/C	N/C	1.000	8:000$000
Pedras p/construção e calçamento	720	2:160$000	N/C	N/C
TOTAIS	720	2:160$000	1.000	8:000$000

Fonte: SEADE – Anuário Estatístico do Estado de São Paulo, 1895-1897.

Tabela 15
Produção zootécnica do Município de Franca - 1905-1906

Produto	1905		1906	
	Quant.	Valor	Quant.	Valor
Gado Vacum	26.258	N/C	30.000	900:000$000
Gado cavalar e muar	3.936	N/C	3.000	150:000$000
Gado suíno	9.734	N/C	8.000	96:000$000
Gado lanígero e caprino	1.213	N/C	1.000	6:000$000
Mel de abelha (litros)	N/C	N/C	N/C	N/C
Cera Animal (kg)	N/C	N/C	N/C	N/C
Total				1.152:000$000

Fonte: SEADE – Anuário Estatístico do Estado de São Paulo, 1895-1897.

terra. São Paulo: Livraria Editora Ciências Humanas, 1979; NOZOE, Nelson & MOTTA, José Flávio. "Os produtores eventuais de café: nota sobre os primórdios da cafeicultura paulista (Bananal, 1799-1829)". *Locus Revista de História*, Juiz de Fora, v. 5, n. 1, p. 33-50, 1999.

Tabela 16
Taxa de crescimento – Alimentos embarcados na Mogiana (Estação Franca) – 1900-1917 – Ton. (Ano 1890 = base 100)

Alimentos	Toneladas	%	Tx. Cresc.
1900	2.149,94	2.149,94	100,00
1901	2.433,95	13,21	113,21
1902	1.987,06	-18,36	92,42
1903	1.981,02	-0,30	92,14
1904	2.062,99	4,14	95,95
1905	2.604,45	26,25	121,14
1906	1.786,72	-31,40	83,10
1907	2.911,94	62,98	135,44
1908	3.455,57	18,67	160,73
1909	2.939,67	-14,93	136,73
1910	1.448,38	-50,73	67,37
1911	1.578,18	8,96	73,41
1912	1.622,74	2,82	75,48
1913	2.520,66	55,33	117,24
1914	2.270,99	-9,90	105,63
1915	2.501,39	10,15	116,35
1916	3.347,75	33,84	155,72
1917	2.999,15	-10,41	139,51

Fonte: RCM

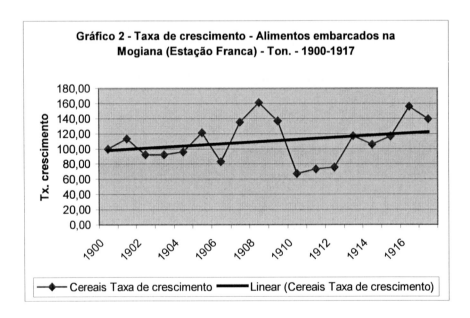

Tabela 17

Taxa de crescimento – Animais embarcados na Mogiana (Estação Franca) – Quant. – 1890-1917 – (Ano base 1890 = 100)

Período	Quant.	%	Tx. Cresc.
1890	2556	2556	100
1891	3174	24,18	124,18
1892	3179	0,16	124,38
1893	8933	181	349,51
1894	4731	-47,04	185,1
1895	3659	-22,66	143,16
1896	696	-80,98	27,23
1897	1285	84,63	50,27
1898	483	-62,41	18,9
1899	483	0	18,9
1900	1141	136,23	44,65
1901	817	-28,4	31,97
1902	2190	168,05	85,7
1903	6931	216,48	271,22
1904	4400	-36,52	172,17
1905	6527	48,34	255,4
1906	5541	-15,11	216,81
1907	5235	-5,52	204,84
1908	3564	-31,92	139,46
1909	1875	-47,39	73,37
1910	2405	28,27	94,11
1911	2299	-4,41	89,96
1912	6923	201,13	270,9
1913	3452	-50,14	135,07
1914	3781	9,53	147,94
1915	2887	-23,64	112,97
1916	1598	-44,65	62,53
1917	1057	-33,85	41,36

Fonte: RCM.

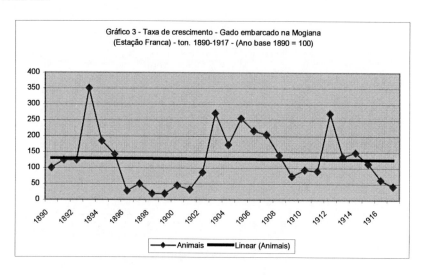

Tabela 18
Taxa de crescimento – Toucinho embarcado na Mogiana (Estação Franca) – Ton. – 1890-1917 – (Ano 1890 = base 100).

Período	Toneladas	%	Tax. Cresc.
1890	135,47	135,47	100
1891	37,96	-71,98	28,02
1892	90,16	137,51	66,55
1893	127,71	41,65	94,27
1894	82,99	-35,02	61,26
1895	10,89	-86,88	8,04
1896	73,18	571,99	54,03
1897	38,02	-48,05	28,07
1898	16,03	-57,84	11,83
1899	16,03	0	11,83
1900	60,18	275,42	44,41
1901	28,17	-53,19	20,79
1902	44,206	56,93	32,63
1903	30,25	-31,57	22,33
1904	21,18	-29,98	15,64
1905	26,9	27,01	19,86
1906	68,57	154,91	50,63
1907	87,29	27,3	64,45
1908	58,03	-33,52	42,85
1909	30,53	-47,39	22,54
1910	29,43	-3,6	21,73
1911	33,25	12,98	24,55
1912	63,2	90,08	46,66
1913	120,51	90,68	88,97
1914	43,88	-63,59	32,39
1915	48,35	10,19	35,69
1916	19,8	-59,05	14,62
1917	28,32	43,03	20,91

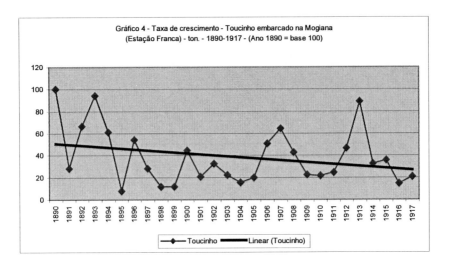

Gráfico 4 - Taxa de crescimento - Toucinho embarcado na Mogiana (Estação Franca) - ton. - 1890-1917 - (Ano 1890 = base 100)

Tabela 19
Taxa de crescimento – Fumo embarcado na Mogiana (Estação Franca) – Ton. – 1890-1917 – (Ano 1890 = base 100)

Período	Ton.	%	Tx. Cresc.
1890	13,52	13,52	100
1891	7,58	-43,93	56,07
1892	2,18	-71,24	16,13
1893	11,49	427,06	85,01
1894	4,11	-64,23	30,41
1895	8,27	101,22	61,19
1896	10,82	30,83	80,05
1897	15,94	47,32	117,93
1898	14,74	-7,53	109,05
1899	14,74	0	109,05
1900	5,92	-59,84	43,79
1901	6,91	16,72	51,11
1902	9,44	36,61	69,82
1903	23,45	148,41	173,44
1904	18,95	-19,19	140,16
1905	12,54	-33,83	92,74
1906	16,98	35,41	125,58
1907	33,25	95,82	245,91
1908	39,72	19,46	293,76
1909	15,54	-60,88	114,92
1910	15,99	2,9	118,25
1911	24,18	51,22	178,82
1912	31,39	29,82	232,14
1913	54,7	74,26	404,53
1914	31,5	-42,41	232,97
1915	35,4	12,38	261,81
1916	37,28	5,31	275,71
1917	44,48	19,31	328,95

Fonte: RCM.

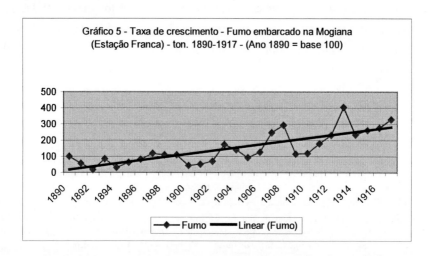

Gráfico 5 - Taxa de crescimento - Fumo embarcado na Mogiana (Estação Franca) - ton. 1890-1917 - (Ano 1890 = base 100)

Não há notícias, na região, de desabastecimento ou carência de produtos básicos de consumo, diante da implementação da cafeicultura. Pelo contrário, a saída de produtos excedentes – *arroz, milho, feijão, fumo, toucinho e animais (bovinos e suínos)* – através da ferrovia, proporcionava a compra de bens de outras regiões (sal, farinha de trigo, querosene, tecidos, materiais de construção), consumidos no município ou redirecionados para cidades próximas.[95]

A dinamização da economia, irradiada pelo café, reafirmou a posição de Franca como entreposto comercial.[96] Em 1909, o Jornal *Tribuna da Franca* assinalava:

> O commercio grosso das principaes praças da Mogyana acaba de tomar uma louvável iniciativa, que diz respeito ao seu vital interesse. É assim que a maioria dos atacadistas das praças de Ribeirão Preto, Batataes, Franca, Uberaba e outras, delegou ao Sr. Torquato Caleiro, commissário na Capital, poderes para dirigir, em seu nome, uma representação às directorias das Estradas de Ferro Mogyana, S. Paulo Raiway e Paulista, solicitando a redução de fretes de mercadorias despachadas de São Paulo para o interior, uma vez que sejam feitos os embarques em lotação certa, isto é, em vagões completos. A classe dos atacadistas estriba suas pretensões em razões lógicas, em argumentos de todos irrefutáveis e assentes no bom senso prático. Até hoje, tanto paga, por exemplo, uma caixa de Kerozene ou 7$500 de Santos a esta cidade, como o negociante que faz despachar 200 caixas, ou seja, 1:500$000 (sic).[97]

Entre 1900 e 1920, diante do crescimento das atividades econômicas,[98] a característica da sede do município como entreposto comercial, foi preservada. De um total de 543 firmas registradas em cartório, naquele período, 446 (82,13%) dedicavam-se ao comércio, tendo a supremacia do capital aplicado: 8.241:460,000 (oito mil,

---

95 TOSI, Pedro Geraldo. "Cultura do café e cultura dos homens em Franca: a influência da ferrovia para a sua urbanização". *Estudos de História*, Franca, v. 5, n. 2, p. 113-148.

96 "(...) o florescimento do mercado interno em São Paulo foi conseqüência direta de um processo de modernização, imposto tanto pelo desenvolvimento econômico como pelo capitalismo em expansão. O processo de modernização, além de ter introduzido novas técnicas, novos bens de consumo, impôs novos padrões de vida que acarretaram o surgimento de comunidades mais complexas (...)". ARLANCH, Flávia. *Formação do mercado interno em São Paulo: o exemplo de Jaú (1870-1914)* – Dissertação (mestrado) – FFLCH-USP, São Paulo, 1977, p. 117.

97 MHMF – Tribuna da Franca, Franca, 29 abril, 1909.

98 Conforme os dados da Cia. Mogiana, durante a Primeira Guerra, ocorreu retração no embarque de animais e toucinho, contrabalançado pela estabilidade no transporte de café e alimentos. O maior incremento foi verificado no embarque de fumo (ver Tabelas 11, 16 a 19 e Gráficos 1 a 15).

duzentos e quarenta e um contos e quatrocentos e sessenta mil réis). Em contrapartida, nas 76 indústrias e/ou oficinas artesanais foram aplicados, contabilmente, 1.843:245$000 (hum mil, oitocentos e quarenta e três contos e duzentos e quarenta e cinco mil réis), para a produção de calçados, arreios, brinquedos, bebidas, cigarros, chapéus, produtos químicos, produtos alimentícios, móveis, joias, roupas, fósforos, entre outros[99] (Tabela 20).

Tabela 20
Atividades econômicas urbanas – Franca – 1900-1930

Atividades econômicas	N.	%	Capital aplicado
Comércio	446	82,13	8.241:460$000
Indústria ou atividades de transformação em bases artesanais	76	13,92	1.843:245$000
Atividades de beneficiamento em geral	21	3,85	-
TOTAL/%	543	100,00	-

Fonte: Cartório de Registro de Imóveis, Hipotecas e Anexos de Franca. Livros A, B e F de Transcrições de Registros de Firmas. Myrtes Palermo C. de Freitas. *A diversificação das atividades econômicas no município paulista de Franca*. p. 135-6.

Com a ampliação constante das relações comerciais – ao lado do café –, havia a preocupação do poder público em normatizar o trânsito das mercadorias. Tramitavam, na Câmara Municipal, pedidos de abrir estradas nas imediações da cidade, para passagem de boiada e tropas, evitando a circulação de animais no perímetro urbano.[100] Eram comuns os debates sobre a regulamentação das ruas a serem percorridas pelos *carros de boi*,[101] "que se emprega[vam] no transporte de produtos de 'importação' e exportação".[102]

---

99 FREITAS, Myrtes Palermo C. de. *A diversificação das atividades econômicas do município Paulista de Franca (1900-1930)*– Dissertação (mestrado) – FFLCH-USP, São Paulo, 1979, p. 135-7.

100 MHMF – Ata da Câmara Municipal de Franca, 07/ago./1893.

101 MHMF – *Tribuna da Franca*, Franca, 12 novembro, 1908. "Câmara Municipal – Lei n. 242 – que trata sobre carros de bois e tropas que transitam pela cidade. O cidadão Martiniano Francisco de Andrade, Prefeito Geral do Município de Franca, na forma da lei etc. Faço saber que a Câmara Municipal desta cidade decretou e eu promulgo a seguinte lei. Lei 242. (...) Art.2 – A contar de 1. de janeiro de 1909, em diante, fica expressamente proibido o trânsito, por dentro da cidade, de carros de bois ou de quaesquer vehiculos, cujas rodas forem ferradas a chapa de pião ou de cordão. Parág. 1. Os carros acima referidos, que se dirigirem a Estação da Estrada de Ferro Mogyana, terão livre entrada pela rua Frei Germano, porém, até esta entrada, por fora da cidade. Art. 3. A não ser na área fixada no art.2, desta lei, não poderão também transitar tropas e animaes de qualquer espécie, sob pena de multa de 20$000, elevada ao dobro nas reincidências. Art. 4. Fica criado o imposto de 20$000 (vinte mil réis) annualmente, que será pago pelos proprietários de carros e aluguéis, residentes no município, quer sejam os referidos carros ferrados de pião ou a chapa lisa, uma vez que faça commércio na cidade ou transitem em qualquer de suas ruas, nas condições da lei (sic)."

102 MHMF – *Tribuna da Franca*, Franca, 12 novembro, 1908.

As novas circunstâncias, decorrentes do dinamismo econômico, passaram a exigir um aparelhamento maior dos serviços urbanos e públicos,[103] direcionados para o abastecimento local, devido ao crescimento demográfico. Em 1892, foi aprovada indicação na Câmara Municipal, visando construir a *Casa do Mercado*, "visto ser de grande utilidade para o público (...)"[104] (Foto 2).

Tendo como objetivo regularizar o abastecimento da carne bovina na cidade (Foto 3), foi instituído, em 1893, o *corte de gado*, cujo responsável era Moysés do Prado, comerciante periodicamente criticado pelos munícipes, quando havia falta do produto.[105] A questão do abate da carne bovina (Tabelas 21 e 22) era tema constante da imprensa local:

> Por muitíssimas vezes e já de há muitos anos que a imprensa lembra a conveniência da mudança do matadouro público para um ponto mais afastado da população. (...) O péssimo lugar onde se acha edificado, as acanhadas dimensões, o fato de ficar em uma das entradas mais importantes da cidade, bastariam, si não houvessem outros motivos de maior relevância, para determinar o acerto da mudança".[106]

Tabela 21
Gado Abatido no Matadouro de Franca - 1903-1920

	1903	1904	1905	1906	1907	1908	1909	1910	1911
Bovino	1.432	1.489	1.646	1.717	1.532	1.504	1.442	1.360	1.336
Suíno	1.995	2.088	1.912	1.703	1.460	1.661	1.856	2.266	2.291
Caprino	48	4	12	16	8	2	1		
Ovino			6			8			
TOTAL	3.475	3.581	3.576	3.436	3.000	3.175	3.299	3.626	3.627

	1912	1913	1914	1915	1916	1917	1918	1919	1920
Cont….									
Bovino	1.350	1.404	1.446	1.188	1.286	1.444	1.225	1.322	1.319
Suíno	2.484	2.272	1.968	1.933	2.366	2.499	2.481	2.340	2.614
Caprino	2		5		2				
Ovino			14	28					
TOTAL	3.836	3676	3.433	3.149	3.651	3.943	3.606	3.662	3.933

Fonte: Seade – *Anuário Estatístico do Estado de São Paulo*, 1903-1920.

---

103 LIMA, Cacilda Comássio. *A construção da cidade. Franca – século XIX*. Franca: Unesp-FHDSS: Companhia Açucareira Vale do Rosário. (História Local, 3). BENTIVÓGLIO, Júlio César. *Igreja e Urbanização em Franca*. Franca: Unesp-FHDSS: Amazonas Prod. Calçados S/A, 1997. (História Local, 8). OLIVEIRA, Wilmar Antônio. *Política e saúde pública: o município de Franca na Primeira República (1889-1930)* – Dissertação (mestrado) – Unesp-FHDSS, Franca, 1999.

104 MHMF – Ata da Câmara Municipal de Franca, 30/set./1892, cx. 4. Indicação do vereador Tiburcio Silva, que considerava a Casa do Mercado "uma medida de grande importância para o cofre municipal".

105 MHMF – Ata da Câmara Municipal de Franca, 4/mar/1893, cx. 4. "Foi lida uma petição de diversos cidadãos moradores da cidade, relativa ao contrato feito (...) para o abastecimento de carne de gado, pedindo que a Câmara rescinda o dito contrato."

106 *Jornal Tribuna da Franca*, Franca, 12 novembro, 1908.

Tabela 22
Preços da carne verde – Kg. - 1912-1920

	Bovinos				Suíno		Caprino		Ovino	
Anos	Bois		Vitelo							
	Max.	Min.	Max.	Min.	Max.	Min.	Max.	Min.	Max.	Min.
1912	1$000	$800	1$000	$800	1$200	$800	1$000	$800		
1913	1$000	$800	1$000	$800	1$200	1$000	1$200			
1914	$800	$600	$800	$600	1$200	$800		$800	1$200	$800
1915	1$000	$600	1$000	$600	1$200	1$000			1$200	$800
1916	1$000	$600	1$000	$800	1$200	1$000	1$500			
1917	1$000	$600			1$200	1$000				
1918	1$000	$600			1$500	1$200				
1919	1$000	1$000			1$500	1$200				
1920	1$400	1$000			1$600	1$400				

Fonte: Seade – *Anuário Estatístico do Estado de São Paulo*, 1903-1920.

O abastecimento da cidade não acontecia somente através dos fazendeiros, que "tangiam seus produtos em carros, carroções ou carretões de boi, (...) conduzindo lenha, madeiras, gêneros alimentícios e outros".[107] Nos quintais ou pequenas chácaras, era comum a construção de cocheiras e estrebarias,[108] para o manejo de poucos animais: suínos,[109] vacas, cabras de leite, cabritos e carneiros "empregados na carreação d'água".[110] Havia, portanto, a convivência entre os grandes produtores, os negociantes estabelecidos na praça[111] (Tabelas 23 e 24 – Foto 4), os ambulantes/mascates e os pequenos produtores (chacareiros e sitiantes) dedicados ao comércio informal.[112]

Tabela 23
Produtos divulgados pelos comerciantes – Jornal Tribuna da Franca - 1900-1910.

Produtos	Comerciantes
Polvilho Azedo	Armazém Popular – Gulgêncio de Almeida & Cia.
Fubá de arroz, de milho e de canjica (mimoso)	Machina de Morched Daher
Manteiga Paulista (de Vaca)	Joaquim Marcondes de Faria

---

107 MHMF – Código de Posturas, Art. 39. 1888, cx. 16.
108 MHMF – Escrituras de Compra e Venda, 2. Ofício, 1890-1920. Ver capítulo 2.
109 "É proibido cevar porcos dentro da cidade e povoações do município, sem as cautelas precisas. Estas cautelas consistem em conservá-los em chiqueiros bem retirados das casas e muros dos donos e vizinhos, devendo ser cobertos de telhas, assoalhados de pedra ou de madeira, de modo a não haver revolvimento de terra e formação de lama, a fim de evitar exalações putridas (sic). MHMF – Código de Posturas, Art. 128, 1888, cx. 16.
110 MHMF – Código de Posturas, Art. 121 e 128. 1888, cx. 16.
111 FREYTAS, Myrtes Palermo C. de. *Op. cit.*
112 "Aquelle que vender gêneros alimentícios falsificados e corrompidos ou fructos verdes ou podres, será multado em 10$000, perdendo os gêneros assim reconhecidos, que serão lançados fora, por ordem do fiscal da Câmara ou de qualquer autoridade policial (sic)." MHMF – Código de Posturas, Art. 118. 1888, cx. 16.

Polvilho novo	Ismael Ramos
Farelo de Arroz	Máquina de Beneficiar arroz de Caleiro, Baptista & Cia.
Queijos	Hygino Caleiro & Sandoval
Café e arroz	Caleiro, Baptista & Cia.
Marmelada	Ismael Ramos

Fonte: MHMF – *Tribuna da Franca*, 1900-10.

Tabela 24
Estoque do comerciante/varejista Arthur Ferreira de Menezes – 1918

Qte.		Descrição	Valores
28	Garrafas	Vinho do Porto	69$516
90	Caixas	(… ilegível)	15$300
1	…	Vinho branco (restante)	15$000
30	Garrafas	Cerveja União	22$250
37	Latas	Massa de tomate	33$300
1	…	Terno de medida	15$000
1	Unid.	Escada	12$000
2	Unid.	Lamparinas de vidro	1$000
2	Unid.	Chocolateiras de folha	1$200
1,100	Kg.	Balas de doce	1$980
6	Unid.	Vidros de boca larga	15$000
1	…	Alho (restante)	2$000
1	…	Anil (restante)	5$000
115	Maços	Fósforos	91$000
4	Garrafas	Vinagre	1$000
40	Garrafinhas	Óleo de Rícino	9$200
1	…	Arrolhador	2$500
45	Litros	Farinha de milho	8$000
60	Litros	Mandioca	9$000
10	Unid.	Potes de barro	10$000
1	Caixa	Anil em pacote	2$700
47	Pacotes	Caneta em pó	2$500
2	Latas	Azeitona	3$000
1,400	Kg.	Erva doce	5$500
6	Unid.	Vassouras	7$200
20	Garrafas	Lili	8$600
1	Unid.	Funil e sacarrolha	1$500
1	Lata	Querosene	17$000
1	…	Pedra de mármore	12$000
7	Maços	Cigarro	2$000
1	…	Lápis (saldo)	1$500
112	Pedaços	Sabão vitória	22$400
6	Unid.	Copos diversos	2$400
½	…	Vinagre	10$000
½	…	Pinga	40$000
4	Maços	Linha branca	6$696
1	Unid.	Balança	30$000
1	Unid.	Mesa pequena	11$000
		Total…	560$242

Fonte: AHMF – INV – Inventariado: Arthur Ferreira de Menezes. Inventariante: Anna Ignácia da Conceição. Proc. 35. 2. Ofício, 1918.

Dentro desse contexto, a administração municipal se mantinha, principalmente, pela arrecadação de impostos relativos a *atividades urbanas* (Impostos de Indústria e Profissões, Predial, Alinhamento e vias públicas, Água e Esgoto e Receita do Cemitério). Contudo, a importância da produção, destinada ao consumo local, refletia na receita municipal. Os valores referentes às receitas do Mercado e do Matadouro (13,0%) eram, aproximadamente, o dobro da arrecadação relativa ao café[113] (8,0%)(Gráfico 6 e Tabelas 25 a 27).

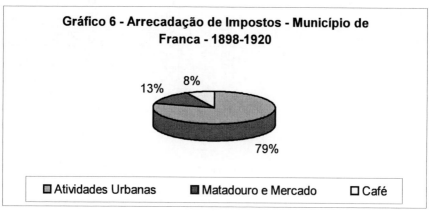

Fonte: Seade.

Em Franca, o café veio dinamizar a pecuária, a agricultura de abastecimento interno, o comércio, a manufatura e a urbanização. A estrutura econômica diversificada foi fortalecida e ampliada pela cafeicultura, que produzia para o mercado externo e gerava recursos e demanda no mercado interno.

---

113 "No sistema fiscal da República Velha, uma fonte principal de renda para os município de São Paulo era o imposto sobre os pés de café, comumente dois mil-réis por ano, por mil cafeeiros em produção." HOLLOWAY, Thomas H. *Imigrantes para o café. Café e sociedade em São Paulo, 1886-1934.* Rio de Janeiro: Paz e Terra, 1984, p. 232.

Tabela 25
Arrecadação do Mercado Municipal de Franca

Meses/ano	1898	1899	1900	1901	1902	1903
Janeiro	339,500	259,000	246,500	485,500	155,500	251,000
Fevereiro	254,500	280,000	309,000	477,000	115,500	180,000
Março	305,000	257,000	360,000	485,500	91,500	260,000
Abril	294,000	281,000	366,500	504,500	56,000	249,500
Maio	284,000	257,500	390,000	474,500	55,000	258,500
Junho	272,000	235,500	315,000	463,000	41,000	265,500
Julho	256,000	238,500	375,500	273,000	104,500	120,500
Agosto	251,000	257,500	347,000	327,500	172,000	-
Setembro	252,000	237,500	353,500	204,500	65,000	-
Outubro	278,000	250,500	564,980	195,500	144,500	-
Novembro	379,000	267,500	465,500	213,000	223,500	-
Dezembro	282,500	241,500	510,000	300,000	230,500	-
TOTAIS	3.447,500	3.063,000	4.603,480	4.403,500	1.454,500	1.585,000

Fonte: MHMF

Tabela 26
Preços médios dos produtos (em mil réis) - 1892 a 1925

Produto \ Ano	1892	1893	1896	1898	1902	1903	1906	1916	1917	1918	1920	1921	1922	1923	1924	1925
Açúcar (kg)	-	-	-	0$350	-	-	0$400	-	-	-	-	-	-	-	-	-
Aguardente (litro)	0$500	0$600	-	0$400	-	-	0$320	0$450	0$650	0$950	0$850	0$450	1$250	1$350	3$000	2$750
Algodão (kg)	-	-	-	0$300	-	-	-	-	-	-	-	-	-	-	-	-
Amendoim	0$200	-	-	0$340	-	-	-	-	-	-	-	-	-	-	-	-
Arroz (Kg)	0$400	0$400	0$380	0$120	0$140	0$100	0$100	0$500	0$500	0$575	0$750	0$700	0$625	0$700	1$100	1$300
Azeite (litro)	-	-	-	-	-	-	-	2$350	2$450	5$600	7$750	5$500	5$750	5$800	6$000	6$500
Banana (dúzia)	-	-	-	-	-	-	-	0$270	0$180	0$250	0$250	0$250	0$200	0$250	0$400	0$700
Batata doce (kg)	-	-	-	-	-	-	-	-	-	-	-	-	-	-	-	-
Batata inglesa (kg)	0$300	0$240	-	0$260	0$170	0$120	-	-	-	-	-	-	-	-	-	-
Café (kg)	1$000	1$000	1$000	0$700	-	-	0$300	0$650	1$150	1$175	1$750	1$500	2$650	3$050	4$400	4$500
Cana (kg)	-	-	-	-	-	-	-	-	-	-	-	-	-	-	-	-
Carne de porco (kg)	-	-	-	-	-	-	-	1$200	1$200	2$100	1$750	1$550	1$700	2$100	4$500	4$000
Carvão Vegetal (saco)	-	0$700	-	0$300	-	-	-	-	-	-	-	-	-	-	-	-
Cebola (kg)	-	-	-	0$650	-	-	-	-	-	-	-	-	-	-	-	-
Cera (kg)	-	-	-	4$000	-	-	-	-	-	-	-	-	-	-	-	-
Feijão (kg)	0$240	0$300	-	0$270	0$280	0$140	0$200	0$200	0$350	0$300	0$350	0$400	0$400	0$450	1$200	0$850
Farinha de mandioca (kg)	0$160	0$320	0$240	0$230	0$170	-	-	-	-	-	-	-	-	-	-	-
Farinha de milho (kg)	-	-	-	-	-	-	-	0$200	0$250	0$270	0$300	0$550	0$300	0$450	0$650	0$600
Fumo (kg)	-	-	-	6$000	-	-	-	-	-	-	-	-	-	-	-	-
Mel de abelha (litro)	-	-	-	1$500	-	-	-	-	-	-	-	-	-	-	-	-
Milho (kg)	0$140	0$140	0$155	0$120	-	-	0$050	-	-	-	-	-	-	-	-	-
Lenha (kg)	-	-	-	-	-	-	-	-	-	-	-	-	-	-	-	-
Ovos (dúzia)	-	-	-	1$000	0$500	0$500	-	-	-	-	-	-	-	-	-	-
Pimenta (saco)	-	-	-	8$000	-	-	-	-	-	-	-	-	-	-	-	-
Raiz de mandioca (kg)	-	-	-	-	-	-	-	-	-	-	-	-	-	-	-	-
Repolho (cabeça)	-	-	-	0$200	-	-	-	0$320	0$300	0$550	0$450	0$350	0$350	0$350	0$650	0$650
Sal (kg)	-	0$320	-	-	-	-	-	-	-	-	-	-	-	-	-	-
Tomate (kg)	-	-	-	1$200	-	-	-	-	-	-	-	-	-	-	-	-
Toucinho (kg)	-	-	-	-	-	-	-	1$600	1$600	2$100	2$500	2$250	2$250	2$600	4$700	7$250
Vinho (litro)	0$700	0$520	0$625	0$625	-	-	-	-	-	-	-	-	-	-	-	-

Fonte: Arquivo Público do Estado de São Paulo (1892 a 1903); Seade – Anuário Estatístico do Estado de São Paulo (1905 a 1906); AHMF – Inventários *post-mortem*.

Tabela 27
Arrecadação de Impostos – Município de Franca 1898-1920

RECEITAS	1898	1905	1906	1907	1908	1909	1910	1911	1912	1913	1914	1915	1916	1918	1919	1920	Totais
Saldo do Exercício Anterior	1.065.489	363.041	2.796.500		218.485	15.670	1.326.490		11.821.040		46.169.110	2.406.680	5.867.850	5.932.015	7.204.854	3.176.461	88.363.685
Imposto de Indústrias e Profissões	55.434.432	58.631.415	69.750.710	64.719.355	59.246.490	54.122.340	52.010.740	54.011.290	56.423.130	53.942.810	58.027.970	53.050.090	51.055.890	50.928.691	49.078.861	57.892.281	868.326.295
Imposto Predial		12.220.118	18.731.290	25.105.044	20.156.820	20.544.840	20.824.140	20.177.330	24.747.360	32.294.210	25.444.130	37.040.202	26.291.070	25.062.142	26.882.670	30.768.597	367.289.983
Imposto s/ alinhamento e vias públicas													13.831.380	10.262.698	11.358.390		35.452.468
Imposto s/ café produzido no município	7.784.000	20.843.476	27.349.328	31.633.380	14.799.800	12.000.000		8.686.600	7.034.000	10.568.850	8.039.300	10.367.580	8.747.900	11.554.050	10.346.200		189.754.464
Imposto s/ outros gêneros								23.324.760									23.324.760
Serviço de Águas/Esgotos		20.417.800	18.579.000	25.745.340	23.939.570	21.213.360	25.210.300		26.530.950	26.467.800	32.802.600	44.725.300	65.409.200	71.618.200	75.707.100	90.691.200	589.057.720
Receita do Cemitério	2.571.000	4.594.000	4.937.000	6.740.000	5.008.000	6.121.200	4.862.000	5.074.000	6.372.000	7.288.000	6.690.000	6.267.000	6.069.000	10.803.500	11.778.000		95.175.700
Receita do Matadouro	6.895.000	20.823.000	20.936.000	18.140.000	18.551.000	19.006.000	20.183.000	19.851.000	20.525.000	20.342.000	19.446.000	18.997.000	19.235.000	19.394.000	19.968.000	22.988.500	305.280.500
Renda do Mercado	3.450.000	2.167.500	1.851.500	2.097.000	2.287.500	1.964.000	2.033.500	2.068.000	1.157.500	1.889.500	1.956.600	1.741.800	1.866.500	2.072.000	1.915.500		30.530.400
Auxílio do Governo									25.000.000								25.000.000
Cobrança Dívidas Ativas		6.809.416	5.320.640	6.033.662	6.998.960	11.356.490	5.582.066	8.334.370	11.772.590	13.055.740	14.512.780	12.754.278	9.917.045	13.372.273	28.783.255	47.616.540	202.220.549
Empréstimos	20.661.226		59.001.584	46.588.323	76.852.500	258.953.000	580.599.500		1.366.884.000		257.210.200	177.105.200		203.197.000	34.439.800	40.000.000	3.121.492.333
Depósitos e Cauções			500.000		2.331.870	2.284.670	10.618.910				500.000						16.235.450
Rendas Extraordinárias		3.746.100	2.773.990	241.000	4.259.300	6.893.000		13.237.580	23.362.550	558.013.400	6.494.200	47.838.000		344.500			667.203.620
Rendas Diversas	10.404.000	12.852.770	17.328.960	17.881.298	28.081.080	25.014.040	36.936.970	18.412.830	11.187.580	61.500.800	80.101.180	70.165.300	59.530.435	70.585.915	74.942.910	138.600.682	731.526.980
TOTAL	116.388.127	164.468.636	249.856.502	244.924.202	262.731.375	439.623.550	760.273.110	173.177.760	1.592.825.660	785.363.110	557.393.470	482.437.630	268.722.170	495.127.464	352.345.540	144.304.070	7.386.174.907

Fonte: Seade – Anuário Estatístico do Estado de São Paulo.

Foto 2
Estação Ferroviária Mogiana

Fonte: MHMF

Foto 3
Mercado Municipal de Franca

Fonte: MHMF

Foto 4
Matadouro Municipal de Franca

Fonte: MHMF

Foto 5
Armazém Varejista

Fonte: MHMF

A resistência das roças e criatórios.

Franca consolidou seu papel de região cafeicultora, sem, todavia, perder o caráter de município produtor e distribuidor de produtos de mercado interno. Tais afirmações são corroboradas pelos números[114] do *Censo de 1920*.[115]

A superfície territorial do município de Franca, em 1920, era de 155.500,0 hectares, sendo 96,6% ocupada pelos estabelecimentos rurais (150.214,0 hectares). Do total da área, 10,0% (14.964,0 hectares) era coberta por matas (Tabela 28).

A forma de utilização do setor rural, no ano agrícola de 1919-1920, pode ser assim discriminada: de 150.214,0 hectares, 14,07% (21.141,0 hectares) era destinado ao cultivo de diversos produtos, 10,0% (14.964,0 hectares) era coberto por matas, restando 75,93% (116.109,0 hectares) que poderiam ser utilizados para a criação de animais ou subutilizados (Gráfico 7).

A área cultivada (21.141,0 hectares ou 14,07% do total) dividia-se em: 67,61% (14.295,0 hectares) com lavouras de café, que somavam 11.435.816 pés; 8,19% (1.732,0 hectares) com plantações de arroz; 19,64% (4.152,0 hectares) com milho e 12,14% (2.568 hectares) com feijão. Outros produtos eram produzidos em menor escala: a batata inglesa que ocupava 0,49% da área cultivada (104,0 hectares) e a mandioca 0,19% (42,0 hectares). Discriminadas, no *Censo de 1920*, como *plantas industriais*, o algodão ocupava 0,80% (170,0 hectares) do perímetro cultivado, a cana-de-açúcar 3,05% (646,0 hectares), o fumo e a mamona ocupavam a mesma área, ou seja, 0,09% (19 hectares) (Tabela 29 e gráfico 8). As porcentagens em relação à área cultivada eram as seguintes: 28,4% de cereais e outras plantas alimentícias, 4,0% plantas industriais e 67,61% de culturas arborescentes e arbustivas, leia-se café (Gráfico 9).

---

114 FURET, François. *O quantitativo em História*. In: Jacques Le Goff, Pierre Nora. *História: novos problemas*. Rio de Janeiro: F. Alves, 1976, p. 47-63; ARRUDA, José Jobson de A. "História e crítica da História econômica quantitativa". *Revista de História*, v. 55, n. 110, 1977, p. 463-481.

115 Ministério da Agricultura, Indústria e Commércio. Diretoria Geral de Estatística. *Recenseamento do Brasil*, 1920. Rio de Janeiro: Typ. da Estatística, 1924.

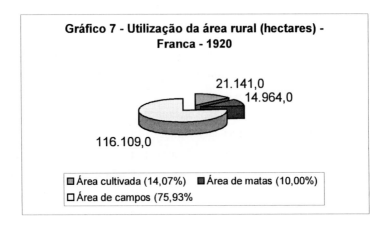

Gráfico 7 - Utilização da área rural (hectares) - Franca - 1920

- Área cultivada (14,07%)
- Área de matas (10,00%)
- Área de campos (75,93%)

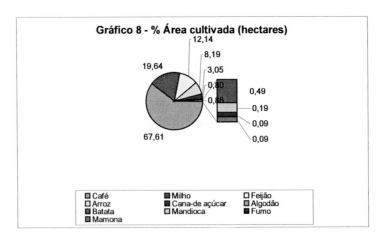

Gráfico 8 - % Área cultivada (hectares)

- Café
- Milho
- Feijão
- Arroz
- Cana-de açúcar
- Algodão
- Batata
- Mandioca
- Fumo
- Mamona

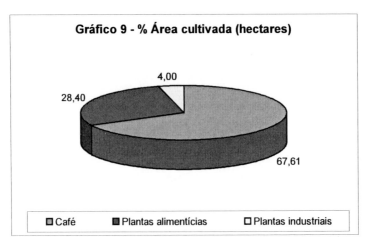

Gráfico 9 - % Área cultivada (hectares)

- Café
- Plantas alimentícias
- Plantas industriais

Quanto à produção do ano agrícola de 1919-1920, os 583 estabelecimentos recenseados 294 (50,42%), que tinham cafezais, produziram ao todo 6.462,4 toneladas (Tabela 30). A plantação de café correspondia a 14.295 hectares com 11.435.816 pés, com produtividade de aproximadamente 1/2 tonelada por hectare ou 0,565 gramas (1/2 quilo) por árvore. Em média, 48,6 hectares de cada propriedade eram utilizados para a lavoura de café (Tabela 29). Em cada imóvel, segundo o censo, tinha, em média, 38.897 pés de café. Em contrapartida, a pesquisa realizada nos inventários de 1890-1920 revelou 30.165 por imóvel (Tabela 6). Em 1920, uma propriedade conseguia produzir, em termos médios, 21.980 quilos de café por ano.

Na safra 1919/1920, 451 proprietários (77,35%) produziram 3.117,4 toneladas de arroz (51 mil sacos de 60 kg), em uma área de 1.732 hectares (Tabela 31). Cada hectare plantado resultava em 1.800 quilos. Uma propriedade utilizava, em média, 3,8 hectares para o plantio do arroz, obtendo 6.912 quilos.

O milho cultivado em 462 imóveis rurais (79,24%), em 4.152,0 hectares (9 hectares por imóvel, em média) resultava em 9.144,3 toneladas (152.405 sacos de 60 kg). A produtividade, por hectare, desta planta era de 2.202 quilos (37 sacos de 60 quilos, aproximadamente). Desta forma, cada propriedade produzia, em média, 19.800 quilos de milho (Tabela 31).

Outra cultura bastante difundida era o feijão, produzido em 442 estabelecimentos (75,8% do total recenseado), ocupando temporariamente uma área de 2.568,0 hectares. A produção, em 1920, foi de 3.081,1 toneladas (51.352 sacos de 60 kg). Uma média de 7 toneladas (6.970 kg) por propriedade. Cada hectare plantado resultava em 1.200 quilos (Tabela 31).

Uma parcela menor de fazendeiros – 91 (15,60%) – dedicavam-se à produção da batata inglesa. Em 104 hectares o resultado da produção foi de 622,9 toneladas (pouco mais de 6 toneladas) por hectare. Se, por hipótese, cada fazendeiro separava 1,14 hectares para a produção da batata, tinha a colher 6.845 quilos (Tabela 31).

Segundo os dados do referido recenseamento, apenas 44 produtores rurais (7,54%) cultivavam a mandioca. Muito provavelmente o censo especificou somente aqueles produtores que destinavam este tubérculo para o mercado, pois, era um alimento amplamente difundido e que a maioria dos ruralistas produziam para o autoconsumo. Em 1920, foi anotada uma produção de mandioca de 608,0 toneladas em 42 hectares (14.476 quilos por hectare). Utilizando os números acima, podemos supor que cada proprietário utilizava 1,04 hectare, em média, para a plantação deste gênero alimentício, obtendo como resultado 13.818 quilos. Se utilizassem toda essa produção para a extração dos derivados da mandioca, teria como resultado em 104,2 toneladas de farinha ou 47,8 toneladas de polvilho (2.368 kg e 1.086 kg, respectivamente, por propriedade, em média)(Tabela 31).

O algodão era um produto que 50 proprietários (8,57%) cultivavam, utilizando 170 hectares (3,4 hectares por imóvel), para conseguir, coincidentemente, 170,0 toneladas (Tabela 31).

A cana-de-açúcar era produzida por 74 estabelecimentos (12,69%), que separavam 646,0 hectares para o plantio ou 3,06% do total da área cultivada. O resultado era a obtenção de 25.827,0 toneladas de cana ou 40.000 quilos por hectare, aproximadamente. Cada proprietário obtinha, em média, 350,0 toneladas (Tabela 31). A produção teria sido transformada, em 1.291,1 toneladas de açúcar. Em 19 fazendas (25,67%) produzia-se, também, aguardente e álcool (754 hectolitros).[116]

Os maquinários, necessários para a produção dos derivados da cana-de-açúcar, eram movidos: 8 (10,81%) a vapor, 25 (33,78) a energia hidráulica, e, 24 (32,43%) por tração animal. Sobre os 17 engenhos restantes (22,98%) não há registro no censo (Tabela 33).

Em 18 unidades rurais (3,08%) produzia-se 11,3 toneladas de fumo, que demandava 19,0 hectares. Cada propriedade destinava em média 1,05 hectare para este fim, obtendo 595 quilos do produto (Tabelas 29 e 31).

A mamona era cultivada em 8 estabelecimentos (1,37%), que produziam 27,8 toneladas, requerendo para isso o uso de 19 hectares. A produtividade era, neste caso, 1.463 quilos por hectare e 3.475 quilos por imóvel (Tabela 29 e 31).

Uma atividade econômica que tinha certa difusão, nos imóveis rurais de Franca, era a apicultura. Em 17 estabelecimentos (2,91%) contava-se 297 colmeias (17,47 em média por imóvel), que, em 1920, produziram 846 litros de mel e 133 quilos de cera (49,76 litros e 7,8 quilos por imóvel, respectivamente) (Tabela 34).

Dos 583 estabelecimentos rurais, listados no *censo de 1920*, pelo menos 90,56% (528) criavam animais em suas terras, que somados totalizavam 77.986 cabeças. Estes números nos indicam que, em média, cada propriedade possuía 147 animais.

Da quantidade total de animais – 77.986 cabeças – 57,07% (44.512) eram bovinos, 6,18% (4.813) equinos, 2,55% (1.994) asininos e muares, 1,40% (1.098) ovinos, 1,80% (1.402) caprinos e 31,00% (24.167) suínos (Gráfico 10 e Tabela 35). De cada

---

[116] Duas propriedades (2,71%) não produziam derivados da cana, eram somente fornecedoras para as fazendas que tinham engenhos.

1.000 cabeças arroladas, 571 eram da espécie bovina, 310 da suína, 62 da equina, 25 da asinina e muar, 14 da ovina e 18 da caprina.

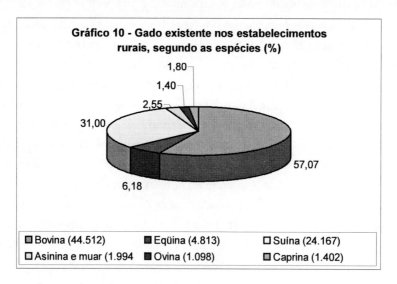

Os animais pertencentes à espécie bovina, dividiam-se em: 49,77% (22.157) vacas e novilhas, 29,50% (22.157) bois e 20,73% (9.221) garrotes e bezerros. Isso demonstra a importância do gado produtor de leite, destinada para o abate (bois e garrotes) e a parcela utilizada para o transporte e para arar a terra como o *boi de carro* (Tabela 35).

Os equinos eram: 56,14% (2.702) cavalos, 29,62% (1.426) éguas e 14,24% (685) em potros. Os números relativos aos potros, demonstram a reprodução de 0,48 animais por fêmea. Os asininos e muares eram utilizados para funções semelhantes aos equinos. Somando as duas espécies atingiam 6.807 animais ou 15,29% do rebanho (Tabela 35).

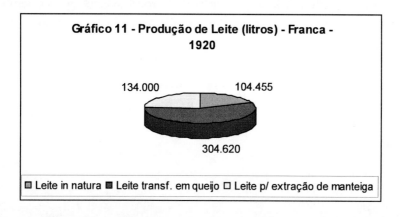

As espécies bovinas e equinas eram criadas em mais de 90% das propriedades. Os bovinos estavam em 90,56% das propriedades (528). Cada imóvel tinha, em média, 84 bovinos, divididos em 42 vacas e novilhas, 25 bois e 18 garrotes e bezerros. Mantinha-se equinos em 90,05% dos imóveis rurais (525), sendo que cada um possuía, em média, 9 animais, distribuídos em 5 cavalos, 3 éguas e 1 potro. De importância semelhante para a economia local, os suínos eram criados em 77,36% das propriedades rurais (451), tendo cada uma, em média, 54 animais. Utilizando dos mesmos cálculos (a média), podemos dizer que os asininos e muares eram mantidos em 35,67% dos imóveis (208), sendo que cada um possuía 9 animais; os caprinos em 11,49% (67), com 21 cabeças cada; e finalmente, os ovinos em 10,46% (61), com 18 ovelhas cada. Em 19 estabelecimentos que possuíam ovelhas, foi produzido, em 1920, 250 quilos de lã, ou seja, 13,15 quilos por imóvel (Tabela 35).

Sendo que grande parte da economia rural de Franca se sustentava na pecuária, temos como resultado que 13,89% (81) dos estabelecimentos recenseados venderam 104.455 litros de leite em 1920. Este número era somente uma fração da produção leiteira, pois, a outra parte destinava-se à produção de queijos, que chegou a 25.385 unidades (314 queijos por propriedade/ano). Sabendo-se que para fazer um queijo *tipo mineiro*, com peso de um quilo aproximadamente, necessitava-se de 12 litros de leite em média, assim sendo, para fazer as 25.385 peças utilizava-se 304.620 litros de leite. Havia, também, a produção de manteiga, num total de 6.700 quilos, sendo que para obter este resultado consumia-se aproximadamente 134.000 litros de leite. Era necessário em torno de 20 litros de leite para apurar um quilo de manteiga. Neste caso, cada propriedade produzia 82,7 quilos de manteiga (em média por ano). Outro fato a considerar é que depois de extrair a manteiga do *leite gordo*, o excedente (chamado *leite magro – soro*) era, geralmente, destinado ao consumo dos suínos. Desta forma, podemos deduzir que, em 1920, a produção anual de leite destinada ao mercado, *in natura* ou transformado em subprodutos como o queijo, os doces, a manteiga ou o soro, chegou a ser de 543.075 litros, o que resulta em uma produção de 6.704 litros/ano, em média, por propriedade. Se realizarmos outros cálculos sabemos que cada unidade produtiva destinava para o mercado, em média, 18,36 litros de leite por dia. Tudo isso, sem contar o consumo dos proprietários, agregados, rendeiros, colonos e assalariados que viviam nas fazendas, praticamente impossível de quantificar (Gráfico 11).

Tabela 28
Superfície e área dos estabelecimentos rurais - Município de Franca – 1920

Superfície territorial	Área dos estabelecimentos rurais	Área ocupada por matas nos estabelecimentos rurais	Relação(%) entre		% da superfície do município em relação ao Estado
			A área dos estabelecimentos rurais e a superfície do município	A área em matas e a dos municípios recenseados	
– hectares–	– hectares–	– hectares–			
155.500	150.214	14.964	96,6	10,0	0,6

Fonte: Recenseamento – 1920.

Tabela 29
Área cultivada nos estabelecimentos rurais (Ano agrícola de 1919-1920) – Município de Franca – 1920

Área total dos estabelecimentos rurais recenseados – hectares	Área total cultivada	Cereais e outras plantas alimentícias (em hectares)					Plantas industriais (em hectares)			
		Arroz	Milho	Trigo	Feijão	Batata Inglesa	Mandioca	Algodão	Cana-de-açúcar	Fumo	Mamona
150.214	21.141	1.732	4.152	-	2.568	104	42	170	646	19	19

Culturas arborescentes e arbustivas								Porcentagem em relação à área total cultivada				Relação entre a área cultivada e a área recenseada
Café		Cacau		Coco		Maniçoba		Cereais e outras plantas alimentícias	Plantas Industriais	Culturas arborescentes e arbustivas	
Área Cultivada hectares	Número de árvores	Área Cultivada hectares	Número de árvores	Área Cultivada hectares	Número de árvores	Área Cultivada hectares	Número de árvores				
14.295	11.435.816	-	-	-	-	-	-	28,4	4,0	67,6	14,1

Fonte: Recenseamento – 1920.

Tabela 30
Produção de café, cacau, coco e maniçoba nos estabelecimentos rurais recenseados (Ano agrícola de 1919-1920) – Município de Franca

N. total de estabelecimentos Recenseados	Café		Cacau		Coco		Maniçoba	
	N. de estabelecimentos produtores	Produção (toneladas)	N. de estabelecimentos produtores	Produção (toneladas)	N. de estabelecimentos produtores	Produção (toneladas)	N. de estabelecimentos produtores	Produção (toneladas)
583	294	6.462,4	-	-	-	-	-	-

Fonte: Recenseamento – 1920.

Tabela 31
Produção de cereais e outras plantas alimentícias nos estabelecimentos rurais (Ano agrícola de 1919-1920) – Município de Franca

N. total de estabelecimentos rurais recenseados	Cereais e outras plantas alimentícias									
	Arroz		Milho		Trigo		Feijão		Batata inglesa	
	N. de estabelecimentos produtores	Produção (toneladas)	N. de estabelecimentos produtores	Produção (toneladas)	N. de estabelecimentos produtores	Produção (toneladas)	N. de estabelecimentos produtores	Produção (toneladas)	N. de estabelecimentos produtores	Produção (toneladas)
583	451	3.117,4	462	9.144,3	-	-	442	3.081,1	91	622,9

Mandioca	
N. de estabelecimentos produtores	Produção (toneladas)
44	608,0

Plantas industriais								
Algodão (em caroço)		Cana-de-açúcar		Fumo		Mamona		
N. de estabelecimentos produtores	Produção (toneladas)	N. de estabelecimentos produtores	Produção (toneladas)	N. de estabelecimentos produtores	Produção (toneladas)	N. de estabelecimentos produtores	Produção (toneladas)
50	170,0	74	25.827,0	18	11,3	8	27,8

Fonte: Recenseamento – 1920.

Tabela 32
Produtos derivados da cana-de-açúcar e da mandioca e vinho produzido nos estabelecimentos rurais (Ano agrícola de 1919-1920) – Município de Franca

N. total de Estabelecimentos Recenseados	Produtos derivados da cana-de-açúcar							
	Açúcar		Aguardente		Álcool		Mel vendido	
	N. de estabelecimentos produtores	Produção (toneladas)	N. de estabelecimentos produtores	Produção (toneladas)	N. de estabelecimentos produtores	Produção (toneladas)	N. de estabelecimentos produtores	Produção (toneladas)
583	72	1291,1	19	754	-	-	-	-

Produtos derivados de mandioca						
Farinha		Polvilho		Tapioca		
N. de estabelecimentos produtores	Produção (toneladas)	N. de estabelecimentos produtores	Produção (toneladas)	N. de estabelecimentos produtores	Produção (toneladas)	
44	104,2	-	47,8	-	-	

Vinho					Aguardente de várias espécies (excluída a da cana-de-açúcar)	
De uva		De outras qualidades			
N. de estabelecimentos produtores	Produção (toneladas)	N. de estabelecimentos produtores	Produção (toneladas)	N. de estabelecimentos produtores	Produção (toneladas)	
-	-	-	-	1	48	

Fonte: Recenseamento – 1920.

Tabela 33
Estabelecimentos rurais produtores de cana-de-açúcar - Município de Franca – 1920

Número total de estabelecimentos rurais recenseados	Número total de estabelecimentos produtores de cana-de-açúcar	Número de estabelecimentos			Área total cultivada – hectares	Área ocupada com canaviais – hectares	Porcentagem da área ocupada com canaviais em relação a área total cultivada
		Fabricantes de açúcar		Fabricantes de aguardente e álcool	Vendedores de cana exclusivamente			
		Exclusivamente	E vendedores de cana					
583	74	72	-	19	2	21.141	646	3,06

Cana-de-açúcar				Álcool hectolitros	Aguardente hectolitros	Mel vendido hectolitros
Produção total toneladas	Cana vendida toneladas	Cana trabalhada toneladas	Açúcar toneladas			
25.827,0	5,0	25.822,0	1.291,1	-	754	-

Número de estabelecimentos que possuem maquinários				
Total	Movidos			Por força indeterminada
	A vapor	A água	A animais	
74	8	25	24	17

Fonte: Recenseamento – 1920.

Tabela 34
Cultura de abelhas e criação de aves domésticas nos estabelecimentos rurais – Município de Franca – 1920

Abelhas				Aves domésticas				
Número de estabelecimentos da apicultura	Número de colmeias	Produção Mel litros	Cera quilos	Número de estabelecimentos	Número de cabeças			
					Galinhas cabeças	Perus cabeças	Patos cabeças	Total cabeças
17	297	846	133	470	43.109	1.486	2.322	51.917

Fonte: Recenseamento – 1920.

Tabela 35
Gado existente nos estabelecimentos rurais, segundo as diversas espécies arroladas – Município de Franca – 1920

Espécie de animais										
Número total de estabelecimentos rurais recenseados	Bovina					Equina				
	Número de estabelecimentos	Número de cabeças				Número de estabelecimentos	Número de cabeças			
		total	vacas e novilhas	Bois	Garrotes e bezerros		Total	éguas	cavalos	potros
583	528	44.512	22.157	13.134	9.221	525	4.813	1.426	2.702	685

Espécie de animais							
Ovina		Caprina		Suína			
Número de estabelecimentos	Número de cabeças	Número de estabelecimentos	Número de cabeças	Número de estabelecimentos	Número de cabeças		
61	1.098	67	1.402	451	24.167		

Espécie de animais		De 1.000 cabeças arroladas pertenciam à espécie					
Asinina e muar							
Número de estabelecimentos	Número de cabeças	Bovina	Equina	Asinina e muar	Ovina	Caprina	Suína
208	1.994	571	62	25	14	18	310

Fonte: Recenseamento – 1920.

CHÁCARAS, SÍTIOS E FAZENDAS

A estrutura material

Quando se investiga a estrutura material das propriedades rurais de Franca e as atividades nelas empreendidas, constata-se que, entre os anos de 1890 a 1920, houve continuidade da produção de bens destinados ao abastecimento interno, fugindo do modelo monocultor, que a cafeicultura em geral impunha.

A análise, de 750 processos de partilha e 2.190 escrituras, evidenciou a importância dos imóveis na composição dos patrimônios e permitiu vislumbrar, através das benfeitorias arroladas nas propriedades, o perfil material e produtivo das mesmas.

Dos 750 processos de partilha, apenas 194 relatavam exclusivamente imóveis urbanos. Imóveis rurais estavam presentes em 541 inventários, sendo que 321 continham propriedades rurais e urbanas.

Nas 2.190 escrituras,[1] pesquisadas da área rural, 704 constavam benfeitorias: 745 casas, 387 casas de colonos, 230 monjolos, 204 paióis, 5 engenhos de cilindro, 44 engenhos de cana, 18 engenhos de serra, 2 engenhocas, 6 alambiques, 2 cocheiras, 124 currais, 71 moinhos, 3 ralos de mandioca, 6 olarias, 17 pomares, 2 fornos para farinha, 27 tulhas para café, 1 galinheiro, 17 chiqueiros e 18 máquinas de beneficiar arroz e café (Tabela 36 e Gráficos 12 e 13).

---

[1] Em alguns casos as escrituras trazem informações sobre as culturas implementadas nas propriedades ora negociadas. Apesar do destaque para o café, fora anotadas outras plantações. Em 17 documentos foi usado somente o termo plantações, em outras escrituras foram mencionadas roças de milho (2), arroz (1), cana-de-açúcar (6) e mandiocal (1). Um exemplo é "uma parte de terras na Fazenda Ribeirão Corrente", onde constavam, ao mesmo tempo "plantações miúdas e plantações de café". AHMF-ECV – Vendedor: Antônio Marques da Silva Júnior. Comprador: João Teixeira Alves. 1893.

Tabela 36
Quantidade de benfeitorias que constam nas propriedades – 1890-1920*

Benfeitorias	1890-1900	1901-1910	1911-1920	1890-1920
Casa	199	272	274	745
Casa de Colono	25	98	264	387
Monjolo	87	83	60	230
Paiol	55	81	68	204
Engenho de Cilindro			5	5
Engenho de Cana	17	15	12	44
Engenho de Serra	5	1	12	18
Engenhoca	2			2
Cocheira	2			2
Curral	23	42	59	124
Pasto	12	18	7	37
Moinho	19	26	26	71
Ralo de mandioca	1	1	1	3
Alambique	2	1	3	6
Olaria	3	1	2	6
Pomar		4	13	17
Forno para farinha	1	1		2
Arroz	1			1
Tulha para café		12	15	27
Galinheiro		1		1
Mandiocal			1	1
Chiqueiro		3	14	17
Cultura de cana	4	1	1	6
Roça de Milho	2			2
Plantações	6	7	4	17
Máquina de beneficiar arroz e café	16	1		18
Terreiro para café		1	8	9
Quintal de café	4	4		8
Cafezal	32	37	25	94
Plantação de café	16	1		18
Café	41	65	97	203
Nº de pés de café (total)	448.525	935.766	2.498.312	3.882.603

*Foram pesquisadas 2.190 escrituras, sendo que 704 constavam benfeitorias.
Fonte: AHMF – ECV

Gráfico 12
Quantidade de benfeitorias nas propriedades rurais - 1890-1920

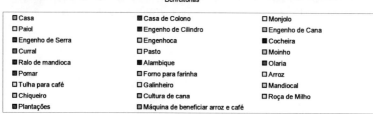

**Gráfico 13 - Quantidade de benfeitorias nas propriedades -
por período: 1890-1900 / 1901-1910 /1911-1920**

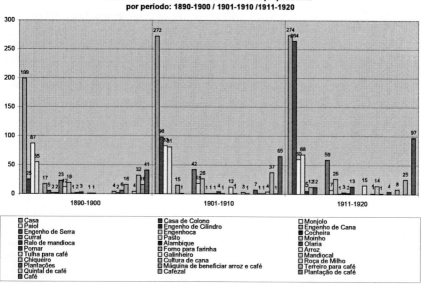

Em alguns casos, nas escrituras constam informações sobre as culturas implementadas nas propriedades ora negociadas. Apesar do destaque para o café, foram anotadas outras plantações. Em 17 documentos foi usado somente o termo *plantações*, em outras escrituras são mencionadas roças de milho (2), arroz (1), cana-de-açúcar (6) e mandiocal (1).[2] Um exemplo, que agora se enquadra, é *uma parte de terras na Fazenda Ribeirão Corrente*, onde constavam, ao mesmo tempo, *plantações miúdas e plantações de café*.[3]

A documentação, através da nomenclatura das propriedades arroladas, permitiu classificá-las em *chácaras, sítios, partes de terras e fazendas* (Gráfico 14).

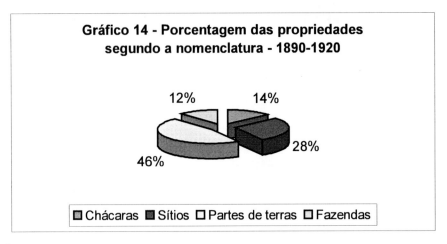

Fonte: AHMF – ESC.

Das 95 *chácaras* discriminadas na documentação,[4] cuja área predominante era de 12,0 hect. em média, 93 tinham casa de morada. Apenas um dos imóveis possuía *casa de colonos*. Havia descrição de monjolos em 11 propriedades. O *paiol*, para a guarda do milho, estava presente em somente 8 imóveis. Em apenas uma das propriedades encontrava-se um *engenho de cana-de-açúcar*. Pequenos *currais* foram construídos em 11 chácaras.[5] Os *moinhos* aparelhavam 5 imóveis. Em apenas um deles foi encontrado *ralo de mandioca* e dois fornos de farinha. Foram discriminados

---

2 AHMF – 2.190 escrituras de compra e venda – 1890-1920.
3 AHMF – ECV – Vendedor: Antônio Marques da Silva Júnior. Comprador: João Teixeira Alves. 1893.
4 AHMF – 2.190 escrituras de compra e venda – 1890-1920.
5 "Art. 121 – Ninguém poderá fazer cocheiras e estribarias dentro dos quintais sem licença da Câmara, pela qual pagará 10$000, com obrigação de conservar limpas e asseadas, de modo a não exalarem mal cheiro, sob multa de 10$000 e o dobro nas reincidências." Código de Posturas, 1888. MHMF – Prat.2, Cx. 0016, v. 090.

apenas um *galinheiro* e dois *chiqueiros* nas escrituras das chácaras. Pequenas plantações de café são mencionadas em 10 imóveis.

As *chácaras* tinham, assim, perfil bastante específico. Pequenas, voltavam-se, quase que integralmente, para atividades de autoabastecimento e atendimento ao centro urbano, fornecendo produtos de subsistência, sendo para isso aparelhadas.

Um bom exemplo é a *chácara de nome Santa Stephania, no alto da Palestina*, comprada por Antônio do Couto Roza *(sic)*, em 1917, por 18:000$000, que possuía *casa de morada com telhas, casa de colono, moinho, monjolo, ralador de mandioca para polvilho, 150 pés de café e árvores frutíferas.*[6] Cabe citar, também, a *chácara perto da Santa Cruz*, descrita no inventário de Maria Abadia do Nascimento, *com pasto de terreno de 1/2 alqueire* [1,2 hectare], *com casinha regulando ter 200 telhas, tendo a finada a quarta parte.*[7] A caracterização fica mais completa em descrições constantes de alguns inventários do 1º Ofício, onde são mencionadas chácaras com: *casa, paiol e rancho;*[8] *plantações e pomar;*[9] *casa em mal estado e algumas plantações;*[10] *com casa, situada na avenida dos Coqueiros;*[11] e, *chácara com plantações, situada no bairro Ponte Preta.*[12]

Já, quando se analisa os 194 *sítios* indicados nas escrituras, percebe-se o papel da produção sistemática para o mercado. As descrições dessas propriedades, com área em torno de 60,0 hect., indicam as atividades econômicas empreendidas. Sítios e chácaras, dessa forma, diferenciam-se não apenas na dimensão, mas, principalmente pela produção para mercado.

Em 183 sítios, as *moradas* estavam presentes. Em contrapartida, 31 propriedades tinham *casas de colonos*. Mais da metade destes imóveis – 103 unidades – eram aparelhados com monjolos, 25 com moinhos e apenas uma propriedade tinha um

---

6 AHMF – ECV – Vendedor: Luiz Pinto Basto. Comprador: Antônio do Couto Roza. 1917. Esta chácara consta do Inventário de Julia Alves de Faria iniciado em 1918, citado na nota 39.

7 AHMF – INV – Inventariada: Maria Abadia do Nascimento. Inventariante: Joaquim Luiz de Andrade. Proc. 258. 2º Ofício. 1891. Também fazia parte do inventário uma parte de terras na Fazenda Casa Seca, no valor de 100$000, sem discriminação da área.

8 AHMF – INV – Inventariado: Elias Sampaio da Silva. Inventariante: Maria José de Jesus. Proc. 25. 1º Ofício. 1899.

9 AHMF – INV – Inventariado: Camillo Estavam de Almeida. Inventariante: Maria Cândida de Jesus. Proc. 49. 1º Ofício. 1905.

10 AHMF – INV – Inventariado; Antônio Lemos de Prado. Inventariante: Virgelina Maria de Jesus. Proc. 84. 2º Ofício. 1901.

11 AHMF – INV – Inventariada: Julia Alves de Faria. Inventariante: Antônio do Couto Rosa. Proc. 137. 1º Ofício. 1918.

12 AHMF – INV – Inventariada: Ubaldina Eliza do Nascimento. Inventariante: Francisco Rodrigues da Rocha. Proc. 305, 1º Ofício, 1918.

ralo de mandioca. Os locais de armazenamento do milho – *paiol* – foram edificados em 79 sítios. Os *engenhos de cana-de-açúcar* estavam instalados em 18 imóveis, sendo que 5 possuíam alambiques. Nos relatos há apenas 3 *engenhos de serra*. Para o trato com o gado, 54 sítios tinham *currais* construídos de pedra ou madeira, sendo que em um deles havia uma cocheira coberta. Em uma das escrituras há o relato de *plantação de arroz*, entretanto, em outras cinco são citadas *plantações de cereais*, sem a discriminação. No que se refere a produção de café, há 102 citações (52,5% sítios), sabendo-se que 4 estabelecimentos possuíam *tulha* para o armazenamento deste grão, inclusive com *máquinas de beneficiamento de café e arroz*.

As chamadas *partes de terras*, descritas em 323 escrituras, que em muitos casos eram fatias das antigas grandes fazendas, no geral, correspondiam a propriedades com dimensões maiores que os *sítios* (entre 150,0 e 280,0 hect.). Como os *sítios*, porém, as *partes de terras* apresentavam estrutura diversificada, para atender o consumo dos produtores e o mercado.

Do total de 323 propriedades, 247 tinham *casa de morada*. As *casas de colonos* estavam em 17 delas. Para o processamento da produção de alimentos existiam 70 imóveis com *monjolos*, 12 com *moinhos* e apenas um com ralo de mandioca. Somente uma propriedade era servida por *engenho de serra*, entretanto, outras 17 tinham *engenhos de cana* (ressaltando-se que em duas propriedades eram pequenas *engenhocas*). Em 5 *partes de terras* cultivava-se *cana-de-açúcar*, sendo que em uma há o relato de plantação de milho. As citações sobre os pomares são esporádicas. Em 25 escrituras constam os *currais* para lida com o *gado bovino*. A criação do *gado suíno*, sem números específicos ou instalações próprias, foi relatada em 6 transações imobiliárias. Em 135 escrituras de compra e venda há relatos sobre *plantações de café*. Contudo, conforme as denominações usadas nos documentos (*cafezal, cafeeiro, quintal de café e plantação de* café), fica claro que nem sempre são lavouras extensas.

As escrituras de compra e venda, em que foram registradas as transações das *fazendas*, trazem mais dados sobre as atividades econômicas. Há maior número de imóveis com discriminação das *benfeitorias* e *instalações*, indicando suas funções na produção. Em 81 *fazendas* tinham *casas sede* e 45 *casas de colonos*. Em 38 encontravam-se *monjolos*, em 43 são anotados os *paióis*, e em 28 aparecem os moinhos. Os *engenhos de cana* são destacados em 15 das propriedades, havendo 5 imóveis com *engenhos de serra*. Os *currais* foram destaque em 21 das fazendas. Somente em uma escritura foi anotado um alambique e em outra uma plantação de cana-de-açúcar. As olarias aparecem em 3 dos imóveis. Havia, também, uma propriedade onde destacava-se uma *roça de milho*, sendo que em outra o documento relata somente o termo *plantação*. As instalações para a criação de suínos – os *chiqueiros* – aparecem em 6 das fazendas. Em 12 propriedades mereceram destaque as *máquinas de beneficiar arroz e café*. Em 65 imóveis transacionados existiam plantações de café. Deste total, em 47 imóveis as lavouras são identificadas somente pelo termo *café*, e as demais 18,56% (18) como *cafezais*.

A análise das benfeitorias citadas, nas escrituras, ao longo de 3 décadas, mostra de um lado, a persistência do aparelhamento voltado para a produção de alimentos para o mercado interno, mas de outro, ao indicar o aumento de casas de colonos e currais, evidencia transformações mais profundas, ligadas à produção para exportação, ao aumento populacional assim gerado e, consequentemente, à necessidade de maior abastecimento (Tabela 37).

Tabela 37
Quantidade de benfeitorias nas propriedades – Franca – 1890-1920

Fonte: AHMF – INV./ESC.

Benfeitorias	Chácaras N°	%	Sítios N°	%	Partes de terra N°	%	Fazendas N°	%	Totais N°	%
Casa	94	98,94	183	94,33	247	76,47	81	83,51	605	85,33
Casa de colono	2	1,26	31	15,98	17	5,26	45	46,39	95	13,39
Monjolo	11	11,58	103	53,09	70	21,67	38	39,18	222	31,31
Paiol	8	8,42	79	40,72	66	20,43	43	44,33	196	27,64
Engenho de Cilindro	0	0,00	3	1,55	1	0,31	1	1,03	5	0,70
Engenho de Cana	1	1,05	15	7,73	14	4,33	14	14,43	44	6,20
Engenhoca	0	0,00	0	0,00	2	0,62	0	0,00	2	0,28
Engenho de serra	0	0,00	3	1,55	1	0,31	5	5,15	9	1,26
Cocheira	0	0,00	1	0,52	0	0,00	1	1,03	2	0,28
Curral	11	11,58	53	27,32	25	7,74	21	21,65	110	15,51
Moinho	5	5,26	25	12,89	12	3,72	28	28,87	70	9,87
Ralo de Mandioca	1	1,05	1	0,52	1	0,31	0	0,0	3	0,42
Alambique	0	0,00	5	2,58	0	0,00	1	1,03	6	0,84
Olaria	0	0,00	3	1,55	0	0,00	3	3,09	6	0,84
Forno para farinha	2	2,11	0	0,00	0	0,00	0	0,00	2	0,28
Galinheiro	1	1,05	0	0,00	0	0,00	0	0,00	1	0,14
Chiqueiro	2	2,11	2	1,03	6	1,86	6	6,19	16	2,25
Cultura de cana	0	0,00	0	0,00	5	1,55	1	1,03	6	0,84
Roça de Milho	0	0,00	0	0,00	1	0,31	1	1,03	2	0,28
Arroz	0	0,00	1	0,52	0	0,00	0	0,00	1	0,14
Mandiocal	1	1,05	0	0,00	0	0,00	0	0,00	1	0,14
Plantações	3	3,16	5	2,58	8	2,48	1	1,03	17	2,39
Máquina de beneficiar arroz e café	0	0,00	2	1,03	1	0,31	12	12,37	15	2,11
Terreiro de café	0	0,00	0	0,00	2	0,62	7	7,22	9	1,26
Cafezal	2	2,11	31	15,98	43	13,31	18	18,56	64	9,02
Quintal de café	0	0,00	3	1,55	5	1,55	0	0,00	8	1,12
Plantações de café	2	2,11	7	3,61	7	2,17	0	0,00	16	2,25
Café	6	6,32	61	31,44	80	24,77	47	48,45	193	27,22

Como propriedade rural típica da região de Franca, no período estudado, que demonstra o caráter misto das atividades econômicas implementadas na área rural, temos o sítio adquirido por Joaquim Vallim de Mello, em 1897, por 10:000$000, composto de terras de campos e culturas, localizado na fazenda do Saltador das Covas, que tinha como benfeitorias *casa de morada, monjolo, quintal, currais, cercas e plantações de cereais e café*.[13]

Outro exemplo, é a Fazenda denominada Marfim, descrita como *uma parte de terras* de 40 alqueires (96,8 hectares), comprada em 1894 por José da Fonseca Nogueira pela quantia de 30:000$000. Nesta propriedade havia *casa, monjolo, engenho de cana, canavial, cafezais formados e em formação, roça de milho e 24 porcos*.[14]

Com descrição semelhante, o sítio denominado Boa Vista, parte da Fazenda da Palestina, que em 1898 foi negociado por 25:000$000, sabendo-se que possuía *terras de cultura e campos, casa de morada, quintal plantado, rego d'água, monjolo, moinho, quintal plantado, engenho de cana movido a bois, pastos e plantação de café*.[15]

Uma pequena propriedade, com área de 27,5 hectares (11,3 alqueires), que pode representar as demais do seu tamanho, é aquela descrita como *uma fatia de terras na fazenda Bom Jardim, com duas casas de morada com telhas, curral, chiqueiro, dependências e mil pés de café*,[16] que foi negociada por 1:500$000, em 1916.

As descrições das benfeitorias das fazendas de maior valor, que são a minoria entre as terras negociadas, demonstram também com maior clareza a convivência entre as atividades de subsistência e aquelas outras imbuídas de caráter mercantil.

Uma propriedade de valor bastante superior, nos anos finais do século XIX, é a Fazenda Dois Irmãos, negociada por 125:000$000, que possuía *casa de morada, sobrado, casa de colonos, casa de engenho, rego d'água, quintal, engenho de serra, currais, olaria e 18.000 pés de café*.[17]

Dentro destas especificações enquadra-se a Fazenda Santa Izabel do Salgado, comprada em 1908 por Joaquim Antônio Garcia de Macedo, com área de 682,4 hectares (282 alqueires) de cultura e campos, que tinha uma estrutura bastante ampla, a saber: *casa de morada com água encanada, mais 33 casas de colonos com telhas, sendo 19 delas assoalhadas, manjedoura, casa de máquina para beneficiar café, casa de guar-*

---

13 AHMF – ECV – Vendedor: Guilherme Ferreira Menezes. Comprador: Joaquim Vallim de Mello, 1897.
14 AHMF – ECV – Vendedor: José Garcia de Andrade. Comprador: José da Fonseca Nogueira, 1897.
15 AHMF – ECV – Vendedor: Serafim Ferreira Borges. Comprador: Baldoino José Valente, 1898.
16 AHMF – ECV – Vendedor: Antônio Teixeira da Silva Sobrinho. Comprador: Francisco Antônio de Oliveira, 1916.
17 AHMF – ECV – Vendedor: Victor Olimpio Nogueira. Comprador: Leopoldo Villares, 1895.

dar carro, paiol, tulha, moinho, cerca para porco, uma sobradona (sic) na beira da estrada e 140 mil pés de café.[18] O mesmo comprador adquiriu, em 1919, outra parte da referida fazenda, com área de 726,0 hectares (300 alqueires), que tinha características semelhantes, ou seja, não era constituída somente por cafezais, pois, com base nos relatos das benfeitorias, comportava suínos, equinos e bovinos, além de ser um ponto de negócio, sabendo-se que na escritura de compra e venda, de tal fazenda, constava *um sobrado com armários para negócio, chiqueiro assoalhado de tábuas, mangueirão, água encanada, pastos e invernadas, 8 carpideiras, máquina de beneficiar café, 164 mil pés de café formados, 41 casas de tábuas e uma de tijolos para colonos, casa de fiscal e uma capelinha.*[19]

No mesmo sentido, os documentos da Fazenda dos Cristaes (sic) esclarecem que a produção de cana-de-açúcar (e derivados) era difundida na região, convivendo com outras atividades econômicas. Nessa propriedade, de terras de campo e cultura, avaliada em 110:000$000, havia *engenho de cilindro de cana, alambique de serpentina e acessórios, casa de morada e de despejo, casa para colonos, paióis, monjolo, moinho, quintal e cafezal.*[20]

Mesmo com o crescimento da cafeicultura, que é evidente, as propriedades, em seus diversos níveis, conservam parte importante de suas atividades com a produção diversificada, voltada para o mercado interno. Tal tendência é confirmada nas descrições constantes nos inventários.

Na propriedade rural de João Eduardo Ferreira, partilhada por seus herdeiros em 1904, estava entre benfeitorias e instalações: *um galinheiro, um pequeno monjolo, um moinho e seus pertences, um paiol, um chiqueiro, uma tulha, um coador e lavador de café e um estoque de 34 arrobas do referido produto.*[21]

Maria Ambrosina da Conceição, com certeza uma pequena proprietária, deixou aos seus sucessores poucas instalações destinadas, especialmente, à criação de

---

18 AMF – ECV – Vendedor: João Teixeira Pinto de Carvalho. Comprador: Joaquim Antônio Garcia de Macedo, 1908.

19 AMF – ECV – Vendedor: Rodolpho Tozzi. Comprador: Joaquim Antônio Garcia, 1919. A mesma fazenda foi negociada em 1917, quando pertencia a João Ferreira Pinto de Carvalho que vendeu para para Cerquilho Rinaldi & Cia, por 61:680$800, com juros de 1% am. capitalizados em 31/12/1917. Não encontramos o documento referente à próxima transação, quando o adquirente foi Rodolpho Tozzi, que transmitiu a propriedade em 1919 para Joaquim Antônio Garcia, que também adquiriu o bem com condições de pagamento: juros de 12% aa., pagável anualmente, devendo encerrar a dívida no valor de 60:000$000 no prazo de 4 anos.

20 AMF – ECV – Vendedor: Manoel Vallim de Mello. Comprador: Antônio Barbosa Sandoval, 1912.

21 AMF – INV – Inventariado: João Eduardo Ferreira. Inventariante: Manoel Eduardo Ferreira. Proc. 725. 2. Ofício, 1904.

suínos, pois no seu inventário consta *uma pequena parte coberta para porcos, um chiqueiro, um paiol com varanda, um monjolo, todos cobertos de telhas e um pomar.*[22]

O inventário de Joaquim Garcia Lopes da Silva, que era um proprietário de maior porte, nos demonstra claramente a dupla preocupação dos produtores: o abastecimento interno e a exportação. As instalações da fazenda, que somadas valiam 25:700$000, são assim discriminadas: *3 paióis, sendo 1 para chiqueiro, 1 rancho para porcos, 2 monjolos, 1 monjolo de fubá, 1 cocheira com dependências, 1 máquina de beneficiar café e arroz, tulha para café e ranchos para carro [de boi].* Os herdeiros receberam, também, os produtos estocados na propriedade: *100 sacos de feijão (200$000), 70 carros de milho (1:920$000), 500 sacos de arroz em casca (5:500$000), 4.000 arrobas de café (20:000$000) e mais 12.000 arrobas do mesmo produto (60:000$000) pendentes da safra.*[23] A soma dos estoques era de 87:620$000, ou seja, valiam 340,93% mais que todas as benfeitorias acima descritas.

AS MORADAS

Uma benfeitoria amplamente mencionada é a *casa de morada.*[24] No período todo – 1890/1920 – foram identificadas 1.132 casas, o que resulta em uma média de 1,61% por propriedade. A análise, por período, indica que a quantidade de casas foi crescente, demonstrando um investimento constante dos proprietários. Nas escrituras, de 1890/1900, são mencionadas 224 residências. Na primeira década do século XX, foram arroladas 370 casas, e na década seguinte (1911/1920) 538 moradias (Gráfico 15).

As *casas sede* das propriedades constituíam a maioria das construções somando 745 unidades, enquanto as *casas de colonos* eram 34,19% das moradias (387). No entanto, visto por períodos, o aumento do número das *casas de colonos* foi sensivel-

---

22 AMF – INV – Inventariada: Maria Ambrosina da Conceição. Inventariante: Joaquim Antônio Garcia. Proc. 954. 2. Ofício, 1919.

23 AMF – INV – Inventariado: Joaquim Garcia Lopes da Silva. Inventariante: Clarencida Garcia Lopes. Proc. 466. 1. Ofício, 1911.

24 "(...) as casas constroem-se ou reconstroem-se segundo modelos tradicionais. É um setor em que, mais do que em qualquer outro, se faz sentir o peso do precedente. (...) Mas toda parte os hábitos, as tradições entram em jogo: são velhas heranças de que ninguém se desfaz. (...) Esta permanência é ainda mais acentuada nos camponeses de todo o mundo. Ver fazer, a partir da sua frágil estrutura de madeira, uma casa de camponês muito pobre, de caboclo, na região de Vitória, ao norte do Rio de Janeiro em 1937, é dispor de um documento sem idade que vale centenas de anos para trás do presente. (...) Em suma, uma 'casa', seja ela qual for, fura e não pára de testemunhar a lentidão de civilizações, de culturas obstinadas em conservar, em manter, em repetir." BRAUDEL, Fernand. *Civilização material, econômica e capitalismo. As estruturas do cotidiano.* Trad. Telma Costa. São Paulo: Martins Fontes, 1997, p. 238.

mente maior do que as *casas sede*. No primeiro período em tela – 1890/1900 – contava-se 25 *casas de colonos*. Na década seguinte – 1901/1910 – já eram 98. Já nos anos 1911-1920, os inventários apontam 264 *casas de colonos,* o que representava metade das residências nas propriedades rurais (49,07%) (Gráfico 15).

As *casas de colonos* concentravam-se nas propriedades de maior tamanho e que tinham maiores plantações de café, como o caso da Fazenda Santa Anna, com sua casa de morada (*sede*) e 12 casas de colonos, além de casa de depósito, paiol, moinho, terreiro de café e uma plantação composta de 71.500 pés de café.[25]

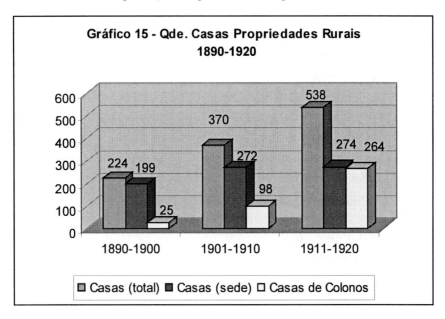

As descrições das moradas não são minuciosas. Nas escrituras, os escrivães usavam os termos *casa* ou *casa de morada*, sem maiores especificações sobre as condições do imóvel, e o valor das casas estava sempre incluído, com as demais benfeitorias, no valor total do imóvel. Já nos inventários, em muitos casos, o valor das moradias era discriminado, mas aqui também era comum a avaliação das benfeitorias ser feita em conjunto: *casa de vivenda na fazenda, com paiol, rego d'água, monjolo e mais benfeitorias, no valor de 4:000$000*.[26] Nesses dois tipos de documentos pesquisados – *escrituras e inventários* – há pormenores sobre o tamanho e disposição dos cômodos.

---

25 AHMF – ECV – Vendedor: Lourenço de Almeida Sampaio. Comprador: Antônio de Almeida Sampaio, 1903.

26 AHMF – INV – Inventariado: Joaquim Alves da Fé. Inventariante: Maria José de Santana. Proc. 411. 1º Oficio.

Na área rural foram raríssimos os casos de moradas com mais de um piso, como foi relatado no inventário de José Luiz Garcia, em que consta *uma casa de sobrado com terreiro de meio alqueire*.[27] Nos demais processos, as casas tinham somente *um lance*, como aquela deixada por Zeferina Justa do Sacramento: *uma morada térrea, coberta de telhas, situada na beira do tanque, com quintal plantado de café e um pastinho anexo fechado, na fazenda do Rangel dos Arrependidos*.[28] Outro exemplo é *uma casa térrea, com telhas, na chácara situada no Alto da Palestina*, cujo proprietário era Delfino Martins Tristão.[29]

É difícil delimitar com muita clareza o tamanho das moradas. No processo de Pedro Bolognese constam quatro moradas: *uma casa de morada grande, no valor de 1:500$000, duas outras médias, a primeira valendo 300$000 e a segunda 800$000; por fim uma casa de morada pequena, avaliada em 700$000*.[30] Por tal citação, percebe-se que nem mesmo o valor atribuído definia com exatidão o tamanho das casas. Em um único inventário, de Flausina Maria de Jesus, encontra-se descrição com número de cômodos, do que parece ser uma casa secundária em sua chácara, conforme o relato: *uma casa pequena coberta de telhas com 'três cômodos', anexa com o quintal (sic) e outra morada com cômodo de negócio, de telhas, com quintal e cafeeiros em mal estado*, além disso, também havia *um 'pequeno' rancho em frente à primeira casa e um paiol com paredes de tábuas*, e no entorno *um pequeno pastinho cercado de arames e vales, formado em capim gordura, em um alqueire mais ou menos*.[31] Nos documentos de Hortência Eufrazia de Jesus há outro padrão que merece ser relatado. Essa proprietária, mulher de Claudosino Teixeira Duarte, tinha em seu imóvel rural, ao que tudo indica de pequenas dimensões, *uma casa 'meia água' e uma casa de colonos, ambas no valor total de 150$000*. Além das terras, era possuidora de *7.300 pés de café e de 14 bovinos, sendo 11 bois*.[32]

---

27 AHMF – INV – Inventariado: José Luiz Garcia. Inventariante: Helena Maria de Jesus. Proc. 466. 2º Ofício. 1897.

28 AHMF – INV – Inventariado: Zeferina Justa do Sacramento. Inventariante: Joaquim Antônio de Andrade. Proc. 594. 2º Ofício. 1893.

29 AHMF – INV – Inventariado: Delfino Martins Tristão. Inventariante: Manoela Carolina da Conceição. Proc. 879. 2º Ofício. 1915.

30 AHMF – INV – Inventariado: Pedro Bolognese. Inventariante: Ângela Magocci. Proc. 814. 2º Ofício. 1911.

31 AHMF – INV – Inventariada: Flausina Maria de Jesus.

32 AHMF – INV – Inventariada: Hortência Eufrázia de Jesus. Inventariante: Claudosino Teixeira Duarte. Proc. 704. 2º Ofício. 1904.

A maioria das residências era coberta de telhas, porém outras formas de cobertura também são relatadas. Baldina Maria de Jesus, dona de 38 alqueires de terras (91,9 hectares), possuía, em 1893, *uma casa coberta de telhas, de madeira roliça, junto ao curral de tábuas, outra casa pequena lavrada dentro do curral, paiol coberto de telhas, quintal cercado por valos (sic), monjolo e rego d'água.*[33] A relação de bens de uma grande proprietária também esclarece sobre a constituição das residências: Egydia Maria de Paula, dona de pelo menos 300 alqueires de terras (726 hectares), tinha entre outros bens *uma casa na lagoa, forrada; a casa da Borda da Matta, assoalhada; outra morada, parte assoalhada; 5 casinhas ruins para colonos; uma casinha de tábua, um paiol grande e um paiolzinho em mal estado; de engenhos [de cilindro e de serra] e um monjolo mal cuidado, tudo coberto de telhas.*[34] Nas terras de José Barbosa de Carvalho, havia, além da *casa de morada da fazenda, 2 casas próprias para colonos, cobertas e telhas, [feitas] de paredes de pau a pique.*[35]

É muito comum nos inventários descrições de moradias em *"mal estado"*. Uma propriedade de João Eduardo Ferreira, que tinha 15 casas, assim descritas: *um grupo com 6 casas [sem especificação da conservação], outro um grupo com 3 moradas em 'mal estado', 2 casas em 'mal estado' coberta de zinco* [não há relato da cobertura das outras casas], *3 casas de tábuas e um racho de lavar roupas.*[36] Outro exemplo, é o inventário de Pedro Joaquim Marques, de 1919, onde, entre outros bens, constava duas moradias: *uma casa de morada com tijolos e outra velha em mal estado.*[37]

Nas escrituras, as descrições sobre o imóvel em pauta, podem ser assim resumidas: *uma casa de morada coberta de capim*[38] *e outra de palha;*[39] *uma casa de morada em construção, de madeira roliça, com varanda, parte coberta e um rancho de telha com paredes fechadas,*[40] e ainda, *uma casinha de tijolos e assoalho.*[41]

---

33 AHMF – INV – Inventariada: Balbina Maria de Jesus. Inventariante: Eliseu Francisco da Rocha. Proc. 591. 2º Ofício. 1893.

34 AHMF – INV – Inventariada: Egydia Maria de Paula. Inventariante: Victor Mendonça Ribeiro. Proc. 861. 2º Ofício. 1914.

35 AHMF – INV – Inventariado: José Barbosa de Carvalho. Inventariante: Anna Prudência Ribeiro. Proc. 905. 2º Ofício. 1914.

36 AHMF – INV – Inventariado: João Eduardo Ferreira. Inventariante: Manoel Eduardo Ferreira. Proc. 725. 2º Ofício. 1904.

37 AHMF – INV – Inventariado: Pedro Joaquim Marques. Inventariante: Maria Cândida de Jesus. Proc. 968. 2º Ofício. 1919.

38 AHMF – ECV – Vendedor: José Albino da Cunha. Comprador: Joaquim José Loureiro. 1893.

39 AHMF – ECV – Vendedor: José Alves de Souza Pereira, Comprador: Aristides da Silva Bellem. 1892.

40 AHMF – ECV – Vendedor: Antônio Francisco Tobias. Comprador: Silvestre Joaquim dos Santos. 1905.

41 AHMF – ECV – Vendedor: Ricarte José Narciso. Comprador: Theodoro Martins Tristão. 1907.

Os inventários *post mortem* indicam que os móveis dos interiores das casas do mundo rural eram rústicos e escassos. Há poucas descrições quanto aos móveis. Seriam tão pouco valiosos que não mereciam entrar do rol da partilha? Em geral, os escrivães incluíam somente os bens de valores significativos, deixando de lado as miudezas.[42] No inventário de Anna Justina de Jesus, consta 92 hectares de terra, 18 animais, 2.000 pés de café, um monjolo, casa de morada, e os bens pessoais assim descritos: *1 caixa de madeira, 1 catre de madeira, 1 armário velho, 1 bacia de cobre, 2 tachos, 1 tear para tecer algodão, 1 forno para farinha e 1 máquina de costura,* tudo avaliado em 517$025 ou 6,66% do total dos bens: 7:777$025.[43] José Joaquim Costa, herdeiro de Anna Justiniana Aura Diniz, recebeu além das terras, das benfeitorias e dos animais, uma *casa de vivenda* aparelhada somente com *3 tachas novas de cobre e 1 tacha velha,* que resultava em apenas 0,66% de toda a herança.[44] Anna Gomes, dona de uma chácara, no bairro Santa Cruz, criadora de 18 animais, possuía em sua casa, além de ferramentas de carpintaria *1 caixão grande, 2 canastras velhas e 1 poncho (sic) de pano velho imprestável.* O inventariante José Francisco Neto, recebeu os bens de Maria Carolina Conceição, em que se destacavam as terras e os poucos animais (21:490$000). No mais, os bens pessoais eram somente: *4 catres, 1 armário velho, 1 tacho de cobre e 3 panelas de ferro,* que valiam 45$000.[45]

OS CARROS DE BOI E AS ARREATAS

Para o transporte dos mantimentos produzidos nas propriedades utilizava-se, aproveitando da topografia, especialmente *o carro de boi,* que desde o início do século XIX, era o meio de transporte tradicional do Nordeste paulista,[46] relegando em segundo plano o uso do muar.

Em todo o período estudado foi comum encontrar os *carros de boi* em muitos inventários. Consta na documentação de Marianna de Paula Coelho *um carro de boi com dez bois arreados, no valor de 1:000$000.* Esta proprietária era ainda, possuidora de *uma parte de terras da Fazenda dos Crystaes,* de *200 alqueires* [484 hectares], onde tinha *casa de morada, com monjolo, rego d'água, currais e quintal (31:800$000);* criava

---

42 Especialmente no período colonial as descrições dos bens pessoais eram minuciosas. MACHADO, Alcântara. *Vida e morte do bandeirante.* São Paulo: Martins Fontes: 1972.

43 AHMF – INV – Inventariada: Anna Justina de Jesus. Inventariante: João Sampaio da Silva. Proc. 86. 2º Ofício. 1918.

44 AHMF – INV – Inventariada: Anna Justiniana Aura Diniz. Inventariante: José Joaquim da Costa. Proc. 57. 2º Ofício. 1890

45 AHMF – INV – Inventariada: Maria Carolina Conceição. Inventariante: José Francisco Neto. Proc. 112. 2º Ofício. 1894.

46 FILHO, José Chiachiri. *Do sertão do rio Pardo a Vila Franca do Imperador.* Ribeirão Preto: Ribeira, 1982.

28 garrotes, 8 vacas solteiras e 8 paridas (1:900$000), além disso, tinha *vários pés de café na referida fazenda (1:250$000).*[47]

Os *carros de boi* eram de vários tamanhos, segundo a quantidade de bois necessária para puxar, conforme as descrições: Antônio Martins da Silva tinha *um carrinho para bezerros, no valor de 50:000;*[48] João Diogo Garcia Martins possuía *um carretão (150$000), uma carroça (250$000); um carro velho (250$000); um carro pequeno em bom estado (400$000) e um carro ferrado (600$000);*[49] e, Jerônimo Lopes era possuidor de *um carrinho com quatro cangas.*[50]

De acordo com as arreatas[51] necessárias para o uso dos *carros de boi*, temos como exemplos: José Heitor de Paula, dono de 65 alqueires (157,3 hectares) na Fazenda Boa Vista, deixou para seus herdeiros *um carro de boi, regular, com esteira*[52] *e caniço,*[53] além de *uma carroça com seus pertences;*[54] Manoel de Almeida tinha *um carro com bacia de granito;*[55] Antônio Eliseu Moreira dono de *2 carroças e 1 carro usado e arreios para 5 juntas;*[56] e, Antônio Félix Paschoal possuía *um carro com arreio para vender leite*, deve-se ressaltar que este inventariado não era produtor de leite, apenas comercializava, pois, não tinha propriedade rural e nem animais.[57]

Conforme os diferentes estados de conservação dos *carros de boi*, foram separadas algumas descrições ilustrativas: *um carro ferrado ordinário;*[58] *um carro de boi*

---

47 AHMF – INV – Inventariada: Maria de Paula Coelho. Inventariante: João de Paula Coelho. Proc. 887. 1º Ofício. 1916.

48 AHMF – INV – Inventariada: Antônio Martins da Silva. Inventariante: Anna Cândida de Oliveira. Proc. 695. 2º Ofício. 1903.

49 AHMF – INV – Inventariado: Ana Ludovina da Assunção. Inventariante: João Diogo Garcia Martins. Proc. 68. 1º Ofício. 1897.

50 AHMF – INV – Inventariado: Jerônimo Lopes. Inventariante: Joaquina Rosa de Jesus. Proc. 35. 1º Ofício. 1916.

51 "Correia ou corda com que se prendem e por onde se conduzem os animais". FERREIRA, Aurélio Buarque de Holanda. *Dicionário Aurélio Eletrônico*. 2. ed., Rio de Janeiro: Nova Fronteira, 2002.

52 "Espécie de albardão feito de molhos de junco [ou bambu] amarrados e justapostos" atados aos fueiros (estacas, estadulhos) para amparar a carga dos carros de boi. FERREIRA, Aurélio Buarque de Holanda. *Op. cit.*

53 "Trançado de canas delgadas [ou bambu], com que se fecha a parte traseira dos carros de boi, com que se fixam nos carros a carga leve e miúda". FERREIRA, Aurélio Buarque de Holanda. *Op. cit.*

54 AHMF – INV – Inventariado: José Heitor de Paula. Inventariante: Maria Justina da Silveira. Proc. 586. 2º Ofício, 1893.

55 AHMF – INV – Inventariado: Manoel de Almeida. Inventariante: Ilegível. Proc. 796. 2º Ofício. 1909.

56 AHMF – INV – Inventariado: Antônio Eliseu Moreira. Inventariante: Jesuína Maria da Conceição. Proc. 19. 1º Ofício. 1890.

57 AHMF – INV – Inventariado: Antônio Felix Paschoal. Inventariante: Jesuína Maria de Jesus. Proc. 101. 1º Ofício. 1915.

58 AHMF – INV – Inventariada: Francelina Maria de Jesus. Inventariante: Joaquim Elias Borges. Proc.

usado pequeno e outro em mau estado consertado;[59] *um carro de bois em mau estado;*[60] *e, um carro ferrado em bom estado.*[61]

Outras arreatas necessárias à lida rural volta e meia aparecem nos inventários. Romualdo de Souza Lima, dono de apenas um cavalo, possuía *um arreio com todos os apetrechos (30$000);*[62] Belmiro Luiz Gomes criador de 39 animais deixou aos seus herdeiros arreios no valor de 80$000;[63] Francisco Tomás Garcia, criador de novilhos, de *gado de leite (vacas paridas)* e de equinos, tinha *2 freios arreados (15$000) e 1 silhão*[64] *em bom estado (30$000);*[65] Carlos dos Santos Fonseca, chacareiro, dono de *1 cavalo pampa (150$000), tinha um freio avaliado em 5$000;*[66] Anna Domingues de Almeida, dona de 3 cavalos (60$000) deixou para os herdeiros *um lombilho, no valor de 2$000;*[67] e, por fim o inventariado Ananias Lopes Valadão, que para cavalgar, utilizava de *um baixeiro novo cabano (sic) (5$000), uma cochinilha de lã (2$000), além de 1 pelego também lã (2$500).*[68]

AS FERRAMENTAS

São poucas as referências, nos inventários, sobre as *ferramentas* utilizadas pelos proprietários de imóveis rurais, talvez pelo pouco valor ou pelo desgaste em que se encontravam. Os utensílios mais comuns eram enxadas e foices. No processo de Maria Justina da Silveira, consta *uma enxada ruim, no valor de 2$000* e outra descrita como *uma enxada nova, avaliada em 6$000.*[69] São bastante mencionadas, também, as ferramentas de

---

572. 2º Ofício. 1891.

59 AHMF – INV – Inventariada: Cyrina Angelica Silveira. Inventariante: Raymundo de Paula: Proc. 811. 2º Ofício. 1911.

60 AHMF – INV – Inventariado: Hermenegildo Ferreira Lima. Inventariante: Maria Belmira Ferreira. Proc. 958. 2º Ofício. 1919.

61 AHMF – INV – Inventariado: Jacintho Estulano Garcia. Inventariante: Hypolita Christina Figueiredo. Proc. 818. 2º Ofício. 1911.

62 AHMF – INV – Inventariado: Romualdo de Souza Lima. Inventariante: Herdeiros (vários). Proc. 828. 2º Ofício. 1911.

63 AHMF – INV – Inventariado: Belmiro Luiz Gomes. Inventariante: Joaquina Cândida Branquinho. Proc. 24. 1º Ofício. 1919.

64 Sela grande, com estribo em apenas um dos lados e um arção semicircular apropriado para senhoras cavalgarem de saias.

65 AHMF – INV – Inventariado: Francisco Tomás Garcia. Inventariante: Maria Cândida de Vassiman. Proc. 295. 2º Ofício. 1892.

66 AHMF – INV – Inventariado: Carlos dos Santos Fonseca. Inventariante: Anna Marcelina da Fonseca. Proc. 589. 2º Ofício. 1893.

67 AHMF – INV – Inventariada: Anna Domingues D'Almeida. Inventariante: José Idelfono Alves. Proc. 63. 1º Ofício. 1891.

68 AHMF – INV – Inventariado: Ananias Lopes Valadão. Inventariante: Ana Francisca Alves. Proc. 22. 1º Ofício. 1893.

69 AHMF – INV – Inventariado: José Heitor de Paula. Inventariante: Maria Justina da Silveira. Proc. 586.

carpinteiro ou de carapina, que tinham o valor entre 30$000[70] e 50$000,[71] mencionadas no inventário de Anna Gomes: *um esquadro ($500), uma grosa velha ($500), um serrote pequeno (1$500), um compasso (1$000), um martelo (2$000) e uma plaina com ferro (2$000).*[72] Outros instrumentos menos comuns: *ferro de furar chifre de bois, ferro de marcar gado, ferro de soldar, ferros de cortar arroz e ferramentas ou torques de ferrar animais.*[73]

Alguns inventários fazem referência e mesmo descrições dos arados para lavrar a terra. Um pequeno proprietário Elias Maximiniano Branquinho cujos bens, em 1913, totalizavam 6:615$000, sendo que a maior parte era de terras e benfeitorias localizadas na fazenda das Paineiras (6:300$000), possuía apenas um arado no valor de 150$000.[74] Em contrapartida, Joaquim Garcia Lopes da Silva, tinha em 1911 um patrimônio líquido de 398:885$000, sendo que parte era composto por 759,5 alqueires de terras (1.837,9 hectares), onde eram plantados 193.000 pés de café e mantidas 552 cabeças de gado (354 bovinos, sendo 68 bois de carro; 52 equinos e muares; 152 suínos), possuía várias ferramentas necessárias à lida rural: *8 arados (sendo um da marca Oliver), 3 cultivadores, 1 semeadeira, 2 sulcadores, 6 carpideiras e 1 ceifadeira.*[75]

Em 1920, conforme o *Censo Agrícola*,[76] nos 583 estabelecimentos recenseados, havia no município de Franca: 238 arados, 45 grades, 20 semeadeiras, 37 cultivadores, 12 ceifadores e apenas 2 tratores. Os instrumentos agrícolas eram concentrados em poucas propriedades, sabendo-se que 54 fazendeiros possuíam arados, 17 as grades, 12 as semeadeiras, 17 os cultivadores, 7 os ceifadores e 2 os tratores. Esta concentração fica mais clara quando sabemos que nas 583 propriedades, 451 (77,35%) eram produtoras de arroz, mas em apenas 11 (2,4%) tinham máquinas de beneficiar este produto (Tabela 38).

2º Ofício. 1893.

70 AHMF – INV – Inventariado: Elias Carrijo da Cunha. Inventariante: Mariana Francisca do Nascimento. Proc. 14. 1º Ofício. 1894.

71 AHMF – INV – Inventariado: Sabino Antônio Natalino. Inventariante: Oliveira Antônio Natalino. Proc. 521. 1º Ofício. 1910.

72 AHMF – INV – Inventariada: Anna Gomes. Inventariante: Maria Antônio D'Assumpção. Proc. 61. 2º Ofício. 1891.

73 *Idem* a nota 35.

74 AHMF – INV – Inventariado: Elias Maximiniano Branquinho. Inventariante: Ignez Luiza de Jesus. Proc. 26. 1º Ofício. 1913.

75 AHMF – INV – Inventariado: Joaquim Garcia Lopes da Silva. Inventariante: Clarencia Garcia Lopes. Proc. 466. 1º Ofício. 1911.

76 Ministério da Agricultura, Indústria e Comércio. Diretoria Geral de Estatística. Recenseamento do Brasil, 1920. Rio de Janeiro: Typ. da Estatística, 1924.

Para o trabalho com o algodão, algumas propriedades tinham os apetrechos necessários, como consta nos documentos de Anna Domingues D'Almeida, dona de terras na Fazenda do Ribeirão da Pinguela: *1 descaroçador de algodão (2$000), uma roda de fiar ordinária (1$000) e outra regular (4$000), e um tear e seus pertences (12$000)*.[77]

A título de esclarecimento sobre as ferramentas e maquinários agrícolas, a inventariante Rozalina Oliveira Cardoso, criadora de gado e produtora de cereais (milho, arroz e café), possuía entre seus utensílios, além de ferramentas (balança, picaretas e alavancas), 1 debulhador de milho avaliado em 30$000.[78]

Em 1920, em 131 (22,46%) dos 583 estabelecimentos rurais, existiam *maquinários* mais *modernos* para a época e que atingiam maior produtividade se comparados com os mais *tradicionais* e de pequeno porte, próprios das pequenas propriedades. Eram 59 máquinas de beneficiar, sendo 47 para o *café* e 11 para o *arroz*, restando uma para o *mate*. Para o fabrico do açúcar contavam 74 maquinários. Eram 7 desnatadeiras para a separação do *creme* do qual se chegava à manteiga. Para moer cereais e para outros foram contadas 40 engenhocas (Tabela 39).

Os 131 maquinários destinados ao beneficiamento dos produtos agrícolas, em 1920, segundo a natureza da força motriz dividiam-se em: 31 elétricos, 39 a vapor, 53 hidráulicos e 24 movidos por animais (Tabela 40).

O perfil das propriedades era diversificado. Mesmo com a chegada da ferrovia e o avanço do café, o processo de modernização das propriedades ocorreu de forma heterogênea, com a convivência de diversas maneiras de exploração da terra. Havia desde o sítio caipira,[79] especializado na produção para o autoconsumo, passando pela tradicional fazenda de criação de gado – bovino e suíno – e produção de abastecimento interno, destinada aos trabalhadores da unidade produtiva e/ou aos mercados locais e regionais, até a propriedade cafeeira, que mantinha ao mesmo tempo a produção de bens para o autoconsumo e abastecimento regional.[80]

---

77   AHMF – INV – Inventariada: Anna Domingues Almeida. Inventariante: José Idelfonso Alves. Proc. 63. 2º Ofício. 1891. No Censo Agrícola de 1920 foram anotados somente 2 descaroçadores de algodão.

78   AHMF – INV – Inventariado: João Feliciano Cardoso. Inventariante: Rozalina Oliveira Cardoso. Proc. 847. 2º Ofício, 1913.

79   Trabalhos para a compreensão das comunidades caipiras: FRANCO, Sylvia de Carvalho. *Homens livres na ordem escravocrata*. São Paulo: IEB-USP, 1969; CÂNDIDO, Antônio. *Parceiros do Rio Bonito*. 7. ed., São Paulo: Duas Cidades, 1987.

80   "A entrada do capital, força autônoma e diretora, na agricultura não se processa de maneira imediata e geral, mas progressivamente e em certas atividades especiais da produção rural. (...) Uma vez que a produção capitalista no começo apenas de maneira esporádica se estabelece, não há a opor à hipótese de que de início só se apodera de terras que no conjunto podem proporcionar renda diferencial em virtude da fertilidade específica ou de situação especialmente favorável." MARX, Karl. *O capital*. Trad. Ronaldo Alves Schmidt. 7. ed., Rio de Janeiro: Zahar, 1982, p. 361.

Tabela 38
Maquinários e instrumentos agrários existentes nos estabelecimentos rurais – Município de Franca – 1920

Número de estabeleci-mentos rurais recenseados	Estabelecimentos onde existem maquinários								
	Número total de estabeleci-mentos	Destinados a fabricar					Fabricar	Descaroçar	Moer cereais e outros ofícios agrícola	Número to-tal de estabe-lecimentos
		Beneficiar			Mate	Açúcar	Manteiga	algodão		
		Arroz	Café							
583	131	11	47	1	74	7	2	40	57

Estabelecimentos onde existem maquinários agrícolas												
Arados		Grades		Semeadeiras		Cultivadores		Ceifadores		Tratores	
Número de estabeleci-mentos	Número de instru--mentos	Número de estabeleci-mentos	Número de instru--mentos	Número de estabeleci-mentos	Número de instru--mentos	Número de estabeleci-mentos	Número de instru--mentos	Número de estabeleci-mentos	Número de instru--mentos	Número de estabeleci-mentos	Número de instru--mentos
54	238	17	45	12	20	17	37	7	12	2	2

Tabela 39
Máquinas agrícolas existentes nos estabelecimentos rurais – Município de Franca – 1920

Número de estabe-lecimentos rurais recenseados	Número de estabelecimentos onde existem maquinários para beneficiamento de produtos agrícolas					
	Total	Natureza da força motriz				
		A animais	Hidráulica	A vapor	Elétrica	Outras	Indeterminadas
583	131	24	53	39	31	7	27

Cana-de-açúcar							Número de estabelecimentos que possuem maquinários			
Produção total toneladas	Cana vendida toneladas	Cana trabalhada toneladas	Açúcar toneladas	Álcool hectolitros	Aguardente hectolitros	Mel vendido hectolitros	Total	Movidos		
								A vapor	A água	A animais	Por força indeterminada
25.827,0	5,0	25.822,0	1.291,1	-	754	-	74	8	25	24	17

Tabela 40
Beneficiamento do algodão nos estabelecimentos rurais, natureza da força motriz empregada, sistema de maquinários e nome dos fabricantes – Município de Franca – 1920

Número de estabelecimentos rurais recenseados	Número de estabelecimentos produtores de algodão	Número de estabelecimentos onde existem máquinas de beneficiar algodão						
		Total	Natureza da força motriz				
			Animada	Hidráulica	A vapor	Elétrica	Outras	Indeterminada
583	50	2	-	1	1	-	-	-

Número de estabelecimentos onde existem máquinas de beneficiar algodão										Produção anual (1.919)	
Sistema da máquina				Fabricantes					
De serra	De cilindro	Bolandeira	Indeterminado	Eagle Cotton Co. e Continental Cotton Ginn Co.	Bridgwater	The Lummus Ginn Co.	Outros fabricantes	Bolandeiras	Quintais métricos	Fardos de 80 quilos
-	-	-	2	-	-	-	2	-	158	198

O perfil agrário

A OCUPAÇÃO DO TERRITÓRIO

A concessão formal de terras para a região do Nordeste paulista data de 1726.[81] No entanto, em 1779 ainda eram raros os habitantes do Sertão do Rio Pardo, agraciados com sesmarias.[82]

O incremento da produção agrícola e da pecuária, entre o final do século XVIII e início do XIX,[83] aumentou a demanda por terras. Foi o momento da afluência dos mineiros e da criação da Freguesia da Franca, com a aceleração do ritmo de concessão de sesmarias.[84]

A concessão de sesmarias,[85] porém, não era a única forma de acesso à terra. Em geral, a posse e a ocupação efetiva precediam à requisição oficial. Em 1824, quando Franca foi elevada a vila, a região Nordeste de São Paulo estava parcialmente ocupada, fosse por posses ou por concessões formais.

As justificativas, para a solicitação de títulos de terras, eram variadas: "muita família e criação de gado vacum, cultivo de terras e criação de gado, ou fazer suas plantações e ter suas criações de gado para conveniência dos mineiros e andantes; povoar e fazer suas plantas; ou ainda, plantar para sustento dos seus escravos".[86]

Nos primeiros tempos, a ocupação das terras no Nordeste paulista não foi plena, talvez devido a uma certa descrença com o pequeno tráfego para as minas de Goiás, que

---

81 ARQUIVO DO ESTADO DE SÃO PAULO. *Repertório de sesmarias concedidas pelos Capitães Generais da Capitania de São Paulo desde 1721 até 1821*. São Paulo: Tip. Globo, 1944, v. 4.; INSTITUTO HISTÓRICO E GEOGRÁFICO DE SÃO PAULO. *Sesmarias (1720-1736)*, 1937. "Datam de 1726 as primeiras sesmarias dadas no 'Caminho dos Goyazes'. (...) Coincide este período com a fase de desbravamento que se sucede à descoberta das minas de Goiás. Outra fase de grande concessão de sesmarias verifica-se quando no Sertão do Rio Pardo a Freguesia de Franca é criada, coincidindo, portanto, com a afluência mineira. (...) As dimensões das sesmarias variavam de 0,5; 1,0; 2,0 e 3,0 léguas. Somente as de Bartolomeu Bueno da Silva, João Leite da Silva e Bartolomeu Pais de Abreu chegavam a 6 léguas." In: FILHO, José Chiachiri. *Do sertão do rio Pardo à Vila Franca do Imperador*. Ribeirão Preto: Ribeira, 1982, p. 22-23.

82 "Muitas sesmarias talvez nem tenham sido visitadas pelos seus donos que mandavam em seus lugares os administradores e, às vezes, nem isso. Outras, supomos, foram abandonadas pois, em 1779, raros são os habitantes do Sertão do Rio Pardo que se encontravam na relação dos agraciados com sesmarias (mesmo como descendentes destes)." In: FILHO, José Chiachiri. *Op. cit.*, p. 23.

83 OLIVEIRA, Lelio Luiz de. *Economia e História. Franca - século XIX*. Franca: UNESP-FHDSS: Amazonas Prod. Calçados S/A, 1997. 150p. (História Local, 7).

84 FILHO, José Chiachiri. *Op. cit.*, p. 55.

85 Sobre a etimologia do termo Sesmaria, ver: FERLINI, Vera Lúcia do Amaral. *Terra, trabalho e poder: o mundo dos engenhos no Nordeste colonial*. São Paulo: Brasiliense, 1988, p. 164-165.

86 ARQUIVO DO ESTADO DE SÃO PAULO. *Repertório de sesmarias concedidas pelos Capitães Generais da Capitania de São Paulo desde 1721 até 1821*. São Paulo: Tip. Globo, 1944, v. 4.; INSTITUTO HISTÓRICO E GEOGRÁFICO DE SÃO PAULO. *Sesmarias (1720-1736)*, 1937.

não tiveram a mesma importância se comparadas às de Minas Gerais, desfazendo as expectativas de lucros nos pousos com o abastecimento dos tropeiros e aventureiros.[87]

Na terceira década do século XIX, com a elevação de Franca a *vila*, em 1824 (era *freguesia* desde 1804),[88] a ocupação do Nordeste paulista já tinha sido parcialmente efetivada, não somente pela concessão de sesmarias (lotes que em parte não foram assumidas pelos seus donos), mas também pela simples posse de áreas, o que era costume em razão do descaso e da incapacidade do Estado em fiscalizar o uso das terras.[89]

O crescimento econômico de Franca, durante o século XIX, foi gradativo, com o incremento mercantil da produção, principalmente pelos vínculos com o sistema de abastecimento mineiro, através do comércio do gado com Formiga e São João Del Rei e pela dinamização da economia de São Paulo, principalmente da agricultura da região de Campinas, que revitalizou as relações comerciais do Nordeste paulista com outras regiões da província, inclusive com a cidade de São Paulo.[90]

A DOCUMENTAÇÃO

As transformações econômicas que marcaram a História de Franca, entre 1890 e 1920, tiveram nas transações de imóveis urbanos, mas principalmente dos imóveis rurais, algumas de suas evidências mais notáveis. Entretanto, a disponibilidade e a qualidade das informações dependem da pesquisa e sistematização de dados de escrituras de compra e venda e de inventários *post-mortem*.

Embora tais dados não nos forneçam o quadro da situação de um dado período, posto tratar-se de informações aleatórias, esses elementos indicam um certo perfil, através de tipos, áreas, preços, frequências.

Um problema fundamental na manipulação desses documentos é a omissão dos limites territoriais. Como observa Sheila Siqueira de Castro Faria,[91] "as escri-

---

[87] FILHO, José Chiachiri. *Do sertão do rio Pardo à Vila Franca do Imperador*. Ribeirão Preto: Ribeira, 1982, p. 56.

[88] MARQUES, Manuel Eufrásio de Azevedo. *Apontamentos da Província de São Paulo*. São Paulo: Martins, 1985. t. 2., p. 276.

[89] "a 'posse' tornou-se a única via de acesso a terra entre 17 de julho de 1822, quando se proibiu a concessão de sesmarias, até 1850, depois de longos debates finalmente se publicou a Lei de Terras" que definia o acesso à propriedade da terra somente pela compra. A Lei de 1850 deu prazo de quatro anos para os registros das posses na paróquia mais próxima, o que incentivou o apossamento de várias regiões com rapidez. PETRONE, Maria Thereza S. "Terras devolutas, posses e sesmarias no Vale do Paraíba paulista em 1854". *Revista de História*. n. 103, p. 375-400, jul. set., 1975.

[90] OLIVEIRA, Lelio Luiz de. *Economia e História. Franca – século XIX*. Franca: UNESP-FHDSS: Amazonas Prod. Calçados S/A, 1997. 150p. (História Local, 7).

[91] *Terra e trabalho em Campos dos Goitacazes (1850-1920)* – Dissertação (mestrado) – ICHF-UFF, Niterói, 1986. p. 356-7.

turas de venda de imóveis, do século XIX e início do XX, apresentam informações pouco detalhadas sobre o que estava sendo negociado". No mesmo sentido, assinala Elizabeth Filippini:[92] "em geral, apareciam nas escrituras a venda de uma parte de terras de sítio em comum, duas partes de terras do sítio em comum..., ou ainda mais, meia terça parte de terras do sítio".

Nas escrituras, após a implantação do Código Civil de 1917, deveriam ser anotadas as características dos imóveis.[93] No entanto, pelo menos até 1920, os cartórios de Franca não cumpriam sistematicamente a norma.

Para a análise da propriedade fundiária em Franca, entre 1890 e 1920, foram pesquisadas 2.190 escrituras de compra e venda (Tabela 41 e Gráfico 16) e 750 inventários *post-mortem*. Do total das escrituras, 266 (12%) constavam a descrição da área do imóvel. Nos inventários foram encontradas 229 propriedades com a discriminação da área.[94] Em toda a documentação, porém, não se encontrou um padrão para a descrição das áreas dos imóveis. Na grande maioria dos documentos, o tamanho das propriedades era descrito em *alqueires*, havendo as que eram medidas em braças, léguas, metros quadrados ou hectares. Para a padronização, adotou-se o hectare como medida.[95]

O universo de análise da pesquisa é constituído por 495 imóveis rurais, negociados ou transmitidos, no período em pauta, com uma área total de 46.952,5 hectares ou 19.402 alqueires de terras.[96]

---

92 *À sombra dos cafezais: sitiantes e chacareiros em Jundiaí (1890-1920)* – Tese (doutorado) – FFLCH-USP, São Paulo, 1998, p. 72.

93 ZAMBONI, Ernesta. *Op. cit.*

94 A omissão dos limites territoriais, nos documentos disponíveis para o estudo minucioso da rede fundiária brasileira, foi o grande obstáculo encontrado pelos pesquisadores. NEME, Mário. "Apossamento do solo e evolução da propriedade rural na Zona de Piracicaba". *Coleção Museu Paulista*. São Paulo. v. 1, 1974 (Série História). DINIZ, José Alexandre Filizola. *Evolução das propriedades agrícolas do município de Araras (1850-1965)*. Simpósio Nacional de Professores Universitários de História, 5., São Paulo. NAVARRA, Wanda Silveira. *O uso da terra em Itatiba e Morungaba. Permanência e Mudança na organização do espaço agrário (1956-1966)* – Tese (doutorado) – FFLCH-USP, São Paulo, 1972.

95 "A conversão em hectares foi feita seguindo as equivalências usualmente empregadas: 1 légua = 6.600 metros; 1 braça = 2,2 metros, sendo que 1 hectares = 100 metros." In: GALLARDO, Darío Horacio Gutiérrez. *Terras e gado no Paraná tradicional* – Tese (doutorado) – FFLCH-USP, São Paulo, 1998, p. 35.

96 A título de comparação, em 1920 foram recenseados 583 imóveis relativos ao município de Franca, com uma área total de 150.214,0 hectares. MINISTÉRIO DA AGRICULTURA, INDÚSTRIA E COMMERCIO. *Recenseamento do Brazil*. Rio de Janeiro: Typ. da Estatística, 1923. Ernesta Zamboni, em seu estudo sobre Ribeirão Preto, município limítrofe de Franca, utilizou 656 escrituras com área definida. *Op. cit.*

Tabela 41
Quantidade geral de transações (escrituras de compra e venda) – 1890 - 1920

Fonte: AHMF – ESC.

Ano	Rural Nº trans.	%	Valor	%	Urbano Nº trans.	%	Valor	%	Totais Total	%	Valor total	%
1890	64	2,92	148:664$700	1,44	35	1,73	49.700,000	1,13	99	2,35	198.364,700	1,35
1891	75	3,42	252:786$000	2,45	43	2,13	101.540,000	2,32	118	2,80	354.326,000	2,41
1892	59	2,69	376:820$000	3,65	51	2,52	138.670,000	3,16	110	2,61	515.490,000	3,50
1893	87	3,97	214:732$600	2,08	42	2,08	116.980,000	2,67	129	3,06	331.712,600	2,25
1894	71	3,24	287.999,830	2,79	47	2,32	139.350,000	3,18	118	2,80	427.349,830	2,90
1895	76	3,47	986.300,000	9,57	43	2,13	120.500,000	2,75	119	2,82	1.106.800,000	7,53
1896	63	2,87	356.800,000	3,46	37	1,83	102.520,000	2,34	100	2,37	459.320,000	3,13
1897	74	3,38	377.535,000	3,66	41	2,03	144.170,000	3,29	115	2,73	521.705,000	3,55
1898	60	2,74	402.891,360	3,90	40	1,98	68.901,000	1,57	100	2,37	471.792,360	3,21
1899	38	1,73	79.895,000	0,77	31	1,53	75.150,000	1,71	69	1,64	155.045,000	1,05
1900	49	2,23	107.420,000	1,04	27	1,33	47.355,000	1,08	76	1,80	154.755,000	1,05
1901	48	2,19	138.029,000	1,34	36	1,78	61.600,000	1,40	84	1,99	199.629,000	1,36
1902	42	1,92	221.080,000	2,14	29	1,43	68.204,000	1,55	71	1,68	289.284,000	1,96
1903	54	2,46	114.004,330	1,10	61	3,02	86.950,000	1,98	115	2,73	200.954,330	1,36
1904	71	3,24	248.891,000	2,41	62	3,07	67.270,000	1,53	133	3,15	316.161,000	2,15
1905	89	4,06	288.958,000	2,80	62	3,07	76.566,000	1,74	151	3,59	365.524,000	2,48
1906	104	4,75	326.755,000	3,17	79	3,91	121.465,000	2,77	183	4,35	448.220,000	3,05
1907	123	5,61	204.534,667	1,98	89	4,40	142.271,600	3,24	212	5,03	346.806,267	2,36
1908	71	3,24	204.893,000	1,98	53	2,62	73.466,000	1,67	124	2,94	278.359,000	1,89
1909	74	3,38	193.861,113	1,88	58	2,87	113.457,000	2,59	132	3,13	307.318,113	2,09
1910	65	2,97	326.690,000	3,16	39	1,93	68.801,000	1,57	104	2,47	395.491,000	2,69
1911	78	3,56	203.625,934	1,97	67	3,31	155.090,000	3,54	145	3,44	358.715,934	2,44
1912	86	3,92	632.480,000	6,13	84	4,16	119.400,000	2,72	170	4,03	751.880,000	5,11
1913	70	3,19	115.524,000	1,12	79	3,91	177.549,000	4,05	149	3,54	293.073,000	1,99
1914	54	2,46	96.330,000	0,93	87	4,30	128.798,000	2,94	141	3,35	225.128,000	1,53
1915	64	2,96	314.286,800	3,04	84	4,16	197.852,000	4,51	148	3,51	512.138,800	3,48
1916	56	2,56	518.307,000	5,02	130	6,43	283.874,000	6,48	186	4,42	802.181,000	5,46
1917	74	3,79	458.830,801	4,45	122	6,04	217.764,000	4,97	196	4,65	676.594,801	4,60
1918	58	2,65	284.793,000	2,76	96	4,75	263.609,000	6,01	154	3,65	548.402,000	3,73
1919	113	5,60	1.062.153,000	10,30	129	6,38	441.330,000	10,07	242	5,75	1.503.483,000	10,23
1920	80	3,65	761.758,900	7,39	137	6,78	409.780,000	9,35	217	5,15	1.171.538,900	7,97
TOTAIS	2.190	100,00	10.307.630,035	100,000	2.020	100,000	4.379.932,600	100,000	4.210	100,00	14.687.562,635	100,000

Gráfico 16 - Quantidade de transações - Escrituras de compra e venda - 1890-1920

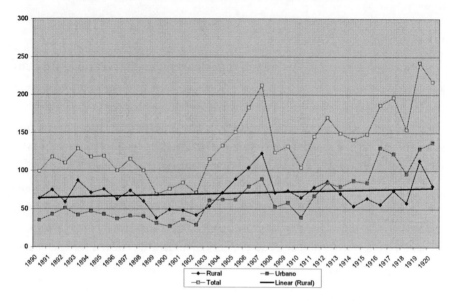

A PROPRIEDADE RURAL

No período de 1890 a 1920, a propriedade fundiária, no município de Franca, caracterizava pela produção de bens destinados ao mercado, gerando, portanto, renda[97] aos seus detentores, fosse ela trabalhada por famílias, arrendatários, colonos ou pelo emprego do trabalho assalariado.[98]

Assim, o movimento de compra e venda das propriedades, bem como os valores atribuídos aos imóveis rurais, em Franca, no período, foram fortemente influenciados pelas possibilidades da exploração mercantil.

Com a ampliação da economia cafeeira, as áreas das propriedades foram mais sistematicamente ocupadas com o incremento, além da cafeicultura, de atividades voltadas para o mercado interno. Essa intensificação revela-se na quantidade de transações de compra e venda, tanto de áreas de maior extensão, acima de 400 hectares, como de áreas de pequeno e médio portes, também amplamente negociadas (Tabela 42).

A grande lavoura cafeeira favoreceu a constituição de unidades produtivas, sem alterar a miríade de pequenas propriedades. Durante todo o período, conviveram,

---

97 CARDOSO, Ciro Flamarion S. *Agricultura, escravidão e capitalismo*. Petrópolis: Vozes, 1974, p. 52-60.
98 MARTINS, José de Sousa. *O cativeiro da terra*. São Paulo: Ciências Humanas, 1979.

lado a lado, fazendas com área média de 1.400 hectares, sítios de 14 a 60 hectares, e mesmo chácaras.

OS IMÓVEIS RURAIS E SUAS ÁREAS

Para conhecer o perfil dos imóveis rurais foram utilizados recursos estatísticos, como *média, mediana e moda* das áreas e dos valores das propriedades transacionadas. Os dados foram trabalhados, a princípio, levando-se em conta todo o período – 1890-1920 –, e posteriormente, foram divididos por décadas, buscando-se uma análise linear. Além disso, os imóveis foram enquadrados seguindo os mesmos parâmetros do *Censo Agrícola de 1920*, o que facilita comparações (Tabela 42).

Considerando a área total dos imóveis rurais, apurada nas escrituras de compra e venda e nos inventários *post-mortem* (46.952,4 hectares), chega-se à *área média* de 94,8 hectares (40 alqueires) para as propriedades rurais. Já a área mediana identificada foi de 19,3 hectares, enquanto que a maior quantidade de imóveis transacionados tinha uma área declarada de 2,4 hectares (*área moda*) – (Gráfico 17).

Gráfico 17: Áreas - Média, Mediana, Moda - 1890-1920

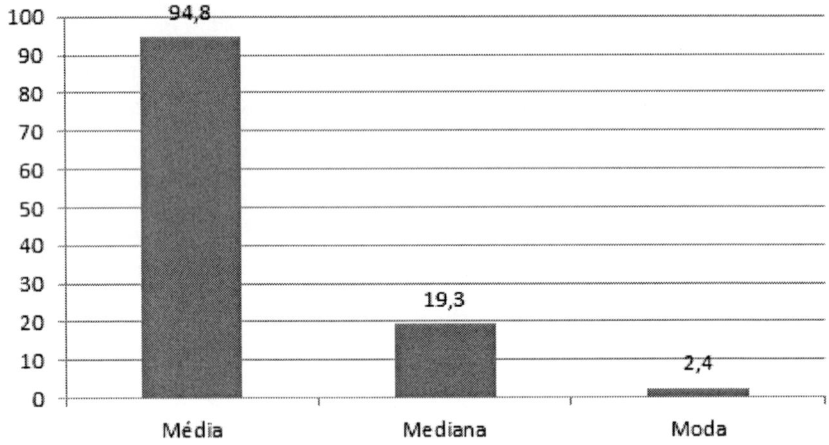

Média	Mediana	Moda
94,8	19,3	2,4

Tabela 42
Dados das escrituras e inventários – referente números, áreas e valores das propriedades rurais – Franca – 1890-1920

Fonte: AHMF – Escrituras de compra e venda e inventários *post-mortem* (1890-1920).

1890-1900 (hectares)	nº proprie//	%	Área total	%	área média	Área mediana	área moda	desvio padrão	valor total	%	valor médio	valor mediano	valor moda	desvio padrão
Menos de 41	57	75,00	685,8	21,00	12,0	8,4	2,4	11,1	65:900$000	11,40	1:156$140	700$000	1:000$000	1:364$611
41 a 100	14	18,42	762,3	23,31	58,6	53,2	48,4	15,3	86:693$000	15,00	6:667$153	2:500$000	1:000$000	8:386$192
101 a 200	2	2,63	266,2	8,14	133,1				190:000$000	32,88	95:000$000			
201 a 400	1	1,31	554,1	16,94	277,0				155:200$000	26,87	150:000$000			
401 a 1000	2	2,64	1.001,8	30,61	500,9				80:000$000	13,85	40:000$000			
Total	76	100,00	3.270,3	100,00	43,0	13,3	2,4	91,2	577:793$000	100,00	7:602$276	950$000	1:000$000	24:989$843
1901-1910 (hectares)	nº proprie//	%	Área total	%	área média	Área mediana	área moda	desvio padrão	valor total	%	valor médio	valor mediano	valor moda	desvio padrão
Menos de 41	96	77,42	1.188,7	15,77	12,3	9,6	2,4	10,1	92:942$000	18,85	968$145	500$000	200$000	1:287$062
41 a 100	16	12,90	1.043,0	13,83	65,1	60,5	48,4	19,6	35:840$000	7,26	2:240$000	1:850$000	2:000$000	2:215$403
101 a 200	7	5,65	1.002,5	13,30	143,2	145,2	169,4	26,9	66:765$000	13,54	9:537$857	5:725$000	4:000$000	9:125$807
201 a 400														
401 a 1000	3	2,42	2.129,6	28,24	709,8	677,6		243,6	192:000$000	39,00	64:000$000	80:000$000		46:130$250
1001 a 2000	2	1,16	2.175,5	28,86	1.087,7				105:255$000	21,35	52:627$500			
Total	124	100,00	7.539,4	100,00	60,8	13,3	2,4	1.754,8	492:802$000	100,00	3:974$209	775$000	200$000	13:304$200
1911-1920 (hectares)	nº proprie//	%	Área total	%	área média	Área mediana	área moda	desvio padrão	valor total	%	valor médio	valor mediano	valor moda	desvio padrão
Menos de 41	202	68,47	2.887,3	8,00	14,2	12,1	2,4	10,6	267:305$934	14,95	1:323$296	640$000	100$000	2:178$253
41 a 100	35	11,86	2.310,8	6,39	66,0	65,3	72,6	16,0	143:200$000	8,01	4:091$428	3:510$000	5:000$000	2:684$275
101 a 200	19	6,45	2.792,6	7,72	146,9	133,1	193,6	34,5	169:002$800	9,45	8:894$842	4:500$000	12:000$000	9:304$976
201 a 400	13	4,40	3.683,2	10,19	283,3	278,3	242,0	60,9	332:065$000	18,58	25:543$461	16:000$000	20:000$000	31:741$825
401 a 1000	20	6,79	12.845,3	35,54	642,2	605,0	726,0	123,9	661:250$800	37,02	33:062$540	26:500$000	23:100$000	21:168$761
1001 a 2000	6	2,03	11.623,2	32,16	1.937,2	1575,4		888,5	213:350$000	11,93	35:558$333	31:500$000		32:902$133
Total	295	100,00	36.142,7	100,00	122,5	20,5	2,4	331,5	1.786:173$934	100,00	6:054$826	1:200$000	100$000	14:090$042
1890-1920 (hectares)	nº proprie//	%	Área total	%	área média	Área mediana	área moda	desvio padrão	valor total	%	valor médio	valor mediano	valor moda	desvio padrão
Menos de 41	355	71,71	4.761,8	10,14	13,4	9,6	2,4	10,6	426:147$934	14,92	1:200$416	600$000	1:000$000	1:859$237
41 a 100	64	12,93	4.116,1	8,77	64,3	60,5	48,4	16,8	265:713$000	9,30	4:151$765	2:700$000	2:000$000	4:607$370
101 a 200	28	5,65	4.061,4	8,65	145,0	134,3	169,4	31,3	425:767$000	14,90	15:205$964	6:362$500	4:000$000	27:096$543
201 a 400	15	3,03	4.237,4	9,02	282,4	278,3	242,0	62,9	487:265$800	17,06	32:484$333	16:000$000	20:000$000	44:135$483
401 a 1000	25	5,05	15.976,8	34,03	639,0	605,0	484,0	139,1	933:250$800	32,67	37:330$032	30:000$000	12:000$000	26:679$094
1001 a 2000	8	1,62	13.798,7	29,39	1.452,6	1454,4		383,9	318:255$000	11,15	45:465$000	45:255$000		26:386$712
Total	495	100,00	46.952,4	100,00	94,8	19,3	2,4	274,8	2.856:748$735	100,00	5:771$209	1:000$000	1:000$000	16:075$149

A grande maioria dos imóveis rurais transacionados – *71%* – tinha área inferior a 41 hectares. Pouco mais de 1/10 (13%) media entre 41 e 100 hectares, 6% media entre 101 e 200 hectares, 3% tinham área mínima de 200 hectares e máxima de 400, 5% estendiam entre 401 a 1000 hectares e, finalmente, 2% tinham superfície acima de 1001 hectares, tendo como limite máximo os 2000 hectares (Tabela 42).

A maior propriedade, com área discriminada, encontrada na pesquisa, foi a *Fazenda São José, localizada no Distrito de São José da Bela Vista,* com 1.573,0 hectares (650 alqueires), comprada por João Marciano de Almeida, no ano de 1916, pela quantia de 65:000$000, que deveria ser paga *no prazo de três anos, com juros de 12% a.a.).*[99]

A propriedade adquirida por José da Fonseca Nogueira,[100] em 1894, denominada Marfim, enquadrava-se no tamanho *médio*, com área de 96,8 hectares (40 alqueires) com as seguintes benfeitorias: *casa, monjolo, engenho de cana, canavial, cafezais formados e em formação.* Além disso, constava no imóvel *roça de milho e a criação de 24 porcos.*

Com *área mediana,* cabe citar a *Fazenda Macaúbas,* composta de 19,3 hectares (8 alqueires), comprada por Afonso de Lima Guimarães,[101] pelo valor de 30:000$000.

Nas *escrituras* predominaram as propriedades com área registrada de 2,4 hectares (um alqueire), coincidindo com pequenos valores e descrições sucintas, como os exemplos a seguir: *um pastinho no alto da Estação (600$000),*[102] *um alqueire de terras na Fazenda Belo Horizonte (50$000),*[103] e *um terreno de campo formado de capim gordura na Chácara do Espraiado (300$000).*[104]

A propriedade com a menor área discriminada foi *um pequeno terreno [40x70m] na Fazenda de Santo Antônio,* pelo preço de 150$000, vendido, em 1900, pela Cia. Mogiana de Estradas de Ferro, cuja compradora era Dorothea Claudina Vilela.[105]

O valor total das 495 propriedades, em análise, foi de 2.856:748$735, que resulta no valor médio, por imóvel, de 5:771$209. Continuando os cálculos, chega-se à *mediana e moda* idênticas de 1:000$000.

---

99 AHMF – ESC – Vendedor: Augusto Souza Meireles. Comprador: João Marciano de Almeida. 2º Ofício. 1916.

100 AHMF – ESC – Vendedor: José Garcia de Andrade. Comprador: José da Fonseca Nogueira. 2º Ofício. 1894.

101 AHMF – ESC – Vendedor: Chrysogono de Castro. Comprador: Afonso de Lima Guimarães. 2º Ofício. 1915.

102 AHMF – ESC – Vendedor: Antônio Gabriel de Mello. Comprador: Joaquim Monteiro dos Santos. 2º Ofício. 1898.

103 AHMF – ESC – Vendedor: Alexandre Sallim. Comprador: Bernardo Avelino de Andrade. 2º Ofício. 1903.

104 AHMF – ESC – Vendedor: Amélio Coelho de Freitas. Comprador: Joaquim Isaías da Silva. 2º Ofício. 1916.

105 AHMF – ESC – Vendedor: Cia. Mogiana de Estradas de Ferro. Compradora: Dorothea Claudina Vilela. 2º Ofício. 1900.

Entre as propriedades, que se enquadram próximo ao valor médio, estava o *sítio na Fazenda do Ribeirão Corrente, com casa de morada e dependências, monjolo, rego d'água, cafezal abandonado e mais benfeitorias*, adquirido em 1901 por Manoel Pereira Monteiro,[106] pelo valor de 4:000$000.

Um segundo exemplo é a propriedade localizada na Fazenda Pouso Alto, comprada em 1914 por Abílio Marques,[107] pela quantia de 5:200$000, que tinha como benfeitorias *casa velha, casa para fiscal, paiol, monjolo, terreiro para café, ceva para porcos, casa de engenho, moinho, cocheira e quintal*.

Com o mesmo valor da propriedade acima citada, foi negociada *uma parte de terra na Fazenda dos Arrependidos, com casa de morada, paiol, monjolo, casinha de zinco para despejo, currais de madeira e 2.000 pés de café*., adquirida por Galdino Rosa de Lima,[108] em 1920.

O valor predominante das negociações que foi de 1:000$000, correspondente a imóveis com descrições como: *um sítio na Fazenda Restinga, com área de 14,5 hectares [6 alqueires]*, comprada por Euzébio Martins Fernandes no ano de 1918.[109] Outro exemplo, é *de uma sorte de terras e benfeitorias na Fazenda dos Christaes, com área de 12,1 hectares [5 alqueires]*, adquirida, em 1903, por José Francisco da Silva.[110]

Visando ampliar a análise e facilitar comparações, as áreas dos imóveis foram divididas conforme o padrão estabelecido no *Censo Agrícola de 1920*, ou seja, propriedades com menos de 41 hectares, de 101 a 200, de 201 a 400, de 401 a 1.000 e de 1.001 a 2.000 hectares. Não foram encontrados imóveis com área superior a 2.000 hectares (Tabela 42).

Na primeira faixa – propriedades com *menos de 41 hectares* – estavam 71,71% (355 imóveis), ou seja, a grande maioria das propriedades transacionadas tinham menos de 41 hectares. A área média desses imóveis era de 13,4 hectares, enquanto que a mediana ficou em 9,6 hectares. A área predominante (*área-moda*) de 2,4 hectares, influenciou decisivamente para que a média fosse bastante inferior ao teto da faixa. O total da área dessas propriedades correspondia a 4.761,8 hectares ou 10,14% do total pesquisado (Gráfico 18).

---

106 AHMF – ESC – Vendedor: Manoel Pinto. Comprador: Manoel Pereira Monteiro. 2º Ofício. 1901.

107 AHMF – ESC – Vendedor: Antônio Olavo de Oliveira. Comprador: Abílio Marques. 2º Ofício. 1914.

108 AHMF – ESC – Vendedor: Ferminismo José de Andrade. Comprador: Galdino Rosa de Lima. 2º Ofício. 1920.

109 AHMF – ESC – Vendedor: Joaquim Barbosa de Sales. Comprador: Euzébio Martins Fernandes. 2º Ofício. 1918.

110 AHMF – ESC – Vendedor: Joaquim Heitor de Paula. Comprador: José Francisco da Silva. 2º Ofício. 1903.

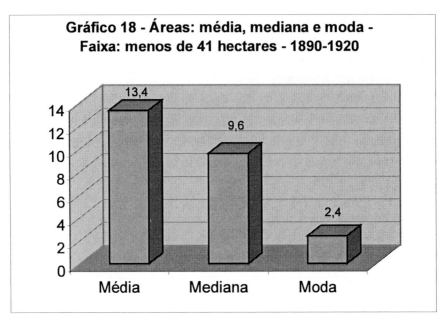

Fonte: AHMF – ESC./INV.

No topo desta faixa, situam os imóveis rurais adquiridos por João Barbosa Sandoval e Hermenegildo Ferreira Lima. O primeiro comprou *terras de campo na Fazenda Chapadão (200$000)*[111] e o segundo *um sítio de nome Santa Maria (10:000$000),*[112] ambas com área de 38,7 hectares (16 alqueires).

Um exemplo de um imóvel rural, com *área* média que se enquadra na primeira faixa – até 41 hectares – é uma *fatia de terra na Fazenda do Salgado, com 13,3 hectares [5,5 alqueires],* cujo comprador foi Isaías Martins da Costa,[113] que pagou a quantia de 500$000.

Dois imóveis que representam aqueles com área mediana de 9,6 hectares, são *as terras de cultura na Fazenda do Fundão,* compradas por Manoel Marques dos Reis[114] pelo preço de 400$000 e *uma chácara, fundos das casas da rua Couto Magalhães e rua do Cateto,* esta adquirida por Romana Francisca de Jesus,[115] pagando a quantia de 2:000$000.

---

111 AHMF – ESC – Vendedora: Emília Rosa de Souza. Comprador: João Barbosa Sandoval. 2º Ofício. 1911.

112 AHMF – ESC – Vendedor: Virginio Barbosa Sandoval. Comprador: Hermenegildo Ferreira Lima. 2º Ofício. 1913.

113 AHMF – ESC – Vendedor: Joaquim Borges Quintanilha. Comprador: Isaías Martins da Costa. 2º Ofício. 1917.

114 AHMF – ESC – Vendedor: João Marques da Silva. Comprador: José Marques da Silva. 2º Ofício. 1891.

115 AHMF – ESC – Vendedor: Guadêncio Jacintho Lopes de Oliveira. Comprador: Romana Francisca de

As propriedades que predominam neste grupo, com área de 2,4 hectares, podem ser representadas por *uma porção de terras na Fazenda dos Silveiras*, comprada por José Gomes de Miranda,[116] em 1896, *avaliada em 300$000*.

O valor total, constante na documentação, das propriedades com área de até *41 hectares*, atingia 426:147$735, o que corresponde a 14,92% do valor de todas as propriedades com área declarada. Assim sendo, o *valor médio* destes imóveis era de 1:200$416.[117]

O imóvel de maior valor declarado, do grupo correspondente até 41 hectares, foi *uma sorte de terras na Fazenda Capão Ceco*, composta de 24,2 hectares adquirida por Francisco de Oliveira Valim,[118] que pagou a quantia de *14:000$000*. Com *valor médio* tinha *uma chácara no começo do Córrego dos Catocos*, com área de 2,4 hectares, comprada por Rafael Passis, em 1914, pela quantia de 1:200$000.[119] Com valores *medianos (600$000)*, foram adquiridas *uma parte de terras de campo na Fazenda Cabeceira do Salgado*[120] e *uma chácara no Bairro Cabeceira do Cubatão*,[121] ambas com 7,2 hectares. As propriedades transacionadas, neste grupo, tinham como valor predominante 1:000$000, como é o caso de *uma parte de terras na Chácara do Monjollo (sic), de 7,2 hectares*, comprada por Joaquim Rodrigues[122] em 1919.

Na faixa seguinte – *41 a 100 hectares* – enquadravam-se 12,93% (64) propriedades, correspondente a área de 4.116,1 hectares ou 8,77% do total. Neste caso as *áreas média e mediana* eram bastante próximas, ou seja, correspondiam a 64,3 e 60,5 hectares, respectivamente[123] (Gráfico 19).

A maior propriedade negociada, dentro do grupo de 41 a 100 hectares, foi a *fazenda denominada Marfim*, cuja área constante da escritura era de 96,8 hectares, adquirida por José Garcia de Andrade,[124] em 1894, pela quantia de 30:000$000, que corresponde ao maior valor transacionado neste grupo.

Jesus. 2º Ofício. 1904.

116 AHMF – ESC – Vendedor: Silvério Randolfo Rosa. Comprador: José Gomes de Miranda. 2º Ofício. 1898.

117 O valor mediano era o equivalente a 50% desta cifra, atingindo 600$000, enquanto o valor moda – 1:000$000 – aproximava-se mais do valor médio acima indicado.

118 AHMF – ESC – Vendedor: João Borges e Freitas. Comprador: Francisco de Oliveira Valim. 2º Ofício. 1917.

119 AHMF – ESC – Vendedor: Raimundo Cortez. Comprador: Rafael Passis. 2º Ofício. 1914.

120 AHMF – ESC – Vendedor: Joaquim Pedro Teixeira. Comprador: Manoel Roque Marinheiro. 2º Ofício. 1913.

121 AHMF – ESC – Vendedor: Bellotte Paschoal. Comprador: José Antônio Domenez Ramos. 2º Ofício. 1911.

122 AHMF – ESC – Vendedor: Antônio Rodrigues de Barros. Comprador: Joaquim Rodrigues. 2º Ofício. 1919.

123 Não havendo, também, um grande distanciamento quanto à área moda que atingiu 48,4 hectares. Contudo, a área média ficou bem mais próxima da medida base da faixa (41 hectares).

124 AHMF – ESC – Vendedor: José da Fonseca Nogueira. Comprador: José Garcia de Andrade. 2º Ofício. 1894.

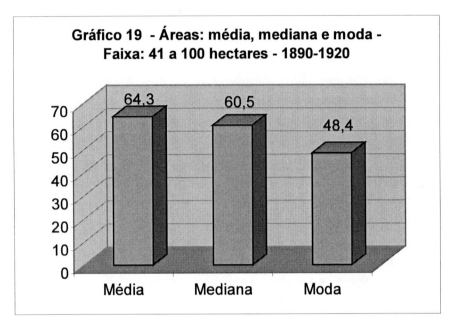

Fonte: AHMF – ESC./INV.

Um imóvel que corresponde às *áreas média e mediana*, do grupo 41 a 100 hectares, é o *sítio localizado na Fazenda do Ribeirão Corrente*, com área de 62,9 hectares, comprado por Antônio Gonçalves de Freitas,[125] em 1895, pelo valor de 2:500$000. Quanto à *área-moda* de 48,4 hectares, havia o imóvel assim especificado: *parte de terras de cultura e serrados na Fazenda São Luiz, sendo dividida em 5 alqueires de cultura e 15 de campos*, adquirida por Joaquim Urias Faleiros,[126] em 1904, pelo valor de 1:300$000. E finalmente, a menor propriedade deste grupo, descrita nos registros cartoriais, é *uma parte de terras de cultura, no lugar denominado Capão do Mamão, na Fazenda Ribeirão Corrente*, com área de 38,72 hectares, avaliada em 720$000, que passou para as mãos de Firmino Franco da Rocha,[127] no ano de 1904.

A soma dos valores das propriedades do grupo *41 a 100 hectares* atingiu 265:713$000, ou seja, 9,30% do total apurado. O *valor médio* dos imóveis era de 4:151$765, enquanto que os *valores mediano e moda* ficaram, respectivamente em 2:700$000 e 2:000$000.

---

125 AHMF – ESC – Vendedora: Thotonia Maria da Conceição. Comprador: Antônio Gonçalves do Nascimento. 2º Ofício. 1895.
126 AHMF – ESC – Vendedor: Antônio Eleutério da Silva. Comprador: Joaquim Urias Faleiros. 2º Ofício. 1904.
127 AHMF – ESC – Vendedor: Joaquim Rafael da Silva. Comprador: Firminio Franco da Rocha. 2º Ofício. 1904.

Algumas propriedades tinham seus valores bem próximos à média do grupo *41 a 100 hectares*. Por exemplo, Manoel Cardoso de Queiroz Júnior[128] adquiriu *terras e benfeitorias na Fazenda Pouso Alegre*, com área de 60,5 hectares, e Messias de Carvalho[129] comprou *terras e benfeitorias na Fazenda Bom Jardim*, medindo 65,3 hectares, ambas com valor igual a 4:000$000.

José Garcia de Freitas[130] comprou *terras na Fazenda dos Nunes*, medindo de 84,7 hectares, e pagou o valor predominante nas propriedades com área entre 41 e 100 hectares – *2:000$000*, pouco abaixo do valor mediano de 2:700$000.

Na terceira faixa – *101 a 200 hectares* – foram localizados 5,65% dos imóveis rurais (28), cuja área era de 4.061,4 hectares ou 8,65% do total. Esta faixa é a única em que a área predominante entre as propriedades (moda = 169,4 hectares) foi superior à área média (145,0 hectares) e à mediana (134,3 hectares), no entanto são números mais próximos denotando uma certa homogeneidade (Gráfico 20).

Os imóveis pertencentes à terceira faixa, somados, valiam 425:767$000, o que corresponde a 14,90% do valor total, resultando em um valor médio de 15:205$964.[131]

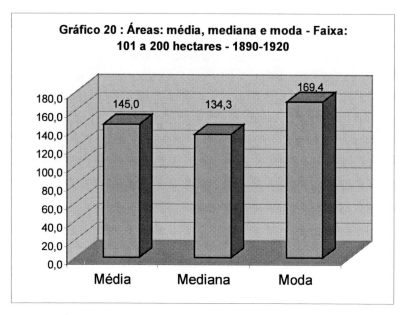

Fonte: AHMF – INV./ESC.

128 AHMF – ESC – Vendedor: Joaquim de Paula Costa. Comprador: Manoel Cardoso de Queiroz Júnior. 2º Ofício. 1913.
129 AHMF – ESC – Vendedor: José Francisco Rosetti. Comprador: Messias de Carvalho. 2º Ofício. 1920.
130 AHMF – ESC – Vendedora: Christiana Maria de Freitas. Comprador: José Garcia de Freitas. 2º Ofício. 1910.
131 O valor mediano obtido foi de 6:362$500. Enfim, o cálculo relativo à moda atingiu 4:000$000.

A maior propriedade deste grupo, segundo os livros de escritura de compra e venda, é *uma fazenda de nome Macaúbas*, com área de 193,6 hectares, comprada por Afonso de Lima Guimarães por 30:000$000, *com prazo de 3 anos para pagar, mais os juros de 12% ao ano*.[132]

O destaque no grupo de 101 a 200 hectares fica para os imóveis com área de 169,4 hectares, que foram predominantes nas transações, como duas glebas da *Fazenda da Boa Vista da Casa Seca*. A primeira foi adquirida por João Batista Pereira Machado[133] pela quantia de 28:000$000 e a outra por Gustavo Martins de Siqueira,[134] que quitou no ato da escritura 15:000$000. Esta última representa uma propriedade com valor médio do grupo em questão.

Com área média do grupo ora tratado, cabe citar a aquisição de José Maria Pereira Dias:[135] *um sítio na Fazenda dos Buritys*, medindo 145,2 hectares (60 alqueires), avaliado por 50:000$000.

A propriedade com maior valor declarado foi *uma parte de terras na Fazenda da Boa Vista*, com área de 121,0 hectares, comprada por José Pacífico,[136] no ano de 1895, pela quantia de 140:000$000.

Na faixa referente a área entre *201 a 400 hectares* correspondia a 3,03% dos títulos de terras (15 imóveis). O território media 4.237,4 hectares ou 9,02% do total, portanto, uma porcentagem semelhante às áreas das faixas já descritas. Conforme os cálculos realizados, a *área média* das propriedades atingiu 282,4 hectares, enquanto que a *mediana* era de 278,3 hectares. A *área moda*, neste caso, foi inferior aos outros valores, sendo igual a 242,0 hectares (Gráfico 21).

Todos esses imóveis foram registrados no valor de 487:265$000 (17,06% do total), resultando em um cálculo médio de 32:484$333. O valor mediano obtido de 16:000$000 foi aproximadamente 50% inferior ao valor médio.

---

132 AHMF – ESC – Vendedor: Chrysogono de Castro. Comprador: Afonso de Lima Guimarães. 2º Ofício. 1917.

133 AHMF – ESC – Vendedor: Gustavo Martins de Cerqueira. Comprador: João Batista Pereira Machado. 2º Ofício. 1909.

134 AHMF – ESC – Vendedor: Teodoro Martins Tristão. Comprador: Gustavo Martins de Siqueira. 2º Ofício. 1909.

135 AHMF – ESC – Vendedor: Miguel de Godoy Moreira. Comprador: José Maria Pereira Dias. 2º Ofício. 1895.

136 AHMF – ESC – Vendedor: João de Toledo Lara. Comprador: José Pacífico. 2º Ofício. 1895.

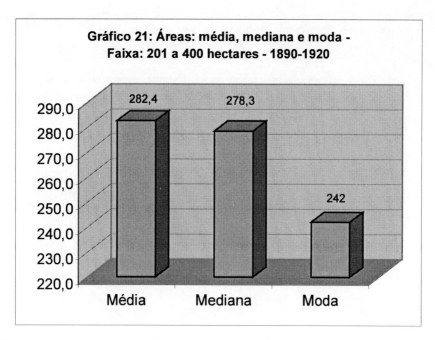

Fonte: AHMF – ESC./INV.

Um imóvel representativo deste grupo, por possuir uma área mediana de 278,3 hectares (115 alqueires), é *uma parte de terras na Fazenda das Posses, localizada no distrito de São José da Bela Vista*, comprada por Maria Cândida de Castro,[137] em 1917, pela quantia de 20:000$000.

A maior extensão de terras vendida,[138] nesta faixa, foi *uma Fazenda de nome Guanabara, com valor de 120:000$000, pagável em 5 anos e juros de 9% a.a.*, que media 387,2 hectares, que tinha como proprietária Rita de Andrade Silva e passou para o nome de Franklim Martins Ferreira,[139] em 1916.

Na próxima faixa – *401 a 1.000 hectares* –, mais larga que as outras já comentadas, os números são bastante superiores. Esta faixa agrupa 5,05% dos imóveis (25), o que equivale a 34,03% de toda a área declarada na documentação utilizada, isto é, 15.976,8 hectares. Assim sendo, a área média encontrada foi de 639,0 hectares, não muito distante da *mediana* que resultou em 605,0 hectares, sendo que a *moda* aproximou-se mais do piso desta faixa ao ficar em 484,4 hectares (Gráfico 22).

---

137 AHMF – ESC – Vendedor: Manoel Cristino de Figueiredo. Compradora: Maria Cândida de Castro. 2º Ofício. 1917.

138 Para identificar o imóvel com maior valor monetário deste grupo ver: nota 30 deste capítulo.

139 AHMF – ESC – Vendedor: Rita de Andrade Silva. Comprador: Franklim Martins Ferreira. 2º Ofício. 1916.

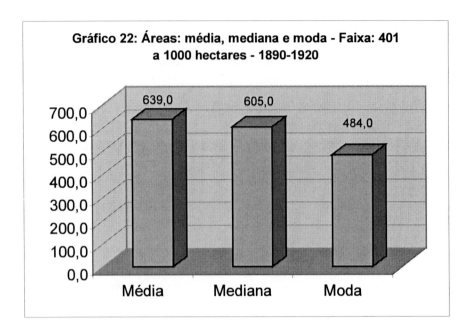

A soma dos valores dos imóveis pertencentes à faixa em questão atingiu 933:250$800, que em meios monetários era superior a todas as outras faixas e aproximadamente o dobro da faixa anterior. Este valor correspondia a 32,67% do total quantificado. Sabendo-se que grande parte destas propriedades encontram-se nos Inventários *post mortem* e não nas escrituras de compra e venda, portanto foram partilhados entre os herdeiros. No entanto, o valor médio das propriedades é bem baixo: 37:330$032. Sabendo-se, também, que a *mediana* calculada atingiu 30:000$000, restando à *moda* a quantia de 12:000$000.

Um imóvel com área próxima ao teto da faixa, com 968,0 hectares (400 alqueires), foi *uma fazenda de cultura e cafezal* adquirida, em 1910, por Gastão de Souza Mesquita,[140] pelo valor de 100:000$000, sendo o respectivo vendedor Francisco Schimidt.[141]

Adalberto Colares adquiriu *uma fazenda de nome Água Limpa,* com o compromisso de pagar a dívida de 50:000$000, referente à transação *no prazo de 3 anos, com*

---

140 AHMF – ESC –Vendedor: Francisco Schimidt. Comprador: Gastão de Souza Mesquita. 2º Ofício. 1910.
141 Grande proprietário de cafezais no Município de Ribeirão Preto. "Possuía 9.600 ha. Plantados com café, obtinha uma produção anual de 200.000 arrobas. Para o seu preparo havia 224 m² de terreiros ladrilhados, 22 máquinas de escolha e beneficiamento; a pecuária era composta de 1.055 cavalos, 3.176 cabeças de gado e 525 carneiros. Moravam em suas propriedades 1.185 famílias, tendo 8.613 trabalhadores abrigados em 1.253 casas." Impressões do Brazil no século XX. Loyd's Britain Publishing Company Ltda. Londres: 1913, p. 350 *apud* Ernesta Zamboni. Op. cit.

juros de 12% a.a., com *área mediana* deste grupo (muito próxima da área média) de 605,0 hectares.[142]

Na última faixa – *1.001 a 2.000 hectares* – encontra-se o menor número de transações imobiliárias (8), ou seja, 1,62% das propriedades. Em contrapartida, os donos destes imóveis concentravam 29,39% de toda a área em análise, o que corresponde a 23.798,7 hectares. As áreas média e mediana obtidas resultaram, respectivamente, em 1.452,6 e 1.454,4 hectares (Gráfico 23).

Por outro lado, o valor total declarado nas transações – 318:255$000 –, somente não foi inferior à segunda faixa (*41 a 100 hectares = 265:713$000*). Mesmo assim, os valores *médio* e *mediano* dos imóveis em questão, ao atingir 45:465$000 e 45:255$000 respectivamente, foram superiores a todos àqueles valores obtidos nas demais faixas.

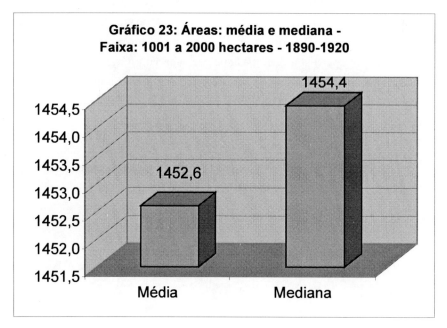

Fonte: AHMF – ESC./INV.

Entre as escrituras pesquisadas foi detectada uma propriedade que corresponde a área mínima deste grupo. É a *fazenda Santa Izabel do Salgado*, que media 1.047,8 hectares, comprada por João Teixeira Pinto de Carvalho,[143] no ano de 1908, que deveria quitar o imóvel de 60:000$000 *em 3 prestações anuais, com prazo de 4 anos, mais juros de 1% ao mês*.

---

142 AHMF – ESC – Vendedor: Francisco Schimith. Comprador: Gastão de Souza Mesquita. 2º Ofício. 1917.
143 AHMF – ESC – Vendedor: Joaquim Antônio Garcia de Macedo. Vendedor: João Teixeira Pinto de

Um imóvel com área média, dentro do grupo de 1.000 a 2.000 hectares, é aquele adquirido por José Honório da Silveira, em 1916, cuja área citada no documento é 1.454,4 hectares, denominado *Fazenda da Cachoeirinha*, avaliado em 45:000$000 (valor médio aproximado do grupo), sendo que o adquirente deveria pagar a totalidade do valor *no prazo de 4 anos, com juros de 1% ao mês*.[144]

A seguir, foi realizada uma análise linear, ou seja, comparando por décadas (1890/1900, 1901/1910 e 1911/1920) as áreas das propriedades transacionadas.

No decorrer das décadas (Gráfico 24), houve um crescimento considerável da *área média* transacionada. Comparando-se o primeiro e o segundo períodos – 1890/1900 e 1901/1910 – chega-se a uma taxa de crescimento de 41,40%. Isso porque o tamanho médio dos imóveis rurais passou de 43,0 hectares para 60,8. Na sequência, no confronto entre a segunda e a terceira década – 1901/1910 e 1911/1920 – chega-se a uma taxa de crescimento bem superior: 101,45%, quando a *área média* foi de 60,8 para 122,5 hectares. Do primeiro para o último período a referida taxa atingiu 184,88%. Em contrapartida a *área mediana* permaneceu estável em 13,3 hectares, nas duas primeiras décadas, saltando para 20,5 hectares nos últimos dez anos, o que neste caso corresponde a uma taxa de crescimento de 54,14%. Sabendo-se, também, que a *área moda* foi idêntica para todo o período estudado: 2,4 hectares.

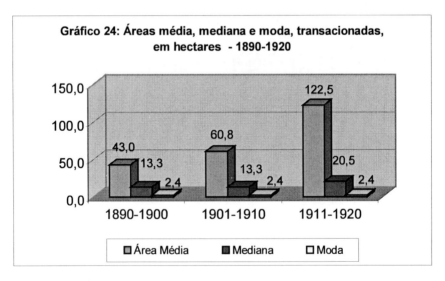

Fonte: AHMF – ESC./INV.

Carvalho. 2º Ofício. 1908.

144 AHMF – ESC – Vendedor: Joaquim Antônio Garcia de Macedo. Comprador: José Honório da Silveira. 2º Ofício. 1916.

Através da *análise por décadas*, verifica-se que a porcentagem de propriedades com *área menor que 41 hectares* sofreu algumas variações. No primeiro período – 1890/1900 – este grupo era composto por 75,00% dos imóveis rurais, aumentando para 77,42% entre os anos de 1901 a 1910, sendo que na década seguinte (1911/1920) ocorreu uma queda chegando a 68,47% do total de propriedades transacionados (Gráficos 25 e 43).

Na última década do século XIX, a porcentagem de imóveis negociados no município de Franca, com área inferior a 41 hectares (75,00%), era sensivelmente maior do que aquela verificada no município vizinho de Ribeirão Preto, que atingia 54,86% das propriedades do mesmo tamanho.

Por outro lado, a porcentagem da área negociada correspondente aos imóveis com *menos de 41 hectares* foi decrescente no decorrer dos anos. Nos anos 1890/1900 era equivalente a 21,00% da área total negociada, passando a ser 15,77% no período seguinte (1901/1910), e 8,00% na última década – 1911/1920 (Gráficos 26 e 44).

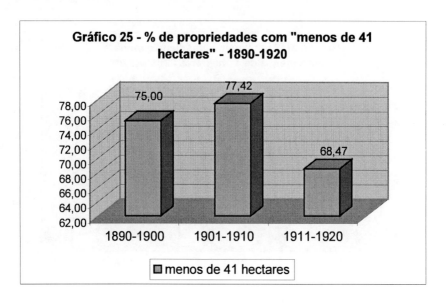

A *área média* dos imóveis desta categoria foi inferior ao teto (41 hectares). Nos anos 1890/1900, a referida área média era de 12 hectares, permanecendo praticamente idêntica na década seguinte (1900/1910) – 12,3 hectares. Na década 1911/1920 a média da área das propriedades aumentou para 14,2 hectares (taxa de crescimento de 18,33%). Contudo, o tamanho médio destas propriedades, durante todo o período estudado, era de 13,4 hectares (mediana: 8,4 e moda: 2,4 hectares) – (Gráficos 27 e 45), portanto, inferior à área média identificada no Censo de 1920, que era de 22 hectares.

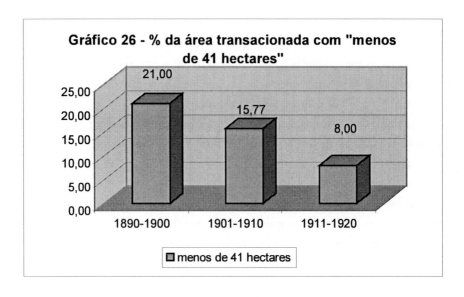

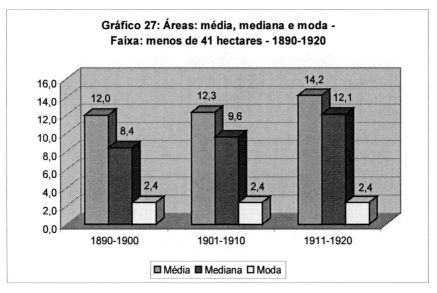

No grupo seguinte – *41 a 100 hectares* – no primeiro período – 1890/1900 – o número de imóveis negociados atingia 18,42% do total, reduzindo sensivelmente na década 1900/1910 quando ficou em 12,90% (queda de 29,97%), voltando a diminuir nos últimos dez anos para 11,86% das propriedades (queda de 8,06% em relação à década intermediária) – (Gráficos 28 e 43).

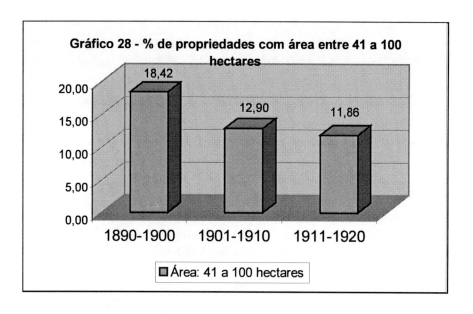

Gráfico 28 - % de propriedades com área entre 41 a 100 hectares

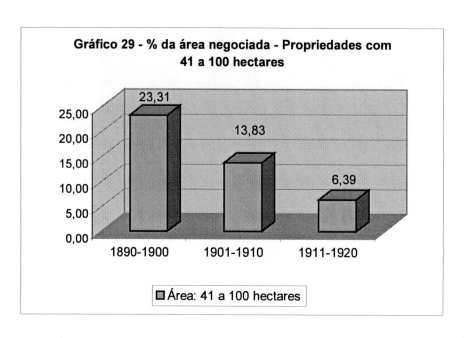

Gráfico 29 - % da área negociada - Propriedades com 41 a 100 hectares

Entre os anos de 1890 e 1900 a porcentagem de imóveis, do grupo citado, transacionados em Franca – 18,42% – foi muito próxima daquela identificada para Ribeirão Preto – 19,02% –, sendo inferior à porcentagem de propriedades recenseadas em 1920, que era de 25,55 do total.

A porcentagem da *área* negociada no município de Franca, situada no grupo *41 a 100 hectares*, foi sensivelmente reduzida no decorrer do período em tela. Entre 1890 a 1900 a porcentagem relativa a este grupo era de 23,31, sendo reduzida para 13,83 na década seguinte (1901/1910). No último período – 1911/1920 – tal porcentagem chegou a ser 6,39 (Gráficos 29 e 44).

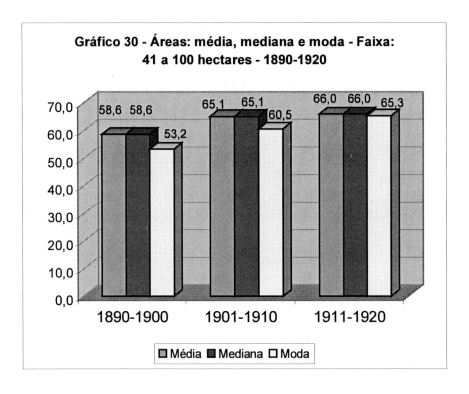

Por outro lado, a *área média* do segundo grupo – *41 a 100 hectares* – cresceu de 58,6 hectares nos anos de 1890/1900, para 65,1 na década seguinte (1901/1910), voltando a crescer para 66,0 hectares nos anos finais (1911/1920). A área média das propriedades deste grupo, teve uma taxa de crescimento de 12,62%. Estes números podem ser melhor comprovados quando apresentamos a área mediana e a moda para os três períodos respectivamente: mediana – 58,6, 65,1 e 66,0 hectares; moda – 53,2, 60,5 e 65,3 hectares. Contudo, os números apresentados são distantes do teto estipulado para este grupo (100 hectares) – (Gráficos 30 e 45).

Ao visualizar o próximo grupo – *101 a 200 hectares* – percebe-se que aí podem ser enquadrados apenas 2,63% dos imóveis no período de 1890 a 1900. Essa porcentagem cresceu para 5,65% e depois para 6,45% nas duas primeiras décadas do século XX (Gráficos 31 e 43).

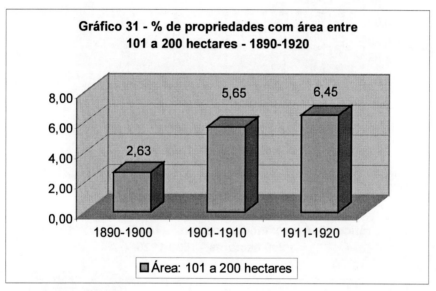

Fonte: AHMF – ESC./INV.

Por outro lado, a *área* correspondente ao grupo em questão foi variável no período. As porcentagens das áreas dos imóveis, nas três décadas trabalhadas, foram as seguintes: 8,14%, 13,30% e 7,72%, respectivamente (Gráficos 32 e 44).

Ao mesmo tempo, a *área média* dos imóveis com tamanho entre *101 a 200 hectares* foi ligeiramente crescente, quando no primeiro período – 1890/1900 – era de 133,1 hectares, passando a ser de 143,2 hectares na década seguinte – 1901/1910 (taxa de crescimento: 7,59%). Nos anos de 1911/1920 o tamanho médio dos imóveis, ora tratados, passou a ser de 146,9 hectares, resultando em uma taxa de crescimento de apenas 2,58%, em comparação à década anterior (Gráficos 33 e 44).

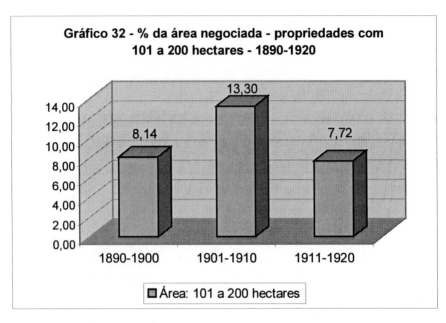

Fonte: AHMF – ESC./INV.

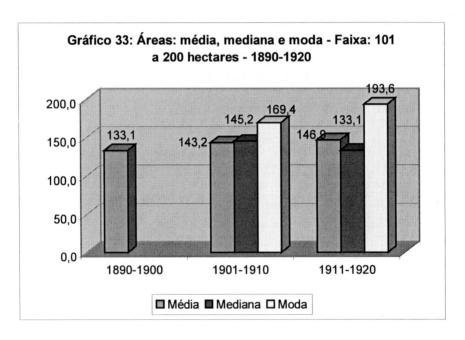

As áreas, predominantes nos imóveis de *101 a 200 hectares,* eram superiores à média apresentada. Na década de 1901 a 1910, a *moda* foi calculada em 169,4

hectares, aumentando para 193,6 hectares na década seguinte, o que resulta em uma taxa de crescimento de 14,29%. Assim sendo, a *moda* da década 1911/1920 chegou muito próxima ao teto estipulado para este grupo (200,0 hectares) – (Gráfico 33).

No grupo balizado entre *201 a 400 hectares*, as comparações se limitaram nas décadas de 1890/1900 e 1911/1920, pois não foi encontrado imóvel com esta área na década intermediária. Desta forma, a porcentagem de propriedades com esta característica era de 1,31% na última década do século XIX, tendo aumentado para 4,40% nos anos de 1911/1920 (Gráficos 34 e 43). Mesmo com poucos imóveis compondo este grupo, a área coberta por eles era relevante, sabendo-se que compunham 16,94% do território levantado para o primeiro período (1890/1900), caindo para 10,19% na última década em estudo (Gráficos 35 e 44). Em contrapartida, a *área média* alcançou uma taxa de crescimento de 2,27%, quando passou de 277,0 para 283,3 hectares (Gráfico 36 e 45). Diante do pequeno número de propriedades deste grupo, pode-se calcular somente as *áreas mediana e moda* do período 1911/1920, que foram respectivamente 278,3 e 242,0 hectares (Gráfico 36).

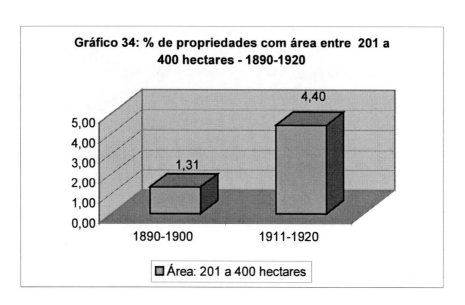

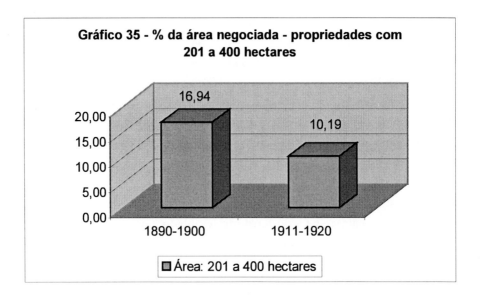

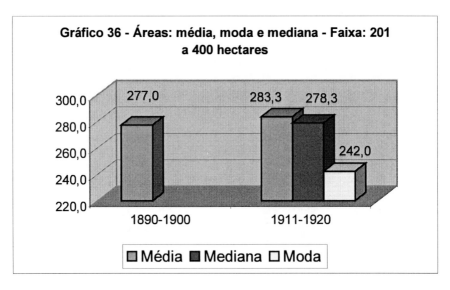

No grupo seguinte – *401 a 1.000 hectares* – encontra-se uma porcentagem de imóveis, que permaneceu semelhante nos primeiros vinte anos deste estudo. Nos anos iniciais – 1890/1900 – estas propriedades representavam 2,64%, alterando para 2,42% na década seguinte. O crescimento percentual foi ampliado na década de 1911/1920, quando passou a ser de 6,79%, resultando em uma taxa de crescimento de 180,58% (Gráfico 37 e 43).

O mesmo não ocorreu com a porcentagem relativa à *área* dos imóveis citados. No primeiro período – 1890/1900 – este grupo representava 30,61% da área total, vindo a ser 28,24% no segundo período, e finalmente, 35,54% na última década (1911/1920) – (Gráficos 38 e 44).

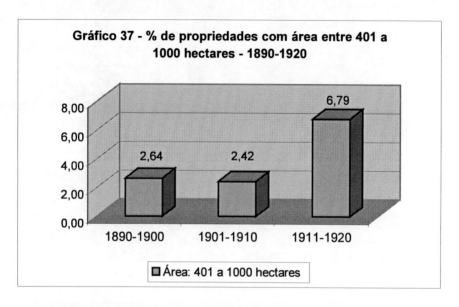

A *área média* do grupo *401 a 1.000 hectares* sofreu as seguintes variações: no primeiro período era de 500,9 hectares, passando a ser de 709,8 hectares na década seguinte, recuando para 642,2 hectares no último período (Gráficos 39 e 45). Em comparação, a *área mediana*, calculada somente nas duas últimas décadas passou de 677,6 para 605,0 hectares, portanto, não extremamente distante dos dados médios obtidos. A *área moda* encontrada somente no período 1911/1920 foi de 726,0 hectares, sendo sensivelmente superior aos números médios e medianos (Gráfico 39).

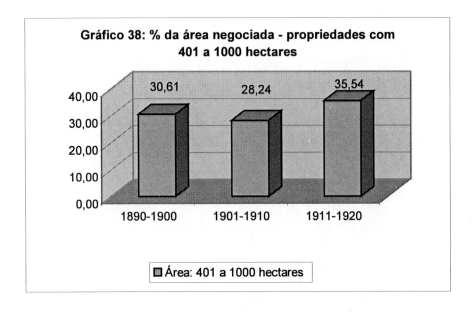

Gráfico 38: % da área negociada - propriedades com 401 a 1000 hectares

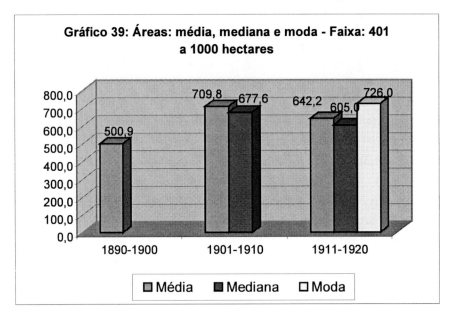

Gráfico 39: Áreas: média, mediana e moda - Faixa: 401 a 1000 hectares

O último grupo – 1.001 a 2.000 hectares –, que tinha representantes somente nas duas décadas iniciais do século XX, não teve grandes variações em número de propriedades que representavam as porcentagens dentro dos dois períodos (1901/1910 e 1911/1920), ficando em 1,61% e 2,03%, respectivamente (Gráficos 40 e 43). Por outro lado, a área correspondente a estas propriedades alargou-se de uma década para outra. Nos anos 1901/1910 a área deste grupo representava 28,86% do total, passando a ser de 32,16% (Gráficos 41 e 44). O mesmo processo ocorre quando verificamos a área média que passou de 1.087,7 para 1.937,2 hectares (Gráficos 42 e 45), resultando, neste caso, em uma taxa de crescimento de 78,10%. A área mediana somente foi possível de ser obtida no período 1911/1920, quando atingiu 1.575,4 hectares (Gráfico 42).

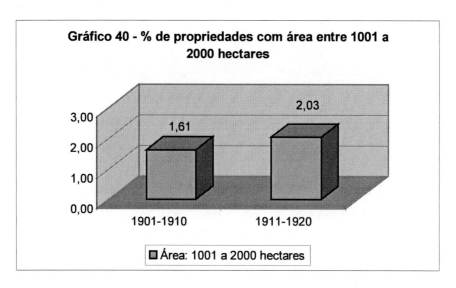

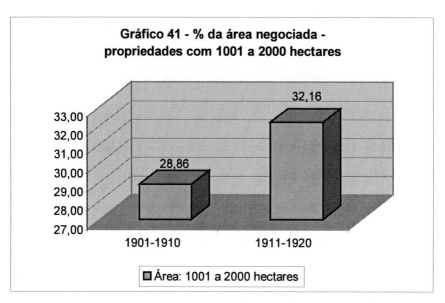

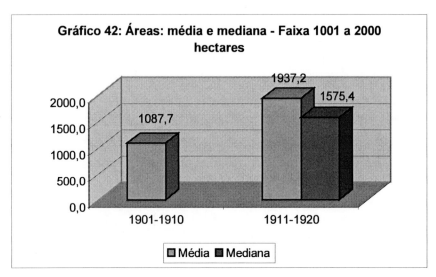

Fonte: AHMF – ESC./INV.

Em termos médios, a distribuição fundiária não sofreu grandes alterações. A ampliação das unidades produtivas, em hectares, dinamizadas pela cafeicultura, não aniquilou a pequena exploração rural. Chacareiros e sitiantes continuaram a existir ao lado dos maiores produtores, inclusive aderindo, progressivamente, às forças do mercado.

Tabela 43
Número e porcentagens de escrituras e compra e venda – 1890-1920 Número e porcentagens de propriedades recenseadas – 1920

Hectares	Menos de 41 Nº	%	41 a 100 Nº	%	101 a 200 Nº	%	201 a 400 Nº	%	401 a 1.000 Nº	%	1.001 a 2.000 Nº	%	2.001 a 5.000 Nº	%	Acima de 5.001 Nº	%	TOTAL Nº	%
Ribeirão Preto – 1890/1899 (*)	124	54,86	43	19,02	27	11,96	19	8,41	11	4,87	2	0,88	-	-	-	-	226	100,0
Franca – 1890/1900(**)	57	75,00	14	18,42	2	2,63	1	1,31	2	2,64	-	-	-	-	-	-	76	100,0
Franca – 1901/1910(**)	96	77,42	16	12,90	7	5,65	-	-	3	2,42	2	1,61	-	-	-	-	124	100,0
Franca – 1911/1920(**)	202	68,47	35	11,86	19	6,45	13	4,40	20	6,79	6	2,03	-	-	-	-	295	100,0
Franca – 1890/1920(**)	355	71,71	64	12,93	28	5,65	15	3,03	25	5,05	8	1,62	-	-	-	-	495	100,0
Franca – Censo 1920 (***)	153	26,24	149	25,55	113	19,38	76	13,05	63	10,80	21	3,60	7	1,20	1	0,17	583	100,0

Fontes:

(*) ZAMBONI, Ernesta. *Processo de formação e organização da rede fundiária da área de Ribeirão Preto (1874-1900). Uma contribuição ao estudo da estrutura agrária.* 1978. 137p. Dissertação (Mestrado em História). FFECH-USP, São Paulo, 1978. p. 68.
(**) Arquivo História Municipal de Franca – AHMF – Escrituras de Compra e Venda – Livros de notas do Cartório do 2º Ofício de Franca.
(***) MINISTÉRIO DE AGRICULTURA, INDÚSTRIA E COMMÉRCIO. *Recenseamento do Brazil.* Rio de Janeiro: Typ. da Estatística, 1923, v.3.

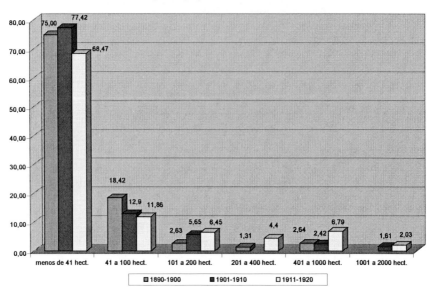

Gráfico 43 - Porcentagens de propriedades conforme o tamanho - 1890-1920

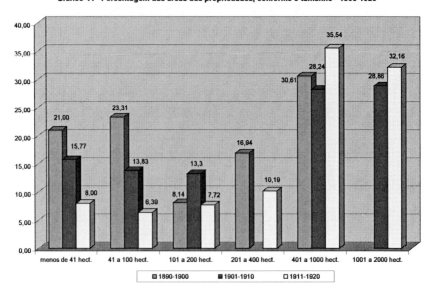

Gráfico 44 - Porcentagem das áreas das propriedades, conforme o tamanho - 1890-1920

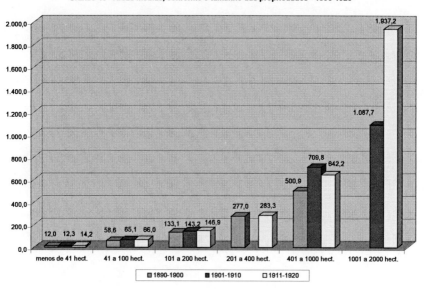

Gráfico 45 - Áreas médias, conforme o tamanho das propriedades - 1890-1920

CRESCIMENTO E ACUMULAÇÃO

Composição da riqueza

A ocupação do território, onde se localiza o município de Franca, decorreu da ampliação da economia mercantil desenvolvida em Minas Gerais e São Paulo, desde as décadas iniciais do século XIX. Os fazendeiros do Nordeste paulista, instalados ao norte do rio Sapucaí, criavam e vendiam gado bovino para os boiadeiros mineiros. Os lavradores atendiam a demanda de alimentos, das regiões paulistas, produtoras de cana-de-açúcar e de café. A acumulação da riqueza[1] em Franca, nesse contexto,[2] ocorreu em larga medida, pela ocupação e uso da terra com objetivo mercantil.[3]

Entre 1890 e 1920, com o avanço da cafeicultura, há claro indicativo do crescimento dessa estrutura produtiva. A maior parte da riqueza permaneceu no campo

---

[1] O conceito de 'riqueza' adotado foi o seguinte: "a totalidade dos haveres ou bens, possuídos pela família, tais como objetos, móveis, jóias, utensílios e implementos (...), animais com valor de troca, propriedades rurais e urbanas, títulos de crédito, não se incluindo, portanto, alimentos, bebidas, salários, que significam rendimentos." CANABRAVA, Alice Piffer. "Uma economia de decadência: os níveis de riqueza na Capitania de São Paulo, 1765/67". *Revista Brasileira de História*. Rio de Janeiro, v. 26, n. 4, out./dez., 1972, p. 105.

[2] A diversificação das atividades econômicas foi a característica durante a construção das bases produtivas do município de Franca (século XIX) – pecuária e derivados, comércio do sal, agricultura de abastecimento interno, engenhos de açúcar e aguardente, tecelagem, garimpo, atividades artesanais e plantações de café. Lelio Luiz de Oliveira. A construção da riqueza. In: COELHO, Hercídia Maria Facuri (coord.). *Histórias de Franca*. Franca: Unesp-FHDSS: Amazonas Prod. Calçados S/A, 1997. (História Local, 4), p. 47-71.

[3] OLIVEIRA, Lelio Luiz de. *As transformações da riqueza em Franca no século XIX* – Dissertação (mestrado) – FHDSS-Unesp, Franca, 1985.

e a diversificação da produção foi a tônica. Enquanto o comércio dos resultados da produção trazia a riqueza, os bens de raiz[4] guardavam a riqueza. Para proprietários, diante dos reveses do mercado, o imóvel rural era a forma mais sólida de reserva de valor e estabilidade.

A maior parte do patrimônio dos francanos, declarados nos inventários *post-mortem*,[5] entre 1890 e 1920, constituía-se de imóveis,[6] predominando os imóveis rurais, somados às benfeitorias (Tabela 44).

Nos decênios estudados, é inegável o avanço da cafeicultura. As lavouras de café passaram a constituir parte crescente do *monte-mor* dos inventários. Contudo, atingiram, no máximo, a décima parte do total da riqueza, sem abalar o peso da pecuária, como parcela considerável dos patrimônios (em torno de 4%) (Tabelas 57 a 59).

Tabela 44
Imóveis Rurais e Urbanos – Franca – 1890-1920

Imóveis	Valores totais dos imóveis contidos nos inventários (1.000 réis)		Porcentagem %
Rurais	Terras	6.315:639$934	65,18
	Benfeitorias	1.091:390$295	11,26
Total Rural		8.002:298$606	76,44
Urbanos		1.686:658$672	23,56
Totais		9.688:957$278	100,00

Fonte: AHMF – INV.

Quem eram os detentores da riqueza? Qual o perfil dos bens? Em síntese, eram donos de terras, de gado e de cafezais. Senhores que não investiam todo o capital em

---

[4] 92,87% dos 750 inventários *post-mortem* pesquisados, consta imóveis, principalmente rurais.

[5] "as declarações de herança apresentam algumas lacunas, ligadas principalmente às isenções legais e às fraudes na declaração dos bens, mas não parece que a distorção em relação à realidade seja mais grave do que nas pesquisas diretas por questionário junto aos interessados. Sobretudo pode-se acusá-la de privilegiar as pessoas idosas, já que se trata de declarações post-mortem. A deformação é grave se admitirmos uma idéia comumente aceita segundo a qual um indivíduo vê seu patrimônio aumentar até cerca de cinqüenta anos ao passo que em seguida tem início uma diminuição. Porém, esta idéia corresponde à realidade? Nada é menos certo, pelo menos no que diz respeito às cidades, se julgarmos isso pelas inúmeras pesquisas que foram feitas no período de 1815-1914: é mais a viuvez, do que a idade, que está na origem da diminuição da maioria das fortunas individuais, apesar das precauções freqüentemente tomadas pelos esposos para reservar o máximo dos bens da comunhão ao cônjuge sobrevivente (...)." DAUMARD, Adeline. *Hierarquia e riqueza na sociedade burguesa*. São Paulo: Perspectiva, 1985, p. 195.

[6] Esta afirmação demonstra a continuidade da importância do peso dos imóveis na composição da riqueza, pois, na década de 1820 os bens de raiz representavam 33% do valor dos inventários, aumento para 53,4% na década de 1875/85. In: OLIVEIRA, Lelio Luiz de. *As transformações da riqueza em Franca no século XIX* – Dissertação (mestrado) – FHDSS-Unesp, Franca, 1985.

uma única atividade produtiva. Resguardando as tradições e não enveredando pela monocultura, prezando a segurança do patrimônio.

Os proprietários das grandes fazendas eram, ao mesmo tempo, os maiores cafeicultores e os principais criadores de gado. A fortuna, daqueles que concentravam grande parte da riqueza do município (Tabelas 46 e 47), não vinha de uma única atividade. No inventário dos bens de Fernando Vilela de Andrade,[7] cujo valor totalizava 588:282$109, os imóveis constituíam-se de terras e benfeitorias nas fazendas Alegria, Santa Eugênia e Três Irmãs (105:475$000), e uma casa na Rua da Estação (15:000$000). Os imóveis correspondiam a 20,48% do total do processo. A lavoura de café compunha-se de 182.000 pés (199:600$000).[8] O gado, principalmente bovino, somava 355 cabeças (26:705$000). Os carros de boi e carroções contabilizavam 3:900$000. Por fim era dono de 91 ações da Companhia Francana de Eletricidade (15:900$000). Deduz-se que Andrade era, também, beneficiador e comerciante de grãos: tinha máquinas de beneficiar café e arroz (24:500$000) e estocava 9.000 arrobas de café (27:000$000). Tinha dívida ativa (a receber) no valor de 152:502$109 (25,92% do inventário). O valor total do inventário de Andrade correspondia a 3,86% daqueles em tramitação, entre os anos de 1890 e 1920. O inventariado era, ao mesmo tempo, um dos maiores produtores de café e criador de gado do município.

Os produtores realizavam investimentos de forma conjunta e interligada, no segmento de exportação (leia-se café), no de abastecimento interno e nas atividades urbanas.[9] Nos inventários *post-mortem*, a combinação mais frequente de bens era de *imóveis e animais* (21,26%), seguida pela combinação de *imóveis, animais e café* (12,03%). O item *estoques* (café, arroz, feijão e milho) sempre combinava com *imóveis e animais*.

A ampliação das bases econômicas, através dos investimentos realizados, ao mesmo tempo, nas atividades tradicionais e no café, mantinha a diferencia-

---

7 AHMF – INV – Inventariado: Fernando Vilela de Andrade. Inventariante: José Esteves de Andrade. Procs. n. 3 e 168. 1. Ofício, 1913.

8 A lavoura de maior valor do município, registrada nos inventários de 1890-1920.

9 BAPTISTA, Antônio José; FONSECA, Paulo Delfino da (orgs.). *Almanak da Província de São Paulo para 1873*. São Paulo: Imprensa Oficial, 1985 (Edição facsimilar). LISBOA, José Maria. *Almanach litterario de São Paulo para 1879*. São Paulo: Museu Paulista, s/d (Edição facsimilar). FRANCO, M. (org.). *Almanack da Franca para 1902*. São Paulo: Duprat, 1902. PALMA, Vital. (org.). *Almanach de Franca (1912)*. São Paulo: Salesianas, 1912. FREITAS, Myrtes Palermo C. de. *A diversificação das atividades econômicas no município de Franca (1900-1930)* – Dissertação (mestrado) – FFLCH-USP, São Paulo, 1979.

ção nos níveis de riqueza,[10] entre os proprietários francanos. O crescimento da cafeicultura não alterou, consideravelmente, a distribuição da riqueza (Tabelas 45 a 51).

Tabela 45
Índice de Gini – Todos os bens dos inventários.

Períodos	Índice de Gini
1890-1900	0,745571
1901-1910	0,684741
1911-1920	0,784433
1890-1920	0,733508

Fonte: AHMF – INV.

Arranjando os valores dos inventários por faixas (Tabelas 46 e 47), a concentração da riqueza assim se revela: poucos (10%) eram aqueles com bens acima dos 50:000$000; havia o seleto grupo (menos de 5%) dos detentores de somas acima de 100:000$000; nota-se um grupo significativo com bens entre 10:000$000 e 20:000$000; a maioria tinha um patrimônio de até 3:000$000; mais de 35% dos proprietários possuía bens avaliados entre 1:000$000 e 5:000$000; em média 14% tinha até 1:000$000; enfim, nas três décadas, mais de 90% dos proprietários tinham até 50:000$000.

Tabela 46
Distribuição da riqueza (I) – Franca – 1890-1920

Períodos	1890-1900	1901-1910	1911-1920	1890-1920
Valores em mil réis	%	%	%	%
Até 1:000$000	10,23	18,75	14,99	14,84
De 1:000$001 a 5:000$000	35,80	37,50	39,78	38,23
De 5:000$001 a 10:000$000	18,19	18,75	13,35	16,05
De 10:000$001 a 50:000$000	25,57	20,84	22,34	22,72
De 50:000$001 a 100:000$000	5,11	2,08	3,27	3,40
De 100:000$001 a 500:000$000	3,98	2,08	6,27	4,63
Acima de 500:000$000	1,12	-	-	0,26
Total	100,00	100,00	100,00	100,00

Fonte: AHMF – INV.

---

10 "Entre 1820 e 1830, a soma dos bens de cada proprietário, na sua grande maioria – 86,9% – não ultrapassava 4:000$000, sendo que dentre estes 35% não chegavam a ter 1:000$000. No período 1875/85 mais da metade dos proprietários – 64,5% – tiveram seus bens avaliados entre 1:000$000 e 5:000$000. 9,2% deles possuíam bens entre 5:000$000 a 10:000$000. As maiores fortunas ultrapassavam os 10:000$000." In: OLIVEIRA, Lelio Luiz de. *As transformações da riqueza em Franca no século XIX* – Dissertação (mestrado) – FHDSS-Unesp, Franca, 1985.

Tabela 47
Distribuição da riqueza (II) – Franca – 1890-1920 (dados desagregados)

Períodos	1890-1900	1901-1910	1911-1920	1890-1920
Valores em mil réis	%	%	%	%
Até 1:000$000	10,23	18,75	14,99	14,84
De 1:000$001 a 2:000$000	13,07	11,98	18,53	15,51
De 2:000$001 a 3:000$000	10,08	15,11	9,54	9,81
De 3:000$001 a 4:000$000	7,39	6,77	4,90	6,39
De 4:000$001 a 5:000$000	4,00	3,65	6,81	6,54
De 5:000$001 a 6:000$000	4,00	7,81	3,54	4,77
De 6:000$001 a 7:000$000	2,80	2,61	3,00	2,85
De 7:000$001 a 8:000$000	4,00	2,61	2,72	2,99
De 8:000$001 a 9:000$000	4,55	2,08	2,45	2,85
De 9:000$001 a 10:000$000	3,41	3,65	1,63	2,58
De 10:000$001 a 20:000$000	13,07	9,90	13,62	12,51
De 20:000$001 a 30:000$000	7,95	8,32	4,63	6,39
De 30:000$001 a 40:000$001	3,41	1,56	2,18	2,31
De 40:000$001 a 50:000$000	1,14	1,04	1,91	1,50
De 50:000$001 a 60:000$000	2,27	1,04	0,28	0,96
De 60:000$001 a 70:000$000	1,14	0,52	0,54	0,68
De 70:000$001 a 80:000$000	0,56	0,52	1,36	0,96
De 90:000$001 a 90:000$000	0,56	0,00	0,82	0,54
De 90:000$001 a 100:000$000	0,56	0,00	0,28	0,27
De 100:000$001 a 200:000$000	2,27	2,08	3,00	2,58
De 200:000$001 a 300:000$000	1,14	0,00	1,08	0,81
De 300:000$001 a 400:000$000	0,00	0,00	1,91	0,96
De 400:000$001 a 500:000$000	0,56	0,00	0,28	0,27
De 500:000$001 a 600:000$000	0,00	0,00	0,00	0,00
De 600:000$001 a 700:000$000	0,00	0,00	0,00	0,00
De 700:000$001 a 800:000$000	0,56	0,00	0,00	0,13
De 800:000$001 a 900:000$000				
De 900:000$001 a 1.000:000$000	0,56	0,00	0,00	0,13
TOTAL	100,00	100,00	100,00	100,00

Fonte: AHMF – INV.

Tabela 48
Distribuição da riqueza (III) – Franca – 1890-1920

Nº de processos	% de proprietários	% da riqueza	Fração
29	3,94%	50,36%	½
60	8,10%	65,92%	2/3
675	87,96%	34,08%	1/3

Fonte: AHMF – INV.

Tabela 49
Distribuição da riqueza (IV) – Franca – 1890-1900

Nº de processos	% de proprietários	% da riqueza	Fração
06	3,40%	50,98%	½
15	8,52%	66,38%	2/3
161	91,48%	33,62%	1/3

Fonte: AHMF – INV.

Tabela 50
Distribuição da riqueza (V) - Franca - 1901-1910

Nº de processos	% de proprietários	% da riqueza	Fração
16	8,24%	50,97%	½
27	13,91%	65,29	2/3
167	86,09%	34,71	1/3

Fonte: AHMF – INV.

Tabela 51
Distribuição da riqueza (VI) - Franca - 1911-1920

Nº de processos	% de proprietários	% da riqueza	Fração
16	4,40%	51,38%	½
27	7,43%	65,27%	2/3
336	92,57%	34,73%	1/3

Fonte: AHMF – INV.

Ana Ludovina de Assumpção,[11] que simboliza os maiores produtores do primeiro período (1890-1900), era dona de *terras de cultura e campos na fazenda dos Christaes* (155:089$000), criava 210 animais (14:759$000) e cultivava 9.700 pés de café (19:000$000)[12] (Tabela 52).

Para o segundo período (1900-1910), destaca-se o inventário de Joaquim Garcia Lopes da Silva,[13] instaurado em 1910, nos esclarece, mais uma vez, a diversidade da estrutura produtiva das propriedades. Possuidor de 759 alqueires de terra e benfeitorias nas fazendas Santa Adélia, Buritys e Jaguarão (104:265$000), mantinha 258 animais (37:615$000), com destaque para 152 suínos. Cultivava 193.000 pés de café, avaliados em 135:100$000 (Tabela 53).

No terceiro período (1911-1920), é representativo o inventário de Domiciano José da Silva,[14] que também guardava o modelo produtivo. Proprietário de vasta extensão de terras (1.964 alqueires – 134:680$000), era negociante de gado de corte, de criar e bois de carro (940 cabeças / 43:160$000). O cafezal em processo de expansão compunha-se de 197.000 pés (106:000$000) (Tabela 54).

---

11 AHMF – INV – Inventariado: Ana Ludovina de Assumpção. Inventariante: João Diogo Garcia Martins. Proc. 68. 1. Ofício, 1897.

12 O valor total do inventário de Ana Ludovina de Assumpção era de 191:117$500, incluindo as benfeitorias na fazenda (55:089$000) e os objetos pessoais (1:614$000).

13 AHMF – INV – Inventariado: Joaquim Garcia Lopes da Silva. Inventariante: Clarencida Garcia Lopes. Proc. 466. 1. Ofício, 1910.

14 AHMF – INV – Inventariado: Domiciano José da Silva. Inventariante: Maria Hipólita Nogueira. Proc. 890. 2. Ofício, 1916.

Tabela 52
Relação de bens do inventário de Ana Ludovina de Assumpção – 1897

Itens	Descrição	Valor
Bens Imóveis e Benfeitorias		
Imóveis rurais	Terras e cultura e campos na Fazenda dos Christaes	100:000$000
Benfeitorias	5 casas na fazenda	55.089$000
	Subtotal	155:089$000
Lavouras de café		
	9.700 pés de café	19:000$000
	Subtotal	19:000$000
Animais		
Suínos	25 porcos	890$000
Bovinos	77 vacas	4:550$000
	70 novilhas	2:700$000
	13 bezerros	325$000
	20 bois de carro	2:800$000
Equinos	2 cavalos	230$000
	2 poltros	210$000
Muar	1 burro	654$000
	1 besta	400$000
	Subtotal	12:759$000
Bens Móveis		
	1 carro de bois velhos	250$000
	1 carro de bois pequeno	400$000
	1 carretão	150$000
	1 carro ferrado	600$000
	2 mesas de jantar, 1 panela de ferro, 12 cadeiras, 6 camas, 3 caixas grandes e 1 tacho de cobre	214$000
	Subtotal	1:614$000
Dívidas		
Ativas (+)	Empréstimos	655$500
Passivas (-)		-
	Subtotal	655$000
	TOTAL DO INVENTÁRIO	189:117$500

Fonte: AHMF – INV.

Tabela 53
Relação de bens do Inventário de Joaquim Garcia Lopes da Silva – 1910

Itens	Descrição	Valor
Bens Imóveis e Benfeitorias		
Imóveis rurais	759 alqueires de terra nas Fazendas Santa Adélia, Buritys e Jaguarão	56:565$000
	Subtotal	56:565$000
Benfeitorias	01 casa principal da fazenda, com curral, jardim e Terreiro de café	4:000$000
	01 de morada com benfeitorias na Fazenda BurityS	3:000$000
	01 casa sede na Fazenda Jaguarão	5:000$000
	20 casas de colonos	10:000$000
	2 monjolos	200$000
	1 moinho de fubá	500$000
	1 rancho para porcos	1:300$000
	2 paióis	3:000$000
	1 rancho para carro de boi	200$000

	1 máquina de beneficiar arroz	15:000$000
	1 cocheira com dependências	1:000$000
	1 paiól para chiqueiro	2:500$000
	1 tulha para café	2:000$000
	Subtotal	47:700$000
Imóveis urbanos	6 casas na cidade, sendo 1 na rua Tibiriçá	9:900$000
	Subtotal	9:900$000
Lavouras de café		
	19.000 pés de café com 2 anos	3:800$000
	79.000 pés de café com terreno	45:800$000
	95.000 pés de café na Fazenda Santa Amélia	85:500$000
	Subtotal	135:100$000
Animais		
Suínos	152 suínos	2:175$000
Bovinos	59 vacas	3:335$000
	2 touros	1:400$000
	39 garrotes	5:780$000
	55 novilhas	5:920$000
	96 bezerros	5.280$000
	20 bezerras	1:315$000
	68 bois de carro	6:120$000
	15 bois velhos	1:050$000
Equinos	6 cavalos	500$000
	4 potros	200$000
	9 éguas	390$000
Muar	28 burros	3:680$000
	1 jumento	350$000
	4 bestas	120$000
	Subtotal	37:615$000
Bens Móveis		
	4 carros de boi	500$000
	4 carroças	360$000
	2 carrocinhas	50$000
	1 mesa para carro puxado a boi	100$000
	1 troly	500$000
	7 carpideiras	100$000
	1 seifadeira	800$000
	1 carratelha	160$000
	8 arados	710$000
	6 semeadeiras e cultivadores	220$000
	Subtotal	3:500$000
Estoques		
Grãos	12.000 arrobas de café pendentes da safra	60:000$000
	4.000 arrobas de café	20:000$000
	70 carros de milho	1:950$000
	500 sacos de arroz em casca	5:500$000
	100 sacos de feijão	200$000
Outros	250 kg de ferro em barra	200$000
	143 kg de aço em barra	125$000
	Subtotal	87:975$000
Dívidas		
Ativas (+)		30:555$210
Passivas (-)		272:053$000
	Subtotal	-241:497$790
	TOTAL DO INVENTÁRIO	136:857$210

Fonte: AHMF – INV.

Tabela 54
Relação de bens do Inventário de Domiciano José da Silva – 1916

Itens	Descrição	Valor
Bens Imóveis e Benfeitorias		
Imóveis rurais	80 alqueires de terra de primeira sorte	36:000$000
	20 alqueires de terra na Fazenda Sapucahy	4:000$000
	70 alqueires de terra de cultura	8:400$000
	210 alqueires de Terra de terceira sorte	16:800$000
	900 alqueires de Terra	18:000$000
	300 alqueires de Terra de cerrado	9:000$000
	294 alqueires de Terra de Segunda sorte	35:280$000
	90 alqueires de terra de segunda sorte	7:200$000
	Subtotal	134:680$000
Benfeitorias		
	1 casa para retiro	800$000
	11 casas de colonos	1:840$000
	Subtotal	2:640$000
Lavouras de café		
	41.000 pés de café de 2 anos com terreno	16:800$000
	40.000 pés de café formados	32:000$000
	66.000 pés de café com menos de 1 ano	17:200$000
	50.000 pés de café formado em bom estado	40:000$000
	Subtotal	106:000$000
Animais		
Bovinos	250 vacas criadeiras	12:000$000
	440 garrotes de 2 a 3 anos	17:600$000
	190 bezerros	3:040$000
	60 bois de carro	4:800$000
Equinos	4 poltros em amansamento	320$000
Muar	45 burros	5:400$000
	Subtotal	43:160$000
Bens Móveis	4 carros de bois	640$000
	7 carroças velhas	1:120$000
	2 troly's velhos	320$000
	Subtotal	2:080$000
Dinheiro	Conta no Banco Francês Italiano	451$000
	Conta no Banco Comércio e Indústria (Ribeirão Preto)	8:856$400
	Subtotal	9:307$400
Estoques		
Grãos	Frutos pendentes nos cafezais	16:800$000
	Subtotal	16:800$000
Dívidas		
Ativas (+)		-
Passivas (-)	Empréstimo	-22:000$000
	Subtotal	22:000$000
	TOTAL DO INVENTÁRIO	292:667$400

Fonte: AHMF – INV.

Nem todos os proprietários que possuíam terras suficientes eram produtores de café para o mercado. José Heitor de Paula,[15] inventariado em 1893, tinha somente 30 pés de café, avaliados em 15$000 (0,09% do total dos bens), destinados somente para o abastecimento familiar. Possuía *20 alqueires de terra de cultura e 145 alqueires de campo na Fazenda Boa Vista*, onde criava alguns animais (15 bovinos e 2 equinos). Plantava roças conforme as descrições do item *estoques* do inventário: *1 e ½ carro de milho no paiol (125$000), roça com plantação de milho e arroz (100$000) e um pequeno quartil de plantação de mandioca (50$000)*.

Outro exemplo esclarecedor, confirma que a cafeicultura não fincou raízes de forma homogênea no município, é o inventário (de porte médio – 43:430$000) de Heitor Francisco de Barcellos,[16] no qual não consta lavouras de café. Seus bens de raiz, *parte em terras de cultura e um sítio, com uma casa pequena*, foram avaliados em 17:536$000 (91,43% do total dos bens). Na mesma propriedade as *benfeitorias* foram descritas como *um monjolo e um moinho para milho*, com valor de 405$000 (2,11%). Bacellos era, também, criador de animais de várias espécies: *um burro, uma vaca, dois bois, dois novilhos, dezessete carneiros e 5 porcos* (480$000 – 2,5%). Por fim, *os objetos pessoais*, representavam 3,95% do total (758$000). Entre estes o que tinha maior valor era *um carro de bois* (200$000) e *uma máquina de costura* (100$000). Os demais objetos podem ser resumidos em *bancos, banquetas, marquesas, tear, tachos de cobre, mesas, caçarolas, caldeirão e catres*.

Os inventários de menor valor seguiam o padrão: terra, gado e café. Os recursos estatísticos indicam os inventários representativos[17] (Tabela 55). A *média*[18] dos valores dos inventários obtida em todo o período – 1890-1920 – foi de 20:673$000. Este valor foi variável no decorrer das décadas estudas. Na primeira década – 1890-

---

15 AHMF – INV – Inventariado: José Heitor de Paula. Inventariante: Maria Justina da Silveira. Proc. 586. 2. Ofício, 1893.

16 AHMF – INV – Inventarido: Heitor Francisco de Barcellos. Inventariante: José Barcellos Ferreira. Proc. 417 – 2. Ofício, 1914.

17 "El muestro supone una selección de casos a partir de los datos. Lo que se quiere lograr es la reducción del número de datos que hay que manipular, sin reducir demasiado la precisión de los resultados que se derivan de ellos. El objetivo es, por tanto, que la conclusión a que lleguemos basándonos en una selección de casos há de ser la misma que la que alcanzaríamos si hubiésemos podido examinar todos los casos. (…) lo que pretendemos es que la muestra nos proporcione una buena estimación del resultado verdadero." FLOUD, Roderick. *Métodos cuantitativos para historiadores*. Versión española de Jaime García-Lombardero y Viñas. Madrid: Aliança Editorial, 1983, p. 191.

18 "Un método que nos permitirá calcular un número que represente o resuma un conjunto de cifras es el de la media aritmética. (…) La media aritmética se calcula com mucha facilidad sumando los números de una série y dividindo el resultado por el número de casos. (…) Normalmente conviene calcular la media de ciertos datos partiendo, no de los datos primarios, sino de los que han sido reorganizados en una distribución de frecuencias." FLOUD, Roderick. *Op. cit.*, p. 86.

1900 – era de 24:360$167, recuando sensivelmente no período intermediário – 1901-1910 – para 11:167$255, passando a ser de 23:903$701 no decênio 1911-1920. Na década inicial e final os valores ficaram próximos à média geral.

Os bens do inventário de José Agostinho de Freitas,[19] de 1904, enquadram-se no perfil dos valores médios:[20] 20:723$000. Os *bens imóveis* eram *uma parte de terras na Fazenda Bom Retiro (10:000$000) e um terreno de dois alqueires (200$000)*, além de *3 casas de morada (6:700$000)*. Estes bens representavam 81,55% do total. O inventariado era possuidor de *5.000 pés de café* (2:000$000 – 9,65%). Além dos imóveis tinha, também, 28 cabeças de gado, que somadas valiam 1:245$000 (6,00%). O item de menor valor era dos *objetos pessoais*, que foram anotados no preço de 578$000 (2,78%).

Pela *mediana*[21] as variações dos valores foram menores se compararmos com a *média*, já apresentada. A *mediana* para todo o período ficou em 4:467$500, portanto, semelhante aos valores dos decênios.

Um inventário, com valor próximo ao acima citado, é o de Izoldina Carolina de Jesus,[22] de 1916, onde consta *uma gleba de terras (3:000$000) e uma casa de morada com benfeitorias (1:500$000)*, no valor total de 4:500$000.

Os valores que mais predominaram nos inventários – *valor moda*[23] – foi crescente. No primeiro período – 1890-1900 – era de 400$000, subindo para 1:000$000 na década seguinte – 1901-1910, atingindo 1:500$000 no período final – 1911-1920. No entanto o valor que predominou nas três décadas foi 2:000$000.[24] Um inventariado que se enquadra neste valor é o de Bernardo Thomaz Villela,[25] dono de um imóvel rural com *2,5 alqueires de terra (1:600$000) e uma casa de morada (400$000)*.[26]

---

19 AHMF – INV – Inventariado: José Agostinho de Freitas. Inventariante: Maria Joaquina de Paiva. Proc. 705. 2º Ofício, 1904.

20 O inventário citado corresponde a valores semelhantes a outros 6,39% dos processos pesquisados.

21 "(...) la 'mediana' puede calcularse con datos ordinales o con intervalos. (...) es aquele valor de la variable que divide una relación ordenada de casos en dos grupos de tal forma que hay tantos casos con valores inferiores a la mediana como con valores superiores. Todo lo que es necesario hacer para calcular la mediana es ordenar los casos de acuerdo con el valor que toman en una cierta variable; la mediana será, entonces, el valor central de la serie." FLOUD, Roderick. *Op. cit.*, p. 95.

22 AHMF – INV – Inventariada: Izoldina Carolina de Jesus. Inventariante: Ezequiel Ferreira de Andrade. Proc. 896, 2º Ofício, 1916.

23 "La 'moda' es simplemente aquel valor que aparece con más frecuencia." Roderick Floud. *Op. cit.*, p. 95.

24 É preciso esclarecer que havia somente 2,03% (15) de processos com este valor.

25 AHMF – INV – Inventariado: Bernardo Thomaz Villela. Inventariante: Maria Luiz de Araújo. Proc. 28. 1º Ofício, 1920.

26 A mediana e a moda ficaram muito abaixo dos valores médios, o que evidencia, mais uma vez, a presença de poucos proprietários detentores de grande parte da riqueza.

Tabela 55
Valores dos Inventários

	1890-1900	1901-1910	1911-1920	1890-1920
Valor total	4.287:389$374	2.155:280$212	8.772:658$299	15.215:327$884
Maior valor	924:937$878	170:678$000	426:550$000	924:937$878*
Menor valor	17$000	32$000	70$000	17$000
Média	24:360$167	11:167$255	23:903$701	20:673$000
Mediana	5.925$750	3:700$000	4.400$000	4:467$500
Moda	400$000	1:000$000	1:500$000	2:000$000
Desv. Padrão	74:934$614	21:787$116	62:210$308	58:483$383

Fonte: AHMF –INV.
* AHMF – INV. – Inventários de Álvaro de Lima Guimarães. Procs. 324 – 1. Ofício e 25 – 2. Ofício, 1900.

De forma geral, ao considerarmos todos os valores constantes nos inventários *post-mortem*, no período estudado – 1890-1920 – constata-se, como dito anteriormente, que, a maior parte (9.688:957$278), referia-se aos *imóveis* (rurais e urbanos). Deste total, a grande maioria 76,44% (8.002:298$606), era referente a *imóveis rurais* (incluídas as *benfeitorias*), e o restante aos imóveis urbanos (1.686:658$672 – 23,56%). A segunda maior fatia devia-se às *lavouras de café*, cujos valores somados atingiam 9,38% do todo (1.631:349$237). Valor este pouco inferior aos *imóveis urbanos*. Os *animais*, de toda espécie, criados nas propriedades rurais contribuíam com 3,69% dos bens dos inventariados (642:001$000). Os *estoques*, principalmente de cereais, participavam com 0,87% do total quantificado (151:044$728). Os *objetos pessoais* equivaliam a 1,63% (282:079$502) do valor de todos os bens. Era considerável a porcentagem correspondente ao *dinheiro* (moeda circulante), que chegava a ser de 1.332:453$368 (7,67% da riqueza). As *dívidas ativas e passivas* eram equivalentes. A primeira (*a receber*) somava 2.082:711$148 (11,97%), enquanto que a segunda (*a pagar*) eram de 2.178:519$565 (12,52)%. A diferença entre ambas em valores monetários era de 95:808$417, a favor das *dívidas passivas* (Tabela 56 e Gráfico 46).

Tabela 56
Composição da riqueza – Franca – 1890-1920

Itens dos Inventários	Valores	Porcentagens
Imóveis	8.002:298$606	46,00
Lavouras de café	1.631:349$237	9,38
Benfeitorias	1.091:390$295	6,27
Animais	642:001$000	3,69
Estoques	151:044$728	0,87
Objetos Pessoais	282:079$502	1,63
Dinheiro	1.332:453$368	7,67
Dívidas Ativas	2.082:711$148	11,97
Dívidas Passivas (-)	2.178:519$565	12,52
Total Líquido	15.215:327$884	100,00

Fonte: AHMF – INV.

Tabela 57
Composição da riqueza – Franca – 1890-1900

Itens dos Inventários	Valores	Porcentagens
Imóveis	1.962:516$465	42,61
Lavouras de café	226:852$400	4,93
Benfeitorias	143:688$776	3,12
Animais	153:969$000	3,34
Estoques	22:162$051	0,48
Objetos Pessoais	112:582$072	2,45
Dinheiro	811:516$810	17,62
Dívidas Ativas	854:101$799	18,54
Dívidas Passivas (-)	318$229$630	6,91
Total Líquido	4.287:389$374	100,00

Fonte: AHMF – INV.

Tabela 58
Composição da riqueza – Franca – 1901-1910

Itens dos Inventários	Valores	Porcentagens
Imóveis	1.241:157$000	51,36
Lavouras de café	225:747$237	9,34
Benfeitorias	131:857$790	5,46
Animais	132:857$000	5,50
Estoques	88:652$034	3,67
Objetos Pessoais	74:995$853	3,11
Dinheiro	58:593$940	2,42
Dívidas Ativas	201:419$358	8,33
Dívidas Passivas (-)	261:603$012	10,83
Total Líquido	2.155:280$212	100,00

Fonte: AHMF – INV.

Tabela 59
Composição da riqueza – Franca – 1911-1920

Itens dos Inventários	Valores	Porcentagens
Imóveis	4.798:625$141	46,27
Lavouras de café	1.178:749$600	11,37
Benfeitorias	815:843$729	7,87
Animais	355:175$000	3,43
Estoques	40:230$643	0,38
Objetos Pessoais	94:501$577	0,91
Dinheiro	462:342$619	4,46
Dívidas Ativas	1.027:189$990	9,90
Dívidas Passivas (-)	1.598:686$923	15,41
Total Líquido	8.772:658$299	100,00

Fonte: AHMF – INV.

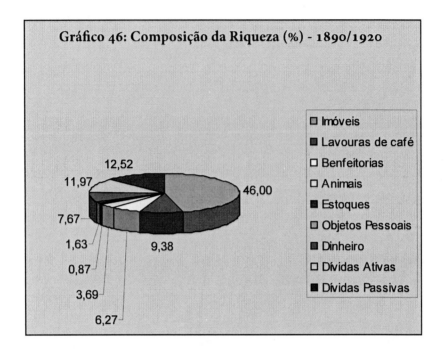

Gráfico 46: Composição da Riqueza (%) - 1890/1920

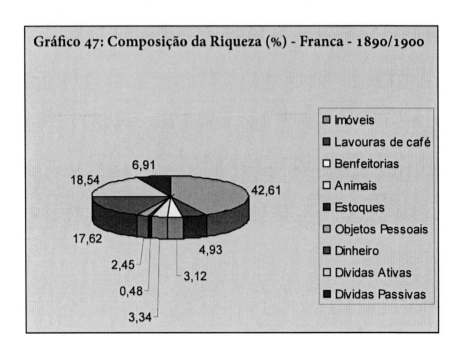

Gráfico 47: Composição da Riqueza (%) - Franca - 1890/1900

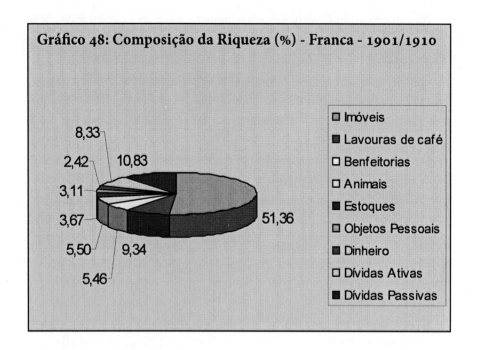

Gráfico 48: Composição da Riqueza (%) - Franca - 1901/1910

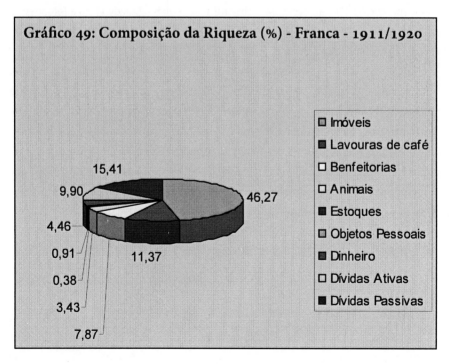

Gráfico 49: Composição da Riqueza (%) - Franca - 1911/1920

De outra forma pode-se observar a composição da riqueza destacando o peso de cada item dos inventários, realizando a divisão por decênios (Tabelas 57 a 59 e Gráficos 47 a 49).

Os *imóveis* sempre tiveram o maior valor entre os bens. Na primeira década – 1890-1900 – representavam 42,61% de todos os bens. Na década seguinte – 1901-1910 – esse percentual atingiu 51,36%, recuando no último período – 1911-1920 – para 46,27% do total.

O menor valor anotado referente à soma dos imóveis de cada inventário foi de 17$000, vinculado a t*erras de cultura na fazenda Pitangueiras*.[27] Em contrapartida, o maior valor de 308:000$000, que correspondia a pelo menos três propriedades rurais, situadas nas fazendas Campo Alegre, Boa Sorte e Palmeiras, todas pertencentes a Maria Rita da Costa.[28] Uma das partes localizada nesta última fazenda foi assim discriminada: *todas as terras e invernadas de mato e campo no lugar chamado Roça de Baixo*. Propriedades que representavam 86,76% dos bens da inventariada, que em função da partilha passou a pertencer a Martiniano da Costa e seus irmãos. Os inventariantes passaram a ser donos, também, das benfeitorias constantes nas propriedades [casas moinhos, paióis e currais – 32:000$000 (9,01%)], 100 reses [bovinos – 6:000$000 (1,69%)] e 45 ações da Companhia de Força e Luz de Franca [9:000$000 (2,54%)]. Ressalta-se que a proprietária das terras de maior valor no município de Franca não era produtora de café.

O valor médio dos imóveis nos inventários de 1890-1920 era de 13:273$409, muito semelhante àquele registrado no primeiro período (1890-1900) que era de 13:268$083. O inventário de José Camilo Leite[29] representa este perfil, sendo que a parte de terras que possuía na Fazenda Mamão, com *casa com quintal e benfeitorias,* valia 13:051$000 (83,53% dos bens). O restante dividia-se em 4 mil pés de café (1:300$000 – 8,32%), um engenho (700$000 – 4,48%), *animais* bovinos e equinos (245$000 – 1,57%) e *objetos pessoais* como ferramentas, catres, caixas, oratórios, mesas, tachos e um relógio, que somados valiam 328$000 (2,10%).

Outro processo, em que o valor dos imóveis é próximo aos números médios, é o de Joaquim Rodrigues de Barros,[30] que era possuidor de *uma chácara,*

---

27 AHMF – INV – Inventariado: Antônio José da Silva. Inventariante: Joaquim Antônio Garcia. Proc. 73. 2º Ofício, 1895.

28 AHMF – INV – Inventariado: Maria Rita da Costa. Inventariante: Martiniano F. da Costa. Proc. 261. 2º Ofício, 1914.

29 AHMF – INV – Inventariado: José Camilo Leite. Inventariante: Vicente Baptista Leite. Proc. 183. 1º Ofício, 1899.

30 AHMF – INV – Inventariado: Joaquim Rodrigues de Barros. Inventariante: Jesuína Maria de Jesus.

pasto de capim, um terreno de dois alqueires e um terreno de cultura de campos, onde localizavam *três casas de morada, cobertas de telhas e um paiol.* As terras foram avaliadas em 16:780$000 (62,92% do total). Na época do inventário, havia nas propriedades um mandiocal que foi dado o preço de 500$000 (1,87%). Somados a estes bens havia 15 bois (1:600$000 – 6,00%), *objetos pessoais* avaliados em 1:085$000 (4,07%). Este proprietário, além de criador de animais, era um pequeno cafeicultor, com 5.000 pés de café no valor de 6:700$000, que representava 25,12% dos bens.

O valor predominante dos imóveis nos inventários – *moda* – era de 2:000$000.[31] Este grupo tem como representante o inventário de Francisco Antônio de Oliveira,[32] que tinha terras com este valor, que era 72,72% do total do processo. Além disso possuía sete animais, assim discriminados: quatro bois e quatro cavalos (750$000 – 27,28%).

Tabela 60
Índice de Gini – Imóveis – 1890-1920

Períodos	Índice de Gini
1890-1900	0,671257
1901-1910	0,644324
1911-1920	0,763350
1890-1920	0,692977

Fonte: AHMF – INV.

Tabela 61
Porcentagem de Inventários que constavam imóveis – 1890-1920

Períodos	%
1890-1900	71,02
1901-1910	69,43
1911-1920	70,49
1890-1920	70,31

Fonte: AHMF – INV.

Proc. 625, 2º Ofício, 1897.

31 No entanto, esta predominância é relativa diante da diversidade de valores para os chamados bens de raiz, pois, representa somente 13 imóveis ou 2,15% do total analisado.

32 AHMF – INV – Inventariado: Francisco Antônio de Oliveira. Inventariante: Anna Maria de Jesus. Proc. 633. 2º Ofício, 1897.

Tabela 62
Valores referentes aos Imóveis – 1890-1920

	1890-1900	1901-1910	1911-1920	1890-1920
Menor valor	17$000	100$000	70$000	17$000
Maior valor	155:189$000	62:400$000	308:000$000	308:000$000
Vr. Médio	13:268$083	7:713$239	16:163$830	13:273$409
Vr. Mediano	5:300$000	2:950$000	3:500$000	3:500$000
Vr. Moda	2:000$000	500$000	4:000$000	2:000$000

Fonte: AHMF – INV.

As *benfeitorias* dos imóveis rurais foram ampliadas gradativamente. Nos anos finais do século XIX – 1890-1900 – era 3,12% do total dos bens, passando a ser 5,46% e 7,87% nas décadas seguintes (1901-1910 e 1911-1920). O ocorrido deve-se, em grande medida, à construção das casas de colonos e dos currais, que passaram a ser contabilizados nos inventários. Inocêncio Lopes Valadão tinha uma propriedade rural bem aparelhada com: um curral, uma cocheira coberta, um chiqueiro para engorda, uma casa de despejo, um paiolzinho coberto de telhas, um monjolo em mal estado e um engenho de serra com casa.

As *lavouras de café* tiveram um peso crescente nos patrimônios (Tabelas 63 a 65). Nas décadas estudadas passaram de 4,93% para 11,37% dos valores dos bens catalogados. As maiores lavouras estavam nas maiores fazendas onde, simultaneamente, estavam os maiores plantéis de gado bovino e suíno. Desta forma, a ampliação da cafeicultura e dos negócios, no decorrer do período, não modificou o padrão de distribuição da riqueza, conforme o Índice de Gini explicitado nas Tabelas 60 a 69.

Uma propriedade com poucas unidades de cafeeiros era a de Antônio Lopes de Carvalho.[33] Tinha somente 50 pés plantados (150$000) em *uma pequena parte de terras* (1:000$000), onde havia as *benfeitorias: casa de morada, curral, paiol e monjolo* (700$000).

Cherubim Antunes Cintra[34] tinha uma lavoura, na Fazenda Queiroz, considerada de termos médios: 27.000 pés (35:000$000). Conjugava a produção de café, roças de grãos (15 alqueires plantados) e a criação de animais para corte.

Segundo os inventários, a maior proprietária de cafezais era Emília Oliveira Santos.[35] A lavoura de 361.000 pés (143:750$000), localizava-se na Fazenda

---

[33] AHMF – INV – Inventariado: Antônio Lopes de Carvalho. Inventariante: Petronilha Maria de Jesus. Proc. 722. 2. Ofício, 1906.

[34] AHMF – INV – Inventariado: Cherubim Antunes Cintra. Inventariante: Maria de Deus Cintra. Proc. 66. 1. Ofício, 1918.

[35] AHMF – INV – Inventariado: Emília Oliveira Santos. Inventariante: Virginia Pereira dos Santos. Proc. 431. 1. Ofício, 1917. O valor total deste processo é de 787:399$594.

Capoeira, onde havia todo o aparato necessário à produção (28 casas de colonos, armazém e máquina de beneficiar).

Predominavam as pequenas lavouras, com 1.000 a 10.000 pés. A proprietária Maria Segastes[36] pode representar este grupo. Tinha uma lavoura de 4.000 em um sítio, próximo a cidade, onde também criava alguns animais.

Tabela 63
Índice de Gini para Lavouras de café (valores em 1.000 réis)

Períodos	Índice de Gini
1890-1900	0,964102
1901-1910	0,762959
1911-1920	0,765006
1890-1920	0,830689

Fonte: AHMF – INV.

tabela 64
Índice de Gini para Lavouras de café (números de pés de café)

Períodos	Índice de Gini
1890-1900	0,693490
1901-1910	0,663396
1911-1920	0,771017
1890-1920	0,756431

Fonte: AHMF – INV.

Tabela 65
Valores referentes às Lavouras de café – 1890-1920

	1890-1900	1901-1910	1911-1920	1890-1920
Menor valor	15$000	60$000	80$000	15$000
Maior valor	80:000$000	76:440$000	199:600$000	199:600$000
Vr. Médio	7:735$433	7:344$241	18:137$540	12:633$658
Vr. Mediano	1:100$000	2:000$000	3:750$000	2:000$000
Vr. Moda	200$000	300$000	7:500$000	300$000

Fonte: AHMF – INV.

---

36 AHMF – INV – Inventariado: Maria Segastes. Inventariante: Vicente Veroneze. Proc. 115. 1. Ofício, 1896.

Tabela 66
Número de pés das lavouras de café – 1890-1920

	1890-1900	1901-1910	1911-1920	1890-1920
Menor lavoura	30	50	100	30
Maior lavoura	50.000	75.000	361.000	361.000
Vr. Médio	8.486	13.216	30.538	21.549
Vr. Mediano	2.100	4.000	7.000	5.000
Vr. Moda	4.000	3.000	2.000	4.000

Fonte: AHMF – INV.

Os *animais* representavam 3,12% da riqueza no primeiro (1890-1900), sabendo-se que ampliou a participação na década intermediária (1901-1910), quando atingiu 5,46% do total. O gado criado no município de Franca dividia--se em 83% bovinos, 12% equinos e 5% suínos (Gráfico 50). Na última década – 1911-1920 – o peso relativo dos *animais* passou a ser de 3,43% (Tabelas 56 a 59). Em média, a importância do gado no rol dos inventários permaneceu constante. Estes dados são representativos, pois comprovam a continuidade da pecuária como atividade econômica importante, diante da diversificação das atividades econômicas.

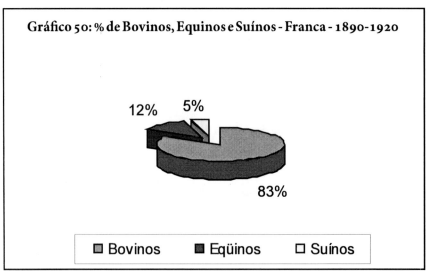

A concentração da riqueza obtida através dos animais era semelhante aos demais itens. O município tinha poucas propriedades com os maiores rebanhos, onde a predominância era de gado de corte (novilhos e garrotes), acompanhado dos bois de carro e de arado, e do gado de criar, ou seja, bois reprodutores, vacas e bezerros, que serviam à reprodução do plantel. Em contrapartida, havia muitas propriedades com algumas cabeças de gado, que serviam à economia da casa, fornecendo o leite, a carne e o adubo para hortaliças.

O maior criador era Domiciano José da Silva, já citado anteriormente. Depois dele vinha Antônio Francisco Tobias,[37] cuja única atividade era a pecuária, ou seja, não plantava café. Criava 496 bovinos. Excluindo 3 vacas paridas e uma solteira, as demais cabeças eram de bois e novilhos de engorda. Além disso tinha os animais de tiro: 11 burros de carga e 1 cavalo. Todos os animais totalizavam 41:851$000.

Joaquim Alves da Fé,[38] que só tinha imóveis rurais, poderia ser considerado um criador de porte médio. Possuía 35 bovinos e 5 equinos. Simultaneamente, cuidava da lavoura de 14.000 pés de café.

Também dentro do padrão médio, situava-se Antônio Flávio de Castro,[39] dono de partes de terras nas Fazendas Macanha e Bom Jardim e de uma casa na cidade localizada na Rua do Carmo. Possuía 51 animais, divididos em 7 equinos e 44 bovinos, estes assim discriminados: 10 vacas, 2 touros, 6 bezerros e 25 bois de corte. Não plantava cafezais.

Os suínos estavam presentes em muitas explorações rurais e mesmo em muitos domicílios urbanos, devido à facilidade com que se alimentavam e ao aproveitamento integral que deles era feito (carne, enchidos, gordura). O maior criador de suínos, encontrado nos inventários, Joaquim Garcia Lopes,[40] tinha 152 unidades. Como já citado anteriormente, Lopes era também um dos maiores criadores de bovinos e dono de uma grande lavoura de café (193.000 pés).

Ezequiel Cláudio Moreira[41] possuía 26 suínos, número acima dos valores médios. Era, também, criador de 52 bovinos e 4 equinos, além de mantenedor de uma lavoura de café de 24.000 pés.

---

37 AHMF – Inventariado: Antônio Francisco Tobias. Inventariante: Maria Magdalena de Jesus. Proc. 797. 2. Ofício, 1909.

38 AHMF – Inventariado: Joaquim Alves da Fé. Inventariante: Maria José de Santana. Proc. 411. 2. Ofício, 1893.

39 AHMF – Inventariado: Antônio Flávio de Castro. Inventariante: Maria do Carmo de Jesus. Proc. 74. 1. Ofício, 1896.

40 AHMF – INV. – Inventariado: Joaquim Garcia Lopes da Silva. Inventariante: Clarencida Garcia Lopes. Proc.466. 2. Ofício, 1911.

41 AHMF – INV. – Inventariado: Ezequiel Cláudio Moreira. Inventariante: Maria das Dores D`Assunção. Proc. 16. 1. Ofício, 1897.

Criador enquadrado nos termos médios, Basílio José da Silva Leão[42] tinha 10 suínos, que criava ao lado de 65 bovinos e 5 equinos. Sua lavoura de café contava-se 15.000 pés.

Da mesma forma que os outros animais criados no município, predominavam os pequenos criadores, frente a alguns grandes. Um representante dos pequenos criadores era Antônio Martins de Barros,[43] que mantinha em seu sítio 5 suínos, 28 bovinos e 3 equinos. Não era produtor de café.

Tabela 67
Índice de Gini para os valores do Gado (bovino, equino e suíno) – 1890-1920

Períodos	Índice de Gini
1890-1900	0,644977
1901-1910	0,716536
1911-1920	0,689380
1890-1920	0,683631

Fonte: AHMF – INV.

Tabela 68
Valores referentes ao Gado (bovino, equino e suíno) – 1890-1920

	1890-1900	1901-1910	1911-1920	1890-1920
Menor valor	45$000	10$000	10$000	10$000
Maior valor	15:965$000	41:851$000	43:160$000	43:160$000
Vr. Médio	7:375$443	7:344$241	18:137$540	12:505$669
Vr. Mediano	1:100$000	2:000$000	3:750$000	2:000$000
Vr. Moda	200$000	300$000	7:500$000	300$000

Fonte: AHMF – INV.

Tabela 69
Bovinos (números) – 1890-1920

	1890-1900	1901-1910	1911-1920	1890-1920
Maior plantel	241	496	890	890
Média	20,36	37,19	56,15	35,67
Mediana	8,00	13,00	17,00	12,00
Moda	4,00	1,00	2,00	2,00
Índice de Gini	0,631885	0,727856	0,720743	0,711435

Fonte: AHMF – INV.

---

42 AHMF – INV. – Inventariado: Anna Constancia da Silveira. Inventariante: Basílio José da Silva Leão. Proc.79. 1. Ofício, 1912.

43 AHMF – INV. – Inventariado: Antônio Martins de Barros. Inventariante: Perceliana Garcia de Macedo. Proc. 91. 1. Ofício, 1906.

Tabela 70
Suínos – 1890-1920

	1890-1900	1901-1910	1911-1920	1890-1920
Maior plantel	152	13	42	152
Média	9,56	4,83	11,90	13,41
Mediana	5,00	3,50	7,50	5,00
Moda	4,00	2,00	5,00	5,00
Índice de Gini	0,480503	0,373563	0,417647	0,628225

Fonte: AHMF – INV.

Os *estoques*, compostos de cereais ou mercadorias de um pequeno comércio (*fundos de negócios*), representavam pouco em relação aos outros bens (1890-1900: 0,48%, 1901-1910: 3,67% e 1911-1920: 0,38%). Eram descritos como: *um carro de milho no paiol*,[44] *30 sacos de arroz em casca* e até *frutos pendentes nos cafezais*.[45]

Os *objetos pessoais*,[46] comparativamente, representavam pouco na composição das fortunas dos proprietários, pois, representavam no máximo 3,11% do valor total entre os anos de 1901-1910 (2,45% – 1890-1900 e 0,91% – 1911-1920). É necessário dizer que esta parte dos bens nem sempre era totalmente inserida nos inventários. Poderia ser partilhada informalmente entre os inventariantes, que muitas das vezes poderiam dar valores sentimentais e não monetários por determinadas peças ou mesmo terem sido prometidas em vida pelo inventariado. Era também comum os casos em que o filho que passasse a cuidar do viúvo ou da viúva, teria direito a casa sede da propriedade rural, incluindo todos os utensílios domésticos.

Quanto ao *dinheiro* em espécie, é duvidosa qualquer afirmação categórica sobre esta parte da riqueza, pois, nem sempre era relacionada na partilha. O dinheiro poderia ser dividido entre os herdeiros, evitando assim passar pelos registros públicos. Parte poderia ser utilizada para o custeio dos funerais, da burocracia da partilha dos bens imóveis de maior valor, ou ainda servia para o pagamento de dívidas miúdas e corriqueiras do falecido, anotadas no comércio local. Contudo, fica claro que no período estudado houve uma ampliação do dinheiro em circulação, sabendo-se que, nos anos de 1890-1900, 17,62% dos valores anotados nos processos de partilha referia-se a dinheiro em espécie. Esta porcentagem recuou nos outros anos, mesmo assim tendo seu peso relativo apreciável (1901-1910: 2,42% e 1911-1920: 4,46%).

---

44 AHMF – Inventariado: Maria Sibiela de Lima. Inventariante: Joaquim Antônio Lopes. Proc. 643. 2. Ofício, 1898.
45 AHMF – Inventariado: Domiciano José da Silva. Inventariante: Maria Hipólita Nogueira. Proc. 890. 2. Ofício, 1916.
46 Ver Capítulo 2.1. Estrutura Material.

No entanto, as evidências sugerem que parte do patrimônio *em dinheiro* já era canalizada para instituições financeiras. Belarmino Lopes Valladão,[47] guardava rendimentos de aluguéis de 12 casas na cidade na Caixa Econômica Federal, que por ocasião de sua morte representava 36% do monte mor (13:000$000).

O item *dívidas* (ativas e passivas) foi recorrente nos inventários do período. A necessidade de crédito por parte dos produtores era atendida, geralmente, por alguns proprietários locais. No entanto, estes proprietários não viviam somente do empréstimo de dinheiro, ou seja, tinham outras atividades rurais e urbanas. Álvaro de Lima Guimarães,[48] o maior credor entre os inventariados, tomava dinheiro na praça e emprestava a outros. Tinha *dívida ativa* de 474:547$664 confiada a juros entre 7 e 10% a.a. Em contrapartida devia (*dívidas passivas*) 72:048$214 a juros entre 2 e 7% a.a. Com o valor emprestado a juros, buscava-se o menor risco. Os empréstimos eram realizados com pessoas do mesmo sobrenome (que julgamos serem parentes próximos), ou ainda, com instituições tradicionais como o Colégio de Lourdes. Álvaro de Lima Guimarães, recebeu herança de Prudenciana Amélia,[49] em 1896, contendo *imóveis rurais, animais e casa de negócio de armarinhos e ferragens*, sendo parte do montante negociado e investido em ações da Companhia Mogiana Estrada de Ferro, apólices da Dívida Pública do Governo Federal, além dos empréstimos a juros.

A maioria dos empréstimos, em dinheiro, não eram de grande monta. Ananias Lopes Valadão[50] emprestava pequenas quantias a várias pessoas (15). Os empréstimos totalizavam 293$200 e variavam entre 1$500 a 104$000, resultando na média de 19$500. Era um pequeno comerciante de secos e molhados, cujo patrimônio líquido era de 1:912$140.

José Antônio de Lima[51] dividia seus empréstimos em dinheiro entre 17 devedores, totalizando 11:730$717, cuja média resultava em 690$042. Por outro lado também tomava empréstimos a juros (4:003$853), através de várias pessoas, arrecadando em média 266$923 por investidor. Além de *capitalista* de pequeno porte, seus

---

47   AHMF – INV – Inventariado: Belarmino Lopes Valladão. Inventariante: Brazelina Lopes de Oliveira. Proc. 784. 2. Ofício, 1908.
48   AHMF – INV – Inventariado: Álvaro de Lima Guimarães. Inventariante: Ponciana Porcina de Lima. Proc. 25. 2. Ofício, 1900. Proc. 325, 1. Ofício, 1900.
49   AHMF – INV – Inventariado: Prudenciana Amélia. Inventariante: Álvaro de Lima Guimarães. Proc. 317. 1. Ofício, 1896.
50   AHMF – INV – Inventariado: Ananias Lopes Valadão. Inventariante: Ana Francisca Alves. Proc. 22. 2. Ofício, 1893.
51   AHMF – INV – Inventariado: José Antônio de Lima. Inventariante: Anna Firbina de Lima. Proc. 228. 2. Ofício, 1890. O patrimônio total era de 12:868$817.

bens pessoais indicam que atuava como agrimensor. Possuía *manual e esquadro de agrimensor, transferidor geométrico de cifre, Teoria de desenho por Guido Van Held, mapa mundi em bom estado, volumes de elementos de Geografia e Código Comercial em bom uso.*

Francisco Rosa da Silva, dono de um pedaço de terra e alguns animais, também emprestava dinheiro a juros, dividindo seu pequeno cabedal de 627$040 entre 20 devedores, cabendo 44$551 para cada, em média.

As *dívidas ativas* não se originavam somente através de empréstimos a juros. Como é o caso de Dra. Rita Maria da Conceição[52] que devia *mercadorias compradas* no comércio de Anna Francisca Alves, no valor de 1:500$000. Outro exemplo é de Antônio Nicolella,[53] cujas dívidas contraídas em um armazém local, no valor de 19:653$490, foram citadas em seu inventário.

As dívidas de maior vulto, de modo geral, correspondiam a transações imobiliárias. Américo Maciel de Castro[54] tinha a receber, em 1920, o valor de 310:000$000, referente a venda da Fazenda Santa Amélia (95% do inventário). Mesmo vendendo a fazenda, resguardou um imóvel no patrimônio: *uma casa envidraçada e assoalhada, com instalações, na rua Monsenhor Rosa (15:000$000).*

Por outro lado, os inventários relatam os *tomadores de empréstimos*. A *dívida passiva* de Emília Oliveira Santos[55] comprometia 45% de seus bens, compostos de terras, benfeitorias, gado e cafezais. Era a maior dívida entre os inventariados.

No geral, os *devedores* de *porte médio* eram também *credores*. Quando não eram credores, o patrimônio era superior à dívida. No primeiro caso enquadra-se o exemplo de Cândida Maria de São José,[56] dona de terras e gado na fazenda São Pedro e de casas na cidade à rua Major Claudiano, que contraiu dívidas (*passivas*) no valor de 12:622$500. No entanto, tinha a receber (*dívidas ativas*) 14:612$800. No segundo caso pode-se citar o inventário de Fortunato Grissi,[57] cujo patrimônio somado era de 22:037$386, enquanto que a dívida *(passiva)* foi contabilizada em 11:161$280. Entre

---

52 AHMF – INV – Inventariada: Rita Maria da Conceição. Inventariante: Anna Francisca Alves. Proc. 864. 2. Ofício, 1914.
53 AHMF – INV – Inventariado: Antônio Nicolella. Inventariante: Elisa Nicolela. Proc. 944. 2. Ofício, 1918.
54 AHMF – INV – Inventariada: Clarecinda Garcia Lopes. Inventariante: Américo Maciel de Castro. Proc. 268. 1. Ofício, 1920.
55 AHMF – INV – Inventariada: Emília Oliveira Santos. Inventariante: Virginia Pereira dos Santos. Proc. 431. 1. Ofício, 1917.
56 AHMF – INV – Inventariada: Cândida Maria de São José. Inventariante: Joaquim Diogo Garcia Lopes. Proc. 43. 1. Ofício, 1901.
57 AHMF – INV – Inventariado: Fortunato Grissi. Inventariante: Ilegível. Proc. 1.143. 2. Ofício, 1918.

os pequenos devedores, não há grandes modificações, ou seja, o patrimônio geralmente cobre as dívidas, como é próprio do inventário de Rita Cândida de Jesus,[58] dona de casas e terrenos na rua das Flores, terras e gado na fazenda Canta Gallo, tudo valendo 5:125$000, sendo sua dívida de apenas 100$000.

As dívidas ativas e passivas passaram por um processo de inversão no decorrer do tempo (Gráfico 51). Na primeira década – 1890-1900 – *as dívidas ativas somavam 18,54%* do total da riqueza dos proprietários, caindo para 8,33% no decênio de 1901-1910, e enfim, passou a ser de 9,90% entre os anos de 1911 e 1920. Os valores contabilizados como *valores a pagar* (dívidas passivas) seguiram o caminho inverso. Eram de 6,91% passando a ser de 10,83% e depois de 15,41%.

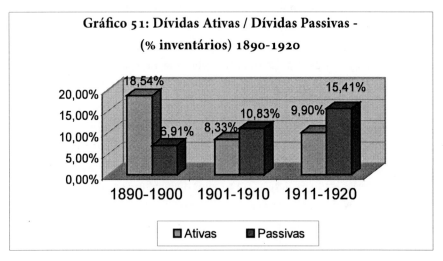

Fonte: AHMF – ESC./INV.

Os emprestadores não colocavam todo o seu dinheiro nas mãos de uma única pessoa, resguardando suas posses. Também, não viviam somente dos juros dos empréstimos. Tinham aluguéis, comércio, propriedades rurais, gado e café. Os maiores credores eram, concomitantemente, os maiores devedores. Negociavam, em parte com dinheiro alheio. Somente parte do patrimônio dos devedores eram empenhados em dívidas, tanto que os créditos (imóveis) superavam as dívidas. As dívidas eram, segundo os inventários, diluídas na sociedade: os endividados não dependiam de um único credor, nem os emprestadores dependiam de poucos devedores.

---

58   AHMF – INV – Inventariada: Rita Cândida de Jesus. Inventariante: José Roza de Souza. Proc.760. 2. Ofício, 1908.

Tabela 71

Dívidas Ativas e Passivas – 1890-1920

Dívidas Ativas		Dívidas Passivas	
Total da dívida	2.282:711$148	Total da dívida	2.179:639$567
Maior dívida	474:547$664	Maior Dívida	360:789$594
Média	21:037$486	Média	14:062$191
Mediana	3:745$000	Mediana	1:572$000
Moda	1:000$000	Moda	1:600$00
Desvio Padrão	55:833$095	Desvio Padrão	44:751$728

Fonte: AHMF – INV.

Incremento e diversificação da população

ANTECEDENTES

Para conhecer o crescimento populacional do município de Franca, no período 1890-1920, é necessário considerar a ocupação do território do Nordeste Paulista, especialmente a região entre os rios Pardo e Grande, bem como as subdivisões ocorridas com a criação das freguesias e das vilas.[59]

A primeira freguesia instituída ao norte de Mojimirim é do ano de 1775, com sede em Caconde. Devido à rápida decadência das minas de ouro daquelas cabeceiras do rio Pardo, em 1805, a sede foi realocada para as margens do *Caminho dos Goiás*, com nome de freguesia de Nossa Senhora da Conceição da Franca, cujo território abrangia toda a área entre os rios Pardo e Grande, até os limites das Gerais e o atual município de Mococa.[60]

Decorrência do crescimento populacional do Sertão do rio Pardo, foi o fracionamento do território, com a criação em 1814, de duas novas freguesias. A primeira, *Casa Branca*, sob a invocação de Nossa Senhora das Dores, e a segunda, *Batatais*, protegida pelo Senhor Bom Jesus da Cana Verde. Contudo, as freguesias criadas continuaram sob a jurisdição do *Termo de Mijimirim (sic)* até 1821.[61]

---

59 "A freguesia era a 'circunscrição eclesiástica que forma a paróquia; sede de uma igreja paroquial, que servia também para a administração civil; (...) designação portuguesa de paróquia.' O vocábulo vila, por sua vez, era usado tanto para designar o que conhecemos hoje como município, quanto a sua sede. O território da vila era chamado Termo, seus limites, notadamente nas fronteiras do povoamento eram imprecisos. O Termo da vila era dividido em freguesias." BRIOSCHI, Lucila Reis. "Fazendas de Criar". In: BACELLAR, Carlos de Almeida Prado; BRIOSCHI, Lucila Reis (orgs). *Na estrada do Anhanguera. Uma visão regional da História paulista*. São Paulo: Humanitas-FFLCH/USP, 1999, p. 77.

60 *Idem*, p. 78.

61 BRIOSHI, Lucila et. al. *Entrantes no Sertão do Rio Pardo: o povoamento da freguesia de Batatais – séculos XVIII e XIX*. São Paulo: CERU, 1991.

Mapa 3
NE paulista – Municípios – 1860

Fonte: BACELLAR & BRIOSCHL. *Na estrada do Anhanguera*, p. 84

Em 1779, no Sertão do Rio Pardo, contavam-se apenas 174 pessoas, distribuídas em 17 pousos. Em 1824, já eram 5.827 habitantes, correspondendo a taxa de crescimento de 961%, superior à da Capitania e depois Província de São Paulo, que atingiu 53%, no mesmo período. A título de comparação, o *Termo de Mojimirim* (sic), entre os anos de 1798 e 1818, apresentou taxa de crescimento de 157% (Tabela 72).

Tabela 72
Evolução demográfica da população da Província de São Paulo, Termo de Mojimirim e Sertão do Rio Pardo (1779-1824)

Anos	São Paulo (a) População	Taxa de crescimento (%)	Mojimirim (b) População	Taxa de crescimento (%)	% da pop. Em relação a São Paulo	Sertão do Rio Pardo População	Taxa de crescimento (%)	% da pop. em relação a São Paulo
1779	-		-			174		
1798	162.345		5.685		3,5	549	215	0,3
1804	184.464	14	7.360	29	4,0	843	53	0,5
1814	211.928	15	11.404	55	5,4	2.832	236	1,3
1818	221.634	5	14.583	28	5,6	4.510	59	2,0
1824	247.904	12	-			5.827	29	2,3

Fonte: (a) MARCÍLIO, M. L. *Crescimento demográfico*, p. 300-1; (b) CHIACHIRI FILHO, J. *Op. cit.* p. 27, nota 4.

O crescimento populacional, verificado na região de Franca, deveu-se às levas de mineiros atraídos pelas condições do solo, clima e boas pastagens parecidos com os lugares de origem.[62] Em 1804, a porcentagem de migrantes oriundos das Gerais era de 24,7%, e em 1824, 75% da população.[63]

Em 1821, com a nova partilha administrativa do Sertão do Rio Pardo, criou-se a *Vila Franca d'El Rey*, logo renomeada para *Vila Franca do Imperador*, emancipando-se do *Termo de Mojimirim*. Em 1828, a referida vila abarcava um território aproximado de 12.000 km².[64]

---

62 Em 1819, na Freguesia da Franca contava-se 2.400 pessoas, incluindo os bairros rurais (Tabela 2), conforme Lista populacional elaborada, em 1819, pelo Vigário da Freguesia da Franca, Pe. Joaquim Martins Rodrigues, a pedido de Carlos Augusto Oeyenhausen, Capitão General e Governador da Capitania de São Paulo, ao passar por Franca, em direção a Goiás. A Lista do Vigário contém 370 fogos, agrupados dentro dos seguintes bairros rurais: Arraial da Franca, Suburbios do Arraial, Pouso Alto, Pouso Alegre, Ribeirão da Pinguela, Bom Jesus, Taguara, Chapadão, Ribeirão, Posse, Olaria, Macaúbas, Fortaleza, Esmeril, Ressaca, Santa Bárbara, Santo Antônio, Salgado, Areias, Monjolinho, Córregos, Capivari, Barra ou Barca e Soledade. AHMF.

63 FILHO, José Chiachiri. *Do Sertão do rio Pardo à Vila Franca do Imperador*. Ribeirão Preto: Riberânea, 1982, p. 131.

64 BRIOSCHI, Lucila Reis. Fazendas de Criar. In: BACELLAR, Carlos de Almeida Prado; BRIOSCHI, Lucila Reis (orgs.) *Na estrada do Anhanguera. Uma visão regional da História paulista*. São Paulo: Humanitas-FFLCH/USP, 1999, p. 77.

Tabela 73
Lista Populacional – Franca – 1819

Arraial da franca e bairros rurais	Nº de fogos	Total de habitantes	Média de habitantes por fogo
Arraial da Franca	23	133	5,7
Subúrbios do Arraial	57	303	5,3
Pouso Alto	04	43	10,0
Pouso Alegre	30	156	5,2
Ribeirão da Pinguela	21	113	5,0
Borda da Mata	22	116	5,3
Bom Jesus	5	24	4,8
Taquara	4	63	15,7
Chapadão	35	292	8,3
Ribeirão	6	75	12,5
Posse	12	104	8,6
Olaria	9	77	8,5
Macaúbas	10	77	8,5
Fortaleza	1	10	10,0
Lagoas	11	65	5,9
Esmeril	1	14	14,0
Ressaca	5	34	6,8
Santa Bárbara	14	77	5,5
Santo Antônio	10	71	7,1
Salgado	5	22	4,4
Areias	4	14	3,5
Lagoas 2	9	85	9,4
Ressaca 2	2	11	5,5
Monjolinho	2	10	5,0
Córregos	4	17	4,2
Capivari	3	22	7,3
Pouso Alto 2	3	11	3,6
Calção de Couro	7	56	8,0
Rio das Pedras	13	78	6,0
Barra ou Barca	1	7	7,0
Soledade	13	58	4,4
Novos Entrantes	23	162	7,0
TOTAL	369	2400	-

Fonte: AHMF – Lista populacional da Freguesia de Franca, elaborada em 1819, pelo vigário Joaquim Martins Rodrigues.

Segundo Daniel Pedro Müller, Franca do Imperador tinha, em 1837, 10.664 habitantes, distribuídos em 885 fogos. Desse total, 67,78% (7.244) eram livres e 32,22% (3.433) escravos. Dentre os livres, 50,92% (3.689) eram homens e 49,08% (3.535) mulheres. Entre os livres, 90,90% tinham até 50 anos e os escravos nesta mesma faixa etária somavam 81,12%. Havia grande porcentagem de crianças entre 0 e 10 anos: 29,73% livres e 25,72% cativos ou 28,24% agregando-se os dois grupos[65] (Tabela 74). Entre 1.824 e 1837 (período de 13 anos), a população francana passou de 5.827 para 10.687, alcançando a *taxa de crescimento* de 83,40% (média de 6,41% ao ano).

---

65 "Conforme os inventários, entre 1822 e 1830, cada proprietário possuía em média 4,8 cativos, sendo que apenas 3,2% das partilhas não constavam o item escravos. Mais da metade dos proprietários (73,4%) possuíam em seus plantéis de um a cinco escravos, e entre estes 13,4% possuíam um só cativo; e essa mesma porcentagem (13,4%) era atribuída a senhores com apenas dois escravos e outros 10% tinham três escravos. A maior porcentagem dos proprietários (20,3%) mantinha plantéis de cinco cativos." OLIVEIRA, Lelio Luiz de. "A posse de escravos em Franca, segundo os inventários (1822-30)". *Estudos de História*. Franca, v. 1, p. 173-186, dez, 1994. p. 180.

Tabela 74
População/Idades – Franca do Imperador – 1837

Idades	Livres Homens N.	%	Mulheres N.	%	Total N.	%	Escravos Homens N.	%	Mulheres N.	%	Totais N.	%	Livres + Escravos Totais N.	%
0 a 10	1.148	31,11	998	28,23	2.146	29,62	436	22,71	430	28,23	866	25,15	3.012	28,18
11 a 20	884	23,98	1.068	30,21	1.952	26,94	400	20,83	344	22,59	744	21,61	2.696	25,23
21 a 30	521	14,12	574	16,23	1.095	15,11	489	25,47	352	23,11	841	24,43	1.936	18,11
31 a 40	416	11,27	397	11,23	833	11,50	294	15,31	198	13,00	492	14,29	1.325	12,40
41 a 50	321	8,70	246	6,96	567	7,83	156	8,13	92	6,04	248	7,20	815	7,63
51 a 60	188	5,10	120	3,40	308	4,25	62	3,23	45	2,96	107	3,11	415	3,88
61 a 70	121	3,29	74	2,10	195	2,70	40	2,08	28	1,84	68	1,98	263	2,46
71 a 80	44	1,20	24	0,68	68	0,93	20	1,04	14	0,91	34	0,99	102	0,95
81 a 90	26	0,70	20	0,56	46	0,64	12	0,63	9	0,60	21	0,61	67	0,63
91 a 100	20	0,54	14	0,40	34	0,48	11	0,57	11	0,72	22	0,63	56	0,53
Totais	3.689	100,00	3.535	100,00	7.244	100,00	1.920	100,00	1.523	100,00	3.443	100,00	10.687	100,00

Fonte: MÜLLER, D.P. *Ensaio d'um quadro estatístico da Província de São Paulo*, p. 182.

Do *Termo de Franca*, em 1839, foi desmembrado o município de Batatais, que abrangia o povoado de São Bento do Cajuru e o território dos futuros povoados de Santana dos Olhos D'Água (Ipuã), São José do Morro Agudo, Espírito Santo de Batatais (Nuporanga), Piedade do Mato Grosso de Batatais (Altinópolis), Cruzeiro (Santo Antônio da Alegria), Jardinópolis, Brodosqui, Orlândia, São Joaquim da Barra e Sales de Oliveira.[66] Após essa partilha, até 1873, o município de Franca ficou delimitado ao sul e oeste pelo rio Sapucaí, ao norte pelo rio Grande e a leste pelas demarcações com os municípios mineiros. Abarcava as paróquias de Nossa Senhora da Conceição, Santa Rita (Igarapava), Santo Antônio da Rifaina (Rifaina), Nossa Senhora do Carmo (Ituverava) e Nossa Senhora do Patrocínio (Patrocínio Paulista) (Mapa 4).

Dentro desses novos limites territoriais, especificados no *Recenseamento Geral do Império de 1972*,[67] a população do município de Franca era de 21.419 pessoas, o que equivalia a 2,56% do total da então Província de São Paulo (Tabela 75).

Mapa 4
NE paulista – Municípios – 1872

---

66 SANTOS, Wanderley. *Banco de dados*. Franca: Prefeitura Municipal de Franca (mimeo).
67 BASSANEZI, Maria Sílvia C. Beozzo; FONSECHI, Gislaine Aparecida (orgs.). *São Paulo do passado. Dados demográficos*. Campinas: Unicamp/Núcleo de Estudos Populacionais, 1998.

Fonte: BACELAR & BRIOCHI. *Caminhos do Anhanguera.* p. 85

Tabela 75
População da Província de São Paulo - Município de Franca – 1872

Ano	Província de São Paulo	Município de Franca (*)	% da população de Franca em relação a S. Paulo	Paróquia de Nossa Senhora da Conceição de Franca (**)	% da população da Paróquia em relação a S. Paulo	% da população da Paróquia em relação ao Município
1872	837.354	21.419	2,56	8.248	0,98	38,50

Fonte: SPP-DD.
(*) Abrangia os atuais municípios de Igarapava, Patrocínio Paulista e Ituverava, desmembrados em 1873 e 1885.
(**) Correspondia, aproximadamente, ao território do município de Franca no período de 1.890 a 1.920.

Em 1872, no município de Franca, do total de 21.419 pessoas, 52,05% (11.149) eram homens e 47,95% (10.270) mulheres, com a razão de sexo de 108,56% (Tabela 76). Partindo do mesmo total, 84,14% (18.021) eram livres e 15,86% (3.398) escravos (Tabela 77).

Tabela 76
População total segundo sexo Município de Franca – 1872

Município Franca	População			Razão de Sexo
	Homem	Mulher	Total	
Quantidade	11.149	10.270	21.419	108,56
Porcentagem	52,05	47,95	100,00	

Fonte: SPP-DD.

Tabela 77
População total segundo condição social Município de Franca – 1872

Município Franca	População		
	Livre	Escrava	Total
Quantidade	18.021	3.398	21.419
Porcentagem	84,14	15,86	100,00

Fonte: SPP-DD.

Ao distinguir a população, segundo grandes grupos de idade, constata-se que, em 1872, 43,04% (9.218) tinha até 15 anos, 48,82% (10.456) estava no grupo de 16 a 60 anos e 7,69% (2.150) eram os mais idosos com idade superior a 61 anos[68] (Tabela 78).

---

68 Não há identificação no censo utilizado para 0,45% (97) dos indivíduos.

Tabela 78
Total da população segundo grupos de idade/porcentagem – Franca – 1872

	0 a 15	16 a 60	61 e mais	ND	TOTAL
Número	9.218	10.456	2.150	97	21.419
Porcentagem	43,04	48,82	7,69	0,45	100,00

Fonte: SPP-DD.

Conforme as Tabelas 79 e 80, a população masculina dividia-se em 4.893 (43,89%) com idade entre *o e 15 anos*, ligeiramente superior ao grupo de mulheres dessa idade (42,11% ou 4.325 mulheres). Havia mais mulheres que homens no grupo de *16 a 60 anos*. Nesse caso o grupo feminino era composto por 5.160 (50,24%) e o masculino por 5.296 (47,50%). O grupo dos habitantes com 61 anos e mais, era composto de poucas pessoas (1.648). Neste grupo 902 eram homens e 746 mulheres, ou seja, respectivamente 8,1% e 7,2%, do total da população.

Tabela 79
Total da população masculina segundo grupos de idade/porcentagem – Franca – 1872

	0 a 15	16 a 60	61 e mais	ND	TOTAL
Número	4.893	5.296	902	58	11.149
Porcentagem	43,89	47,50	8,10	0,52	100,00

Fonte: SPP-DD.

Tabela 80
Total da população feminina segundo grupos de idade/porcentagem – Franca – 1872

	0 a 15	16 a 60	61 e mais	ND	TOTAL
Número	4.325	5.160	746	39	10.270
Porcentagem	42,11	50,24	7,26	0,39	100,00

Fonte: SPP-DD.

As idades *média e mediana* das pessoas livres eram inferiores à dos escravos. Os homens e as mulheres livres tinham idade média de 23 anos, enquanto que os escravos masculinos era de 32 anos e femininos de 31 anos (Tabela 81).

As idades medianas dos livres eram: homens – 17 anos e mulheres – 18 anos, enquanto que para os escravos eram de 27 anos para os homens e 28 para as mulheres. Se dividirmos livres e escravos, sem discriminar os sexos, a idade média dos primeiros era de 23 anos, porém, bem inferior à dos escravos que era de 31 anos de idade (Tabela 81).

Conforme a Tabela 82 a população livre dividia-se em: 46,29% jovens, 46,63%, adultos e 7,08% idosos. Os números são superiores para os escravos, que tinham idade mais avançada: 27,00% jovens, 61,81% adultos e 11,19% idosos.

A população total *segundo a cor* que era assim dividida: 55,49% (11.886) branca, 23,41% (5.014) parda, 16,93% (3.627) negra e 4,16% (892) cabocla. As porcentagens são muito semelhantes se distinguirmos os sexos, conforme nos apresenta a Tabela 83.

Tabela 81
Idade Média e Mediana por sexo da população livre e escrava – Município de Franca – 1872

População											
Livre						Escrava					
Idade Média			Idade Mediana			Idade Média			Idade Mediana		
Homens	Mulheres	Total	Homens	Mulheres	Total	Homens	Mulheres	Total	Homens	Mulheres	Total
23	23	23	17	18	18	32	31	31	27	28	27

Fonte: SPP-DD

Tabela 82
Razão de Dependência por grupo de idade segundo Condição Social - Município de Franca – 1872

População							
Livre				Escrava			
Jovem – %	Adulta – %	Idosa%	Razão Dep/100(*)	Jovem – %	Adulta – %	Idosa%	Razão Dep/100(*)
46,29	46,63	7,08	114,44	27,00	61,81	11,19	61,78

(*) A razão de dependência foi calculada segundo a fórmula: (Pop. Menor de 16 anos + Pop. Maior de 60 anos) (Pop. De 16 a 60 ano)*100.
Fonte: SPP-DD

Tabela 83
População Total segundo Cor – Porcentagem - Município de Franca – 1872

População Total															
Homens					Mulheres					Total					
Branca	Parda	Preta	Cabocla	Total	Branca	Parda	Preta	Cabocla	Total	Branca	Parda	Preta	Cabocla	Total
6.175	2.612	1.919	443	11.149	5.711	2.402	1.708	449	10.270	11.886	5.014	3.627	892	21.419
55,39%	23,43%	17,21%	3,97%	100,00%	55,61%	23,39%	16,63%	4,37%	100,00%	55,49%	23,41%	16,93%	4,16%	100,00%

Fonte: SPP-DD

Quanto ao estado civil, considerando a população total (livres + escravos e masculinos + femininos), 73,07% (15.651) das pessoas declararam-se solteiros, 23,85% (5.108) casados e 3,08% (660) viúvos[69] (Tabela 84).

Tabela 84
População total segundo o estado civil - Município de Franca – 1872

	População			
	Solteira	Casada	Viúva	Total
Quantidade	15.651	5.108	660	21.419
Porcentagem	73,07	23,85	3,08	100,00

Fonte: SPP-DD.

No que se refere à nacionalidade, em 1972, somente 1,98% (425 pessoas) do total da população do município de Franca era de estrangeiros, incluídos os negros africanos (Tabelas 85 a 87). Estes somavam 340 pessoas, sendo 314 escravos e 26 livres. Os demais eram europeus, sendo 71 portugueses, 7 italianos, 6 alemães e 1 francês. Predominavam os estrangeiros do sexo masculino com 70,11% (298), tendo, em contrapartida, somente 127 mulheres, que correspondia a 29,89% do total.

Tabela 85
População total segundo nacionalidade - Município de Franca – 1872

	População Total		
	Brasileira	Estrangeira	Total
Quantidade	20.994	425	21.419
Porcentagem	98,02	1,98	100,00

Fonte: SPP-DD.

---

69 A explicação para o número diminuto de casados, poderá estar no fato de que havia uma grande porcentagem da população de jovens que não tinha atingido a idade para o casamento e também porque grande parte da população talvez não registrasse as uniões conjugais.

Tabela 86
População total por sexo segundo nacionalidade - Município de Franca – 1872

	População Total			Mulheres			Total		
	Homens								
	Brasileira	Estrangeira*	Total	Brasileira	Estrangeira*	Total	Brasileira	Estrangeira*	Total
Quantidade	10.851	298	11.149	10.143	127	10.270	20.994	425	21.419
Porcentagem	97,33	2,67	100,00	98,76	1,24	100,00	98,02	1,98	100,00

Fonte: SPP-DD
nota: *inclui africanos

Tabela 87
População estrangeira segundo a nacionalidade - Município de Franca – 1872

	Nacionalidade											
	Africanos			Alemães	Austríacos	Espanhóis	Franceses	Ingleses	Italianos	Portugueses	Suíços	Americanos	Outros	Total
	Escravos	Livres	Total											
Quantidade	314	26	340	6	0	0	1	0	7	71	0	0	0	425
Porcentagem	73,88	6,12	80,0	1,41	0,00	0,00	0,24	0,00	1,65	16,71	0,00	0,00	0,00	100,00

Fonte: SPP-DD.

No *Censo de 1872* foram contadas, somente na Paróquia de Nossa Senhora da Conceição da Franca,[70] um total de 8.248 pessoas. Conforme a Tabela 88 verifica-se que deste total 6.782 (82,22%) habitantes eram brasileiros livres, 1.430 (17,34%) eram escravos e 679 (0,44%) eram estrangeiros (Gráfico 52).

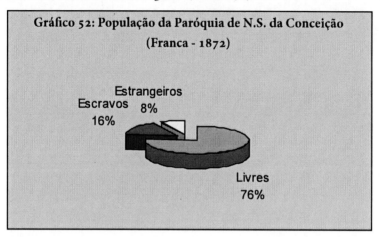

Fonte: SPP-DD.

Ao visualizarmos a Tabela 88, somente os *brasileiros livres*, percebe-se que 3.285 eram homens (48,43%) e 3.497 eram mulheres (51,57%), o que resulta em uma razão de masculinidade de 96,86%. Distinguindo a população masculina, deste grupo, vemos que 2.322 eram solteiros (70,68%), 866 casados (26,36%) e 77 viúvos (2,78%). As mulheres brasileiras livres dividiam-se em 2.478 solteiras (70,86%), 935 casadas (26,73%) e 84 viúvas (2,41%).

A população estrangeira livre era composta, ao todo, de 36 homens, sendo 10 solteiros (27,77%), 24 casados (66,66%) e dois viúvos (5,57%).

Os escravos, dos quais não temos notícia quanto ao estado civil, eram divididos em 751 homens (52,52%) e 679 mulheres (47,48%), indicando uma razão de masculinidade de 105,04%. Do total de escravos (1.430), 153 (10,70%) não tiveram suas profissões declaradas aos recenseadores, restando 1.277 (89,30%) com atividades profissionais explicitadas. Assim sendo, no ano de 1872, 70% dos escravos (894) trabalhavam nas propriedades rurais como *lavradores* e *criadores*. Destes 536 (59,95%) eram homens e 358 (40,05%) mulheres. Os outros 383 cativos (30% do total de 1.277) ocupavam-se de atividades como: artistas (6), costureiras (23), trabalhadores em metais (7), em madeiras (22),

---

70   Corresponde, aproximadamente, o território do município de Franca, no período de 1890 a 1920.

em edificações (21), em couros e peles (5), em vestuário (6), em calçados (4), criados e jornaleiros (72) e serviços domésticos (217) (Tabela 88).

Tabela 88
População da Paróquia de N.S. da Conceição de Franca – Município de Franca – Província de São Paulo - 1872

N.S. da Conceição da Franca	Características	Homens	Livre Mulheres	Total	Homens	Escrava Mulheres	Total	Total da População
Almas		3.321	3.497	6.818	751	679	1.430	8.248
Raça	Branca	2.291	2.389	4.680	0	0	0	4.680
	Parda	788	843	1.631	224	268	492	2.123
	Preta	106	118	224	527	411	938	1.162
	Cabocla	136	147	283	0	0	0	283
	Total	3.321	3.497	6.818	751	679	1.430	8.248
Estado Civil	Solteira	2.332	2.478	4.810	687	618	1.305	6.115
	Casada	910	935	1.845	61	60	121	1.966
	Viúva	79	84	1.163	3	1	4	167
	Total	3.321	3.497	6.818	751	679	1.430	8.248
Religião	Católica	3.321	3.497	6.818	751	679	1.430	8.248
	Acatólica	0	0	0	0	0	0	0
	Total	3.321	3.497	6.818	751	679	1.430	8.248
Nacionalidade	Brasileira	3.285	3.497	6.782	630	583	1.213	7.995
	Estrangeira	36	0	36	121	96	217	253
	Total	3.321	3.497	6.818	751	679	1.430	8.248
Instrução	Sabe ler/escr.	1.127	596	1.723	0	0	0	1.723
	Analfabeta	2.194	2.901	5.095	751	679	1.430	6.525
	Total	3.321	3.497	6.818	751	679	1.430	8.248
Pop. 6 a 15 anos	Freq. Escola	317	75	392	0	0	0	392
	N. Freq. Escola	752	891	1.643	0	0	0	1.643
	Total	1.069	966	2.035	0	0	0	2.035
Deficientes Físicos	Cega	7	3	10	2	0	2	12
	Surda-Muda	0	0	0	0	0	0	0
	Aleijada	21	15	36	4	3	7	43
	Alienada	3	1	4	0	0	0	4
	Total	31	19	50	6	3	9	59
Dementes		2	4	6	0	0	0	6
Ausentes		54	0	54	4	0	4	58
Transeuntes		58	2	60	2	0	2	62
Casas	Habitadas	0	0	0	0	0	0	0
	Desabitadas	0	0	0	0	0	0	0
Fogos		0	0	0	0	0	0	0

Fonte: SPP-DD

Tabela 89
População por Idade Paróquia de N. S. da Conceição de Franca – Município de Franca – Província de São Paulo - 1872

Idade	Livre Homens Branca	Parda	Preta	Cabocla	Total	Mulheres Branca	Parda	Preta	Cabocla	Total	Total Livre	Escrava Homens Parda	Preta	Total	Mulheres Parda	Preta	Total	Total Escrava	Total Da população
Meses																			
1	18	8	0	2	28	16	5	0	0	21	49	0	0	0	0	0	0	0	49
2	13	5	2	0	20	15	4	4	0	23	43	0	0	0	0	0	0	0	43
3	10	7	0	0	17	10	3	0	0	13	30	0	0	0	0	0	0	0	30
4	12	9	1	3	25	17	8	0	1	26	51	0	0	0	0	0	0	0	51
5	17	8	0	0	25	17	7	2	0	26	51	0	0	0	0	0	0	0	51
6	15	10	0	0	25	14	9	0	0	23	48	0	0	0	0	0	0	0	48
7	16	14	0	2	32	14	11	0	0	25	57	0	0	0	0	0	0	0	57
8	15	12	2	0	29	12	11	0	0	23	52	0	0	0	0	0	0	0	52
9	17	11	0	1	29	21	6	5	2	34	63	0	0	0	0	0	0	0	63
10	14	13	1	0	28	17	15	0	0	32	60	0	0	0	0	0	0	0	60
11	14	14	3	4	35	18	17	3	0	38	73	0	0	0	0	0	0	0	73
Anos																			
1	19	14	1	2	36	22	17	2	2	43	79	0	0	0	0	0	0	0	79
2	24	18	2	3	47	19	16	3	1	39	86	0	0	0	0	0	0	0	86
3	31	21	3	5	60	26	21	2	2	51	111	4	11	15	2	6	8	23	134
4	35	25	2	3	65	42	17	2	3	64	129	7	14	21	3	9	12	33	162
5	64	31	5	4	104	90	25	3	4	122	226	9	13	22	8	11	19	41	267
Quinquênios																			
6-10	405	164	13	7	589	409	123	9	6	547	1.136	21	32	53	11	24	35	88	1.224
11-15	360	95	17	8	480	291	105	18	5	419	899	24	49	73	26	32	58	131	1.030
16-20	214	54	14	12	294	240	73	17	14	344	638	16	36	52	15	44	59	111	749
21-25	167	27	7	4	205	227	61	12	19	319	524	32	29	61	23	41	64	125	649
26-30	183	34	1	9	227	201	59	4	26	290	517	14	51	65	34	43	77	142	659
Decênios																			
31-40	165	51	7	8	231	134	58	10	18	220	451	22	46	68	27	51	78	146	597
41-50	73	34	4	18	129	157	37	2	17	213	342	25	41	66	24	64	88	154	496
51-60	126	25	5	9	165	105	33	11	15	164	329	16	63	79	34	45	79	158	487
61-70	108	30	3	14	155	90	44	4	8	146	301	13	64	77	23	33	56	133	434
71-80	68	26	3	5	102	89	34	2	2	127	229	12	29	41	32	4	36	77	306
81-90	53	8	1	4	66	49	16	1	2	68	134	6	36	42	4	4	8	50	184
91- 100	13	3	1	0	17	21	4	2	0	27	44	3	4	7	2	0	2	9	53
100 +	0	2	0	0	2	6	4	0	0	10	12	0	5	5	0	0	0	5	17
N.Det.	0	0	0	0	0	0	0	0	0	0	0	0	0	0	0	0	0	0	0
TOTAL	2.269	773	98	127	3.267	2.389	843	118	147	3.497	6.764	224	523	747	268	411	679	1.426	8.190

Fonte: SPP-DD

Adiante verifica-se a demonstração da população da Paróquia de Nossa Senhora da Conceição da Franca, discriminando suas profissões.

Parte considerável desta população consta nos documentos como *sem profissão* (3.359 pessoas). Frente a esta realidade, a análise sobre as atividades econômicas exercidas, com base nas profissões, será restrita a 4.889 pessoas (Tabela 90).

Está especificado na Tabela 90, que 2.669 pessoas se dedicavam às profissões agrícolas – lavradores e criadores, o que resulta em 32,36% do total da população ou 55,20% das pessoas que declararam suas profissões. Este grupo populacional era composto por 1.684 homens (63,09%) e 985 mulheres (36,91%). Considerando somente a população de brasileiros, isto é, excluindo os estrangeiros e os escravos, 1.313 eram homens (74,52%) e 449 mulheres (25,48%), totalizando 1.762 pessoas. Dividiam-se os *lavradores e criadores* em: 675 homens solteiros (51,41%), 602 casados (45,85%) e 36 viúvos (2,74%). As mulheres dividiam-se em 321 solteiras (71,49%), 109 casadas (24,28%) e 19 viúvas (4,23%). Os estrangeiros totalizavam 13 pessoas (0,49% do total), sendo todos homens, distribuídos em 5 solteiros e 8 casados. A soma dos escravos chegava a 894 indivíduos, sendo 536 homens (59,95%) e 358 mulheres (40,05%).

As profissões *manufatureiras ou mecânicas (operários e costureiras)* empregavam 394 pessoas, que em porcentagens representavam 4,77% de toda a população ou 8,06% daqueles com profissão especificada no censo. Dentro deste grupo havia 27 operários que trabalhavam com *metais*, sendo todos do sexo masculino, divididos em 20 livres (74,07%) e 7 escravos (25,93%), não existindo estrangeiros. Entre os homens livres 2 eram solteiros (10%) e 18 casados (90%).

No mesmo grupo, contavam-se 55 pessoas que trabalhavam com *madeiras* (0,66% do total ou 1,12% dos declarantes). Todos eram homens, sendo 33 (60%) livres e 22 (40%) escravos. Entre os livres havia certa diversidade quanto ao estado civil. Pouco mais de ¼ (21,21%) eram solteiros (7), a maioria 75,75% (25) eram casados e apenas um (3,0%) era viúvo.

No ofício das *edificações* foram contados 25 operários, sendo 3 brasileiros natos (12%) e um estrangeiro (4%) e 21 escravos (84%), todos do sexo masculino e casados, com exceção dos escravos que não temos dados quanto ao estado civil.

No trato com o *couro* e as *peles* eram 17 trabalhadores, divididos em 12 brasileiros (70,58%) e 5 escravos (29,42%), sendo todos homens. Nesta profissão não havia estrangeiros. Entre os livres, 4 eram solteiros (33,33%), 7 casados (58,33%) e um viúvo (8,33%).

O setor de *vestuários* ocupava 10 pessoas, todos brasileiros, sendo 4 homens livres e casados e 6 escravos.

A manufatura dos *calçados* empregava ao todo 30 homens. Destes, a maioria, ou seja, 26 eram brasileiros e livres. Além destes, tinha apenas 4 escravos.

As *costureiras* (todas mulheres) dividiam-se em 207 livres (90%) e 23 escravas (10%). Entre as *costureiras livres* 96 eram solteiras (46,37%), 104 casadas (50,24%) e 7 viúvas (3,39%).

No item *Profissões industriais e comerciais*, destacava-se somente um estrangeiro, cujo estado civil era casado, incluído no grupo de *manufatureiros e fabricantes*. Todos os demais foram classificados no grupo denominado *comerciantes, guarda livros e caixeiros*. Estes últimos somavam 104 pessoas, que em termos percentuais representavam 1,26% da população total ou 2,13% daqueles que declararam suas atividades profissionais. Reunidos os brasileiros e estrangeiros (não havia escravos neste item), 94 eram homens, sendo 27 solteiros (28,72%), 65 casados (69,15%) e 2 viúvos (2,13%). As mulheres eram todas brasileiras, num total de 10 pessoas, separadas em 6 solteiras e 4 viúvas. O total de pessoas deste grupo (104) pode ser dividido em 89 brasileiros (85,58%) e 15 estrangeiros (14,42%), não havendo escravos exercendo tais profissões. Entre os brasileiros natos, 79 eram homens (88,76%) e 10 eram mulheres (11,24%). Os homens nativos dividiam-se em 23 solteiros (29,11%), 55 casados (69,62%) e um viúvo (1,27%). Os estrangeiros, todos do sexo masculino, num total de 15, segundo o estado civil, eram 4 solteiros (26,66%), 10 casados (66,66%) e um viúvo (6,68%).

Os militares eram ao todo 22 homens, todos brasileiros, divididos entre 8 solteiros (36,36%) e 14 casados (63,64%).

Aqueles designados no item *profissionais liberais,* totalizavam 59 pessoas, que eram 0,71% dos francanos ou 1,20% dos recenseados. Neste grupo havia 3 *cirurgiões* (5,08% do grupo), sendo que 2 eram casados e o outro solteiro. Eram dois os *farmacêuticos* que representavam 3,39% do segmento dos *profissionais liberais*. Também fazia parte do grupo em questão 8 *professores(as)* (13,56%), havendo 7 homens (1 solteiro e 6 casados) e uma mulher solteira. Foram contados 10 *empregados públicos* (16,95%), todos homens, sendo dois solteiros, 6 casados e 2 viúvos. Os já descritos neste item eram todos brasileiros e livres. Em maior número estavam os *artistas* (36 pessoas ou 61,02% do total do grupo), que podemos identificá-los como sendo 29 brasileiros (80%), um estrangeiro (2,77%) e 6 escravos (16,66%). Os brasileiros dividiam-se em 9 solteiros (31,03%), 18 casados (62,07%) e 2 viúvos (6,9%). O único estrangeiro era solteiro. Não temos a informação sobre o estado civil dos 2 escravos. Todos os artistas eram do sexo masculino.

Ocupavam cargos no setor judiciário apenas 11 pessoas, sendo 8 advogados (2 solteiros e um casado), 3 notários e escrivães (todos casados) e 2 oficiais de justiça (casados). Eram todos brasileiros e do sexo masculino.

Para os serviços religiosos havia 2 padres, seculares, de origem brasileira.

As *pessoas assalariadas (criados e jornaleiros)* eram ao todo 474 pessoas, que correspondia a 5,75% da população total e 9,69% daqueles que declararam suas profissões. Eram divididos em 402 livres (84,81%) e 72 escravos (15,19%). Uma curiosidade é que escravos constam como assalariados. Entre as pessoas livres, 399 eram brasileiros e somente 3 estrangeiros. Os nativos podiam ser separados em 157 homens (39,35%) e 242 mulheres (60,65%). Os homens nascidos no país dividiam-se em 106 solteiros (67,51%), 37 casados (23,56%) e 14 viúvos (8,93%). As mulheres, de mesma origem, eram 143 solteiras (59,09%), 93 casadas (38,43%) e 6 solteiras (2,48%). Os 3 estrangeiros assalariados eram todos homens, sendo 2 casados e um viúvo. Os escravos, classificados neste grupo eram ao todo, 72 pessoas do sexo masculino.

Foram enquadrados no item *serviços domésticos* a quantia de 1.181 pessoas, que por sua vez representavam 14,31% de toda a população da Paróquia de Nossa Senhora da Conceição. Se excluirmos as pessoas das quais não se teve notícia quanto às profissões, essa porcentagem aumenta para 24,15%. Este contingente populacional era composto, na íntegra, de brasileiras do sexo feminino. Eram 964 mulheres livres (81,62%) e 217 escravas (18,38%).

Tabela 90
População em relação às profissões – Paróquia de N.S. da Conceição da Franca – Município de Franca – Província de São Paulo - 1872

Profissões				Brasileira Livre							Estrangeira Livre							Total Estr.	Total De Livre	Escrava			Total Da Pop.
				Homens				Mulheres				Homens				Mulheres						H.	M.	Total	
				Solt.	Cas.	Viuv	Total	Solt.	Cas.	Viuv	Total	Solt.	Cas.	Viuv	Total	Solt.	Cas.	Viuv	Total						
Religiosos	Seculares	Homens		2	0	0	2	0	0	0	0	0	0	0	0	0	0	0	0	0	2	0	0	0	2
	Regulares	Homens		0	0	0	0	0	0	0	0	0	0	0	0	0	0	0	0	0	0	0	0	0	0
		Mulheres		0	0	0	0	0	0	0	0	0	0	0	0	0	0	0	0	0	0	0	0	0	0
Juristas	Juízes			0	0	0	0	0	0	0	0	0	0	0	0	0	0	0	0	0	0	0	0	0	0
	Advogados			1	7	0	8	0	0	0	0	0	0	0	0	0	0	0	0	0	8	0	0	0	8
	Notários e Escrivães			0	3	0	3	0	0	0	0	0	0	0	0	0	0	0	0	0	3	0	0	0	3
	Procuradores			0	2	0	2	0	0	0	0	0	0	0	0	0	0	0	0	0	2	0	0	0	2
	Oficiais de Justiça			0	0	0	0	0	0	0	0	0	0	0	0	0	0	0	0	0	0	0	0	0	0
Profissões Liberais	Médicos			0	0	0	0	0	0	0	0	0	0	0	0	0	0	0	0	0	0	0	0	0	0
	Cirurgiões			2	1	0	3	0	0	0	0	0	0	0	0	0	0	0	0	0	3	0	0	0	3
	Farmacêuticos			1	1	0	2	0	0	0	0	0	0	0	0	0	0	0	0	0	2	0	0	0	2
	Parteiros			0	0	0	0	0	0	0	0	0	0	0	0	0	0	0	0	0	0	0	0	0	0
	Professores e Homens das Letras			1	6	0	7	0	1	0	1	0	0	0	0	0	0	0	0	0	8	0	0	0	8
	Empregados Públicos			2	6	2	10	0	0	0	0	0	0	0	0	0	0	0	0	0	10	0	0	0	10
Artistas				9	18	2	29	0	0	0	0	0	1	0	1	0	0	0	0	1	30	6	0	6	36
Militares				8	14	0	22	0	0	0	0	0	0	0	0	0	0	0	0	0	22	0	0	0	22
Marítimos				0	0	0	0	0	0	0	0	0	0	0	0	0	0	0	0	0	0	0	0	0	0
Pescadores				0	0	0	0	0	0	0	0	0	0	0	0	0	0	0	0	0	0	0	0	0	0
Capitalistas e Proprietários				0	0	0	0	0	0	0	0	1	0	0	1	0	0	0	0	1	1	0	0	0	1
Profissões Industriais e Comerciais	Manufatureiros e Fabricantes			0	0	0	0	0	0	0	0	0	0	0	0	0	0	0	0	0	0	0	0	0	0
	Comerciantes, Guarda-livros e Caixeiros			23	55	1	79	6	0	0	6	4	10	1	15	0	0	0	0	15	104	0	0	0	104
	Costureiras			0	0	0	0	96	104	7	207	0	0	0	0	0	0	0	0	0	207	0	23	23	230
Profissões Manufatureiras ou Mecânicas	Candeeiros, Calceteiros, Mineiros e Carvoeiros			0	0	0	0	0	0	0	0	0	0	0	0	0	0	0	0	0	0	0	0	0	0
	Em Metais			2	18	0	20	0	0	0	0	0	0	0	0	0	0	0	0	0	20	7	0	7	27
	Em Madeiras			7	25	1	33	0	0	0	0	0	0	0	0	0	0	0	0	0	33	22	0	22	55
	Em Tecidos			0	0	0	0	0	0	0	0	0	0	0	0	0	0	0	0	0	0	0	0	0	0
	Em Edificações			0	3	0	3	0	0	0	0	0	1	0	1	0	0	0	0	1	4	21	0	21	25
	Em Couros e Peles			4	7	1	12	0	0	0	0	0	0	0	0	0	0	0	0	0	12	5	0	5	17
	Em Tinturaria			0	0	0	0	0	0	0	0	0	0	0	0	0	0	0	0	0	0	0	0	0	0
	De Vestuários			0	4	0	4	0	0	0	0	0	0	0	0	0	0	0	0	0	4	6	0	6	10
	De Chapéus			0	0	0	0	0	0	0	0	0	0	0	0	0	0	0	0	0	0	0	0	0	0
	De Calçados			11	13	2	26	0	0	0	0	0	0	0	0	0	0	0	0	0	26	4	0	4	30
Profissões Agrícolas	Lavradores			675	602	36	1313	321	109	19	449	5	8	0	13	0	0	0	0	13	1775	536	358	894	2669
	Criadores			0	0	0	0	0	0	0	0	0	0	0	0	0	0	0	0	0	0	0	0	0	0
Pessoas Assalariadas	Criados e Jornaleiros			106	37	14	157	143	93	6	242	0	2	1	3	0	0	0	0	3	402	72	0	72	474
Serviços Domésticos				0	0	0	0	314	614	36	964	0	0	0	0	0	0	0	0	0	964	0	217	217	1181
Sem Profissão				1468	64	18	1550	1598	14	12	1624	1	1	0	2	0	0	0	0	2	3176	72	81	153	3359
Total				2322	886	77	3285	2478	935	84	3497	10	24	2	36	0	0	0	0	36	6818	751	679	1430	8248

OS NÚMEROS DO CRESCIMENTO POPULACIONAL

Em 1872, a população de Franca (somente da Paróquia de Nossa Senhora da Conceição) era de 8.248 pessoas (0,98% do total da então Província de São Paulo: 837.354 habitantes). Após 48 anos, em 1920, o número de habitantes saltou para 44.425 (1,0% da população do Estado: 4.192.188 pessoas), o que resulta em uma taxa de crescimento de 438,62% (média de 9,13% ao ano). Esta taxa foi superior à do Estado, que no mesmo período, foi de 400,65%.

Nos períodos 1872/1886, 1886/1890 e 1890/1900 (respeitando os anos dos censos) a taxa de crescimento foi, respectivamente, de 21,73%, 23,75% e 24,68%. O destaque fica para o segundo período – 1886/1890, que teve uma taxa média anual de 5,93%, enquanto nos outros dois períodos a taxa foi pouco superior a 1,0%. No último período em análise – 1910/1920 – a referida taxa foi de 53,19%. Neste caso o crescimento médio anual ficou próximo do período de 1886/1890. Entre 1900 e 1920 ocorreu o maior crescimento populacional. A taxa de crescimento foi de 87,21% (média de 8,72% ao ano).

Em 1890, o município de Franca já tinha sido reduzido aos limites aproximados da Paróquia de Nossa Senhora da Conceição, em razão da criação dos novos municípios de: *Santa Rita do Paraíso* (Igarapava), em 1873, que abrangia a povoação de Santo Antônio da Rifaina e o território da atual cidade de Pedregulho; *Patrocínio do Sapucahy* (Patrocínio Paulista), também em 1873, que abarcava a área destinada à futura povoação de Nossa Senhora Aparecida (Itirapuã); e finalmente, *Carmo da Franca* (Ituverava), em 1885, que ocupava os futuros municípios de Guará e São Miguel (Miguelópolis) (Tabelas 91 e 92).

Mapa 5
NE Paulista – Municípios – 1890

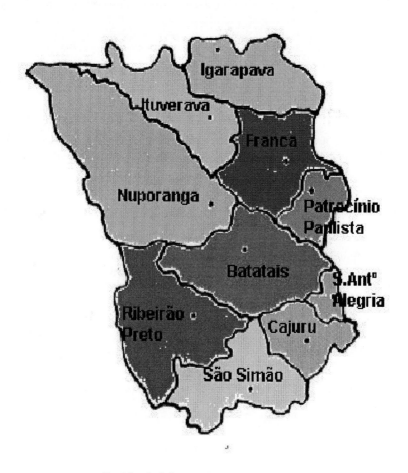

Fonte: BACELAR & BRIOCHI. *Caminhos do Anhanguera*, p. 85

Tabela 91
População Total (livre e escrava) – Municípios entre os rios Sapucaí e Grande – 1886

Municípios	Paróquias	Nº. de Habitantes
Franca	N. S. da Conceição	10.040
Igarapava	Santa Rita	4.713
	Santo Antônio da Rifaina	2.925
Ituverava	N. S. do Carmo	4.585
Patrocínio Paulista	N. S. do Patrocínio	2.248
TOTAL		24.511

Fonte: SPP-DD.

Tabela 92
População dos municípios entre os rios Sapucaí e Grande – 1890

Município	Total da População	% da população
Franca	12.425	40,92
Igarapava	9.114	30,01
Ituverava	4.939	16,26
Patrocínio Paulista	3.892	12.81
TOTAL	30.370	100,00

Fonte: SPP-DD.

Limitando-se às balizas 1890/1920, a população, do município em estudo, passou de 12.425 para 44.425 habitantes, ou seja, atingiu uma taxa de crescimento de 257,55% (média de 8,58% ao ano). Comparando com o total da população paulista, vemos que esta teria passado de 1.384.753 para 4.192.188 habitantes, o que corresponde a taxa de 202,74% (média de 6,75% ao ano) (Tabela 93).

Tabela 93
Crescimento populacional – Município de Franca – 1872/1920

Anos	População Província/Estado de São Paulo	Taxa de crescimento do Est. S. Paulo	População do Município de Franca	% da população de Franca em relação a S. Paulo	Taxa de crescimento da população de Franca – %
1872	837.354	-	8.248	0,98	-
1886	1.219.425	45,63	10.040	0,82	21,73
1890	1.384.753	13,64	12.425	0,89	23,75
1900	-	-	15.491	-	24,68
1910	-	-	29.000	-	87,21
1920	4.192.188	202,74(*)	44.425	1,00	53,19

Fontes: SPP-DD; Pedro Tosi. *Capitais no interior:* Franca e a indústria coureiro calçadista (1860-1945), p. 147.
(*) Esta taxa de crescimento corresponde à comparação entre os anos de 1890 e 1920.

Considerando o ano de 1890, Franca era o município com maior população na área compreendida entre os rios Sapucaí e as divisas de Minas Gerais, onde vivia um total de 30.370 pessoas. No final do século XIX, somente o município em estudo tinha 12.425 pessoas, praticamente a metade do contingente populacional (49,81%) da área citada, sendo 6.241 homens (50,23%) e 6.184 mulheres (49,77). O restante da população distribuía-se nos demais municípios da seguinte forma: Igarapava – 9.114 (30,00%), Ituverava – 4.939 (16,26%) e Patrocínio Paulista 3.892 (3,93%) (Tabela 94).

Comparando-se com o ano de 1920, quando a referida área do Nordeste paulista que passou a ter um total de 109.859 pessoas (taxa de crescimento: 261,74%), sabe-se que o município francano passou a representar 40,33% deste total, com

44.308 indivíduos, sendo 22.682 homens (51,19%) e 21.626 mulheres (48,81%). Este número corresponde a uma taxa de crescimento de 256,60%, em relação a 1890. Os outros municípios abarcavam a seguinte quantidade de população: Igarapava – 32.678 (29,74%), Ituverava – 23.552 (21,43%) e Patrocínio Paulista – (8,50%) (Tabelas 94 a 96).

Tabela 94
População total segundo sexo – porcentagem – Municípios entre os rios Sapucaí e Grande – 1890

Município	Homem		Mulher		Total	
	N	%	N	%	N	%
Franca	6.241	50,23	6.184	49,77	12.425	100,00
Igarapava	4.751	52,13	4.363	47,88	9114	100,00
Ituverava	2.460	49,81	2.479	50,19	4939	100,00
Patrocínio Pta.	1.912	49,13	1.980	50,87	3892	100,00
TOTAL	15.364	50,59	15.006	49,41	30370	100,00

Fonte: SPP-SP.

Tabela 95
População total segundo sexo – porcentagem – Municípios entre os rios Sapucaí e Grande – 1920

Município	Homem		Mulher		Total	
	N	%	N	%	N	%
Franca	22.682	51,19	21.626	48,81	44.308	100,00
Igarapava	17.473	53,47	15.205	46,53	32.678	100,00
Ituverava	12.800	52,47	10.752	47,53	23.552	100,00
Patrocínio Pta.	4.882	51,27	4.439	48,73	9.321	100,00
TOTAL	57.837	52,64	52.022	47,35	109.859	100,00

Fonte: SPP-SP.

Tabela 96
Taxas de crescimento – população segundo o sexo e porcentagem – Municípios entre os rios Sapucaí e Grande – 1890 e 1920

Município	Homem	Mulher	Total
	%	%	%
Franca	263,44	249,71	256,60
Igarapava	267,78	248,50	258,55
Ituverava	420,33	333,72	376,86
Patrocínio Pta.	155,33	124,19	139,49
TOTAL	276,44	246,67	261,74

Fonte: SPP-SP.

O aumento da população ocorreu tanto em função do crescimento vegetativo como da imigração.[71] Em 1890, conforme a Tabela 97, 31,88% do total das pessoas recenseadas tinha entre *zero* e 9 anos. A porcentagem é de 44,98% se utilizarmos a faixa *0-14 anos*. No ano de 1920, utilizando as mesmas faixas etárias, as porcentagens de crianças em relação à população total era a seguinte: 32,50% e 50,87%, respectivamente.

Em 1890, havia poucos estrangeiros ao norte do rio Sapucaí. Essas pessoas estavam radicadas, no momento em que foram registradas no censo, nos municípios de Igarapava que tinha 15 estrangeiros masculinos e Patrocínio Paulista onde estavam 10 homens e 3 mulheres. Naquela contagem não houve registro de imigrantes em Franca.

Quanto à nacionalidade dos residentes no município de Franca, em 1920, a situação é bem diferente daquela encontrada no ano de 1890. Na segunda década do século XX uma parte considerável da população sediada em Franca era composta de estrangeiros. Do total de 44.308 habitantes, 86,00% (38.104) eram brasileiros natos e 13,98% (6.193) eram oriundos de outras nações.[72] Franca tinha a maior porcentagem de imigrantes – 49,77% (6.193 pessoas) – em relação aos municípios vizinhos destacados na Tabela 97.

Tabela 97
População total segundo a nacionalidade/porcentagem – Municípios entre os rios Sapucaí e Grande – 1920

Municípios	Brasileiros		Estrangeiros		Ignorado		Totais	
	N	%	N	%	N	%	N	%
Franca	38.104	86,00	6.193	13,98	11	0,02	44.308	100,00
Igarapava	28.830	88,22	3.846	11,77	2	0,01	32.678	100,00
Ituverava	21.685	92,07	1.864	7,91	3	0,01	23.552	100,00
Patrocínio Pta.	8.781	94,21	540	5,79	0	0,00	9.321	100,00
TOTAIS	97.400	88,65	12.443	11,32	16	0,04	109.859	100,00

Fonte: SPP-DD

A seguir, continua a comparação dos números da população de Franca, entre os anos de 1890 e 1920. Tendo como parâmetro os grupos de idades, conforme demonstra a Tabela 98. Diante do crescimento em termos absolutos, já comentado acima, houve certa permanência dos grupos em porcentagens. Infelizmente a divisão dos grupos nos dois censos pesquisados não é idêntica, especialmente no grupo dos adultos (1890 – 15-64 anos e 1920 – 15 a 69 anos), contudo, nos mostra a tendência da evolução ocorrida.

---

71 DI GIANNI, Tércio Pereira. *Italianos em Franca. Imigrantes de boa estrela em uma cidade do interior.* Franca: Unesp/FHDSS, Amazonas Prod. Calçados S/A, 1997 (História Local, 1).
72 Não há identificação para 0,02% (11) das pessoas.

Tabela 98
População total segundo grupos de idade/porcentagem – 1890 e 1920

Anos	Grupos de Idade e %						Total e %	
1890	0 a 14	%	15 a 64	%	65 e +	%	Total	%
	5.589	45,13	6.551	52,90	244	1,97	12.384	100,00
1920	0 a 14	%	15 a 69	%	70 e +	%	Total	%
	20.541	46,36	23.139	52,22	703	1,42	44.308	100,00

Fonte: SPP-DD

Os cálculos relativos às idades *médias e medianas* (Tabela 99) contribuem para a caracterização da população em questão. Para 1890, ano em que não foram registrados estrangeiros em Franca, a idade média era de 21 anos, enquanto que a mediana ficava em 18 anos. Em 1920, considerando somente a população de origem nacional, ocorreu uma diminuição da idade média que passou a ser de 18 anos e da idade mediana que foi reduzida para 14 anos. No entanto, os estrangeiros tinham idade de 35 anos em ambos os cálculos estatísticos.

Tabela 99
Idade Média e Mediana, segundo a nacionalidade – Franca – 1890 e 1920

	População			
Anos	Brasileira		Estrangeira	
	Idade Média	Idade Mediana	Idade Média	Idade Mediana
1890	21	18	-	-
1920	18	14	35	35

Fonte: SPP-DD.

Sobre a população, conforme o estado civil (Tabela 100), considerando as pessoas do sexo masculino e feminino, incluindo os estrangeiros, no ano de 1890, o maior grupo era de solteiros com 61,35% do total, seguido dos casados que somavam 34,12%. Os menores grupos eram dos viúvos, com 3,48%, e dos divorciados, com apenas 0,05%. Em contrapartida, para o ano de 1920, houve uma redução percentual do número de solteiros, que passou a ser de 47,74%. Inversamente, houve o crescimento dos casados, atingindo 46,35% do total. Neste ano não ocorreu a identificação do estado civil de 0,23% da população francana.

Comparando os dados das Tabelas 101 e 102, no ano de 1890, a porcentagem de homens solteiros – 63,07% – era superior à das mulheres na mesma condição – 59,62%. Quanto aos casados, de ambos os sexos, a porcentagem era equivalente, sendo os homens 33,71% e as mulheres 34,52%. A porcentagem de viúvas – 5,84% – era visivelmente maior que os viúvos – 3,14%. Entre os divorciados foram anotados 6 homens

(0,08%) e uma mulher (0,02%). Comparando com o ano de 1920, houve uma redução percentual dos solteiros – masculinos e femininos –, respectivamente, de 51,26% e 43,98%. A mesma situação ocorreu com os casados, de ambos os sexos, que representavam 45,62% (homens) e 47,12% (mulheres). Há de se notar que o contingente das mulheres casadas superou o das solteiras. Reduziu-se a porcentagem de viúvos – 2,86% –, ao mesmo tempo em que houve um aumento notável das viúvas – 8,69% do total.

Tabela 100
População total [masc. + fem.(*), bras. + estrang.] segundo o estado civil – Franca – 1890 e 1920

Anos	Solteiro N	%	Casado N	%	Viúvo N	%	Divorciado N	%	Ignorado (**) N	%	Total N	%
1890	7.623	61,35	4.239	34,12	557	3,48	6	0,05	-	-	12.425	100,00
1920	14.273	47,74	13.862	46,35	1.701	5,69	-	-	70	0,23	29.906	100,00

Fonte: SPP-DD
(*) Para o ano de 1920 foi excluída a população com idade inferior a 9 anos.
(**) Contingente que não foi identificado o estado civil

Tabela 101
População masculina(*) (bras. e estrang.) segundo o estado civil – Franca – 1890 e 1920

Anos	Solteiro N	%	Casado N	%	Viúvo N	%	Divorciado N	%	Ignorado (**) N	%	Total N	%
1890	3.936	63,07	2.104	33,71	196	3,14	6	0,08	-	-	6.241	100,00
1920	7.888	51,26	7.020	45,62	440	2,86	-	-	39	0,25	15.387	100,00

Fonte: SPP-DD
(*) Para o ano de 1920 foi excluída a população com idade inferior a 9 anos.
(**) Contingente que não foi identificado o estado civil

Tabela 102
População feminina(*) (bras. e estrang.) segundo o estado civil – Franca – 1890 e 1920

Anos	Solteira N	%	Casada N	%	Viúva N	%	Divorciada N	%	Ignorada (**) N	%	Total N	%
1890	3.687	59,62	2.135	34,52	361	5,84	1	0,02	-	-	6.184	100,00
1920	6.385	43,98	6.842	47,12	1.261	8,69	-	-	31	0,21	14.519	100,00

Fonte: SPP-DD
(*) Para o ano de 1920 foi excluída a população com idade inferior a 9 anos.
(**) Contingente que não foi identificado o estado civil

Após a caracterização da população conforme o sexo, idade, estado civil e nacionalidade, há a distinção das atividades econômicas que ocupavam. Considerando-se somente a população masculina, pois, foi neste segmento populacional que mais declarou suas profissões por ocasião do censo, dando-nos uma visão melhor sobre as vinculações dos trabalhadores às práticas produtivas (Tabelas 103 a 108).

Da população masculina (22.682 indivíduos), 29,58% (6.709) das pessoas se dedicavam, especialmente, à agricultura e 1,30% (294) à criação de animais. No entanto, sabemos que na imensa maioria das propriedades rurais eram exercidas diversas atividades, ou seja, era raro a especialização, então, pode-se supor que tal população tinha uma sobreposição de funções. Assim sendo, somados os trabalhadores da agricultura e da criação de animais, 30,88% (7.003) das pessoas do sexo masculino estavam vinculadas a estas atividades.

Uma atividade que absorvia uma boa quantidade de homens era a extração de pedras, material bastante utilizado nas construções da época. Daí tiravam o sustento 1,61% (355) dos trabalhadores.

Naquilo que no *Censo de 1920* foi discriminado como *"Transformação e emprego da matéria-prima"*, com exceção do *comércio* e *transportes* que trataremos à parte, encontrava-se 5,47% (1.237) pessoas. No primeiro quadro há a separação segundo a *natureza da matéria prima*, onde 0,05% (11) pessoas tinham seus afazeres no *setor têxtil*, 0,07% (15) trabalhavam com *couros e peles*, 0,07% (16) lavravam a *madeira*, 0,45% (102) dedicavam-se à *metalurgia* e 0,04 (8) à modelagem da *cerâmica*.

Segundo a *aplicação da matéria-prima*, temos outros números. No trato com *produtos químicos e análogos* empregavam 0,06% (13) do total da população masculina. No setor de alimentação dedicavam-se 0,12% (28) pessoas. Uma porcentagem maior, ou seja, 1,40% (318) tinham seu sustento nas atividades de *vestuário e toucador*. O ramo de *móveis* empregava 0,17% (38). Em *aparelhos de transporte* vinculavam-se 0,59% (133) dos trabalhadores.

O outro grupo discrimina os trabalhadores segundo a *administração da aplicação da matéria-prima*, sendo 0,16% (37) pessoas vinculadas à *produção e transmissão de forças físicas* e 0,15% (33) que tinham profissões relativas às *ciências, letras, artes e indústrias de luxo*.

Havia 49 trabalhadores (0,22%) cujas profissões poderiam ser anexadas ao item *transformação e emprego da matéria prima*, que foram incluídos na rubrica *"outros"*.

No setor de *transportes*, enquadravam-se 1,34% (303) pessoas, sendo que 0,03% (6) em transportes fluviais e 1,32 (297) em traslados terrestres. Nas Tabelas 103 e

104 estão inclusos no item *transportes* aqueles trabalhadores das atividades relativas às *comunicações*, ou seja, 0,07% (15) eram funcionários que prestavam serviços nos correios, telégrafos e telefones.

Nas *atividades comerciais* temos 2,93% (662) de todos os trabalhadores masculinos, incluídos aqueles do setor bancário que eram apenas 0,03% (6 pessoas). No *comércio propriamente dito* temos a maioria, ou seja, 2,68% (607) do total, restando 0,32% (49) às denominadas, na época, *outras espécies de comércio*.

O outro item chamado *Administração e profissionais liberais,* dividido em *Força Pública, Administração Pública e Profissionais liberais,* abarcava 1,78% ou 406 pessoas. Da *Força Pública* 6 pessoas (0,02%) eram do Exército e 26 (0,11%) eram Praças da Polícia. Da *Administração Pública* haviam 15 funcionários federais (0,07%), 24 estaduais (0,11%) e 41 municipais (0,18%). Os administradores de entidades privadas somavam 70 indivíduos (0,31%). Entre os *profissionais liberais* foram enquadrados 9 religiosos (0,04%), 28 (0,12%) vinculados às atividades judiciárias (muito provavelmente advogados), 91 (0,40) que exerciam práticas médicas, 44 (0,19%) do magistério e, finalmente, 53 pessoas (0,23%) vinculados às ciências, letras e artes.

Na categoria *"Diversas"* foram incluídas aquelas pessoas que viviam de suas rendas (28 indivíduos – 0,12%), 42 empregados domésticos (0,19%) e aqueles outros com *profissões mal definidas,* que somavam 695 homens (3,08%).

O grupo de pessoas do qual não se obteve a declaração da profissão era bastante considerável, pois, atingia 52,57% do total de homens (11.924). No entanto, grande parte deste contingente tinha idade entre zero e 14 anos, noutros termos, eram 10.159 pessoas ou 44,79% do total. Outra parcela deste grupo, que tinha entre 15 e 20 anos de idade somavam 1.667 pessoas (7,35%). Somente 0,43% (98) tinham idade superior a 21 anos. O que não invalida nosso esforço no sentido de confirmar que a grande participação da força de trabalho estava nas atividades rurais. Isso porque a maioria do grupo, em questão, ainda não participava diretamente do mercado de trabalho e certamente não tinham definido a profissão.

No *Censo de 1920,* não há muitas especificações sobre as profissões femininas, sabendo que a maioria das mulheres exercíam suas atividades em casa. Tanto que, nas Tabelas 105 e 106, não há declaração da profissão de 88,49% delas (19.876 pessoas), sendo 43,23% (9.997) com idade até 14 anos, 13,76% (2.976) com idade entre 15 a 20 anos de idade e as demais (31,50% – 6.813) com idade superior a 21 anos.

Entre aquelas, que declararam as profissões, estavam em maior número as mulheres que trabalhavam na agricultura e na criação de animais, totalizando 889 pessoas ou 4,15%. Além destas, foram anotadas 475 (2,20%) mulheres que dedicavam-se ao setor de vestuário, 14 (0,7%) que eram comerciantes, 3 (0,02%) funcionárias públicas, 22 (0,10%) religiosas, 62 (0,29%) professoras ou vinculadas às ciências, letras e artes, e mais aquelas que praticavam atividades médicas (5 pessoas – 0,02%). Além das profissionais já relatadas, 278 mulheres (1,29%) sobreviviam do serviço doméstico, 32 (0,15) exerciam várias profissões (mal definidas segundo os termos do censo) e, finalmente 22 mulheres (0,10%) viviam de suas próprias rendas.

Ao utilizarmos as Tabelas 101 e 102, onde consta toda a população masculina e feminina, separada segundo suas profissões, temos uma certa distorção dos dados, pois, lá estão inclusos os números relativos às mulheres que não declararam suas práticas econômicas, resultando em uma população ativa bem reduzida, em torno de 28,41% do total. Mesmo assim, as referidas tabelas nos mostram que a grande maioria dos profissionais dedicavam-se à *agricultura* e *criação de animais*, sendo que 18% (7.902) do total de pessoas se vinculavam a estas atividades, sendo 7.003 homens (89%) e 899 mulheres (11%). O que não nos impede de apresentar dados discriminados, ou seja, 17,16% (7.605) dos trabalhadores (6.709 homens e 896 mulheres) são declarados como agricultores e 0,67% (297) como criadores (294 homens e 3 mulheres). Nas demais profissões estão outros 10% do total. Sobrando destes cálculos 71,58% dos não declarantes, sendo que destes 45,50% tinham menos de 14 anos, 10,48% de 15 a 20 anos e os demais (15,60%) possuíam idade superior a 21 anos.

Tabela 103
População total por profissões – 1920

Fonte: SPP-DD.

Produção de matéria-prima

Municípios	Exploração do solo – Agricultura etc.	Criação	Caça e Pesca	Extração – Pedreiras	Extração – Minas, salinas etc.
Franca	7.605	297	0	366	1
Igarapava	6.923	104	2	100	0
Ituverava	3.473	1.698	1	104	0
Patroc. Pta.	1.941	2	0	0	8
TOTAL	19.942	2.101	3	570	9

Transformação e emprego da matéria-prima – Indústrias – Segundo a natureza da matéria-prima

Municípios	Têxteis	Couros, peles etc.	Madeiras	Metalurgia	Cerâmica
Franca	15	15	16	102	8
Igarapava	3	0	18	65	192
Ituverava	2	0	8	21	56
Patroc. Pta.	7	0	7	4	11
TOTAL	27	15	49	192	267

Segundo a aplicação da matéria-prima

Municípios	Produtos químicos e análogo	Alimentação	Vestuário e toucador	Mobiliário	Edificação	Aparelho transporte
Franca	13	30	793	38	436	133
Igarapava	0	32	212	17	294	12
Ituverava	0	7	102	5	137	11
Patroc. Pta.	1	2	75	10	69	2
TOTAL	14	71	1.182	70	936	158

Transformação e emprego da matéria-prima – Indústrias – Segundo a administração da aplicação da matéria-prima

Municípios	Produção e transmissão de forças físicas	Relat. às ciências, letras e artes. Indústrias de luxo	Outras
Franca	37	33	69
Igarapava	27	6	19
Ituverava	7	9	2
Patroc. Pta.	10	0	0
TOTAL	81	48	90

Transportes

Municípios	Marítimos e Fluviais	Terrestres e aéreos	Correios, Telégrafos e telefones
Franca	6	297	16
Igarapava	2	198	24
Ituverava	2	137	8
Patroc. Pta.	0	50	2
TOTAL	11	682	122

Comércio

Municípios	Bancos, câmbio, Seguros, comunicações etc.	Comércio propriamente dito	Outras espécies de comércio
Franca	6	619	51
Igarapava	13	252	13
Ituverava	1	190	5
Patroc. Pta.	0	35	1
TOTAL	20	1.096	70

Administração e profissões liberais – Força Pública

Municípios	Exército – Oficiais	Exército – Praças	Armada – Oficiais	Armada – Praças	Polícia – Oficiais	Polícia – Praças
Franca	0	5	0	0	0	26
Igarapava	0	7	0	0	0	9
Ituverava	1	2	0	0	0	9
Patroc. Pta.	0	5	0	0	0	9
TOTAL	1	19	0	0	0	53

Administração e profissões liberais – Força Pública – Bombeiros – Administração Pública

Municípios	Bombeiros Oficiais	Bombeiros Praças	Federal	Estadual	Municipal	Particular
Franca	0	0	15	26	42	71
Igarapava	0	0	3	16	5	38
Ituverava	0	0	2	9	3	18
Patroc. Pta	0	0	7	5	2	3
TOTAL	0	0	27	56	52	130

Profissionais Liberais

Municípios	Religiosas	Judiciárias	Médicas	Magistério	Ciências, Letras e Artes
Franca	31	28	96	97	62
Igarapava	5	17	44	42	21
Ituverava	0	12	33	34	17
Patroc. Pta	3	10	14	16	9
TOTAL	38	67	187	189	109

Diversas

Municípios	Pessoas que vivem de suas rendas	Serviço Doméstico	Mal definidas	Não declaradas	0-14 anos	15-20 anos	21 e + anos	Total
Franca	50	320	727	196	20.156	4.643	6.911	44.308
Igarapava	19	144	196	202	15.188	3.070	5.325	32.678
Ituverava	29	90	202	101	11.018	2.474	3.663	23.552
Patroc. Pta	3	80	101		4.274	986	1.557	9.321
TOTAL	101	634	1.226		50.636	11.223	16.056	109.859

Tabela 104
População total por profissões – Porcentagem – 1920

Produção de matéria-prima / Transformação e emprego da matéria-prima

Municípios	Agricul-tura etc.	Criação	Caça e Pesca	Pedreiras	Minas, salinas etc.	Têxteis	Couros, peles etc.	Madeiras	Metalurgia	Cerâmica	Produtos químicos e análogo	Alimenta-ção	Vestuário e toucador	Mobiliário	Edificação	Aparelho transporte
Franca	17,16	0,67	0,00	0,83	0,00	0,03	0,03	0,04	0,23	0,02	0,03	0,07	1,79	0,09	0,98	0,10
Igarapava	21,19	0,32	0,01	0,31	0,00	0,01	0,00	0,06	0,20	0,59	0,00	0,10	0,65	0,05	0,90	0,04
Ituverava	14,75	7,00	0,00	0,44	0,00	0,01	0,00	0,03	0,09	0,24	0,00	0,03	0,43	0,02	0,58	0,05
Patroc. Pta.	20,82	0,02	0,00	0,00	0,09	0,08	0,00	0,08	0,04	0,12	0,01	0,02	0,80	0,11	0,74	0,02

Transformação e emprego da matéria-prima / Transportes / Comércio

Municípios	Produção e transmissão de forças físicas	Relat. às ciências, letras e artes. Indústrias de luxo	Outras	Marítimos e Fluviais	Terrestres e aéreos	Correios, Telégrafos e telefones	Comércio propriamente dito	Bancos, câmbio, Seguros, comunicações etc.	Outras espécies de comércio
Franca	0,08	0,07	0,16	0,01	0,67	0,04	1,40	0,01	0,12
Igarapava	0,08	0,02	0,06	0,01	0,61	0,07	0,77	0,04	0,04
Ituverava	0,03	0,04	0,01	0,01	0,58	0,03	0,81	0,00	0,02
Patroc. Pta.	0,11	0,00	0,00	0,00	0,54	0,02	0,38	0,00	0,01

Administração e profissões liberais – Administração Pública / Profissionais Liberais / Diversas

Municípios	Federal	Estadual	Municipal	Particular	Religiosas	Judiciárias	Médicas	Magistério	Ciências, Letras e Artes	Serviço Doméstico	Pessoas que vivem de suas rendas	Mal definidas
Franca	0,02	0,06	0,09	0,16	0,07	0,06	0,21	0,25	0,13	0,72	0,10	1,64
Igarapava	0,01	0,04	0,02	0,11	0,02	0,05	0,13	0,12	0,08	0,44	0,07	0,59
Ituverava	0,01	0,04	0,01	0,08	0,00	0,05	0,14	0,14	0,07	0,38	0,12	0,86
Patroc. Pta	0,08	0,05	0,02	0,03	0,03	0,11	0,15	0,17	0,10	0,86	0,03	1,08

Administração e profissões liberais – Força Pública / Profissão não declaradas / Total

Municípios	Bombeiros Oficiais	Bombeiros Praças	Exército Oficiais	Exército Praças	Armada Oficiais	Armada Praças	Polícia Oficiais	Polícia Praças	0-14 anos	15-20 anos	21 e + anos	Total
Franca	0,00	0,00	0,00	0,01	0,00	0,00	0,00	0,06	45,50	10,48	15,60	100,00
Igarapava	0,00	0,00	0,00	0,02	0,00	0,00	0,00	0,01	46,47	9,40	16,29	100,00
Ituverava	0,00	0,00	0,00	0,01	0,00	0,00	0,00	0,04	46,78	10,50	15,55	100,00
Patroc. Pta	0,00	0,00	0,00	0,05	0,00	0,00	0,00	0,10	45,85	10,58	16,70	100,00

Fonte: SPP-DD.

LÉLIO LUIZ DE OLIVEIRA

Tabela 105
População masculina por profissões – 1920

Produção de matéria-prima

Municípios	Agricultura etc.	Criação	Caça e Pesca	Pedreiras	Minas, salinas etc.
Franca	6.709	294	0	366	0
Igarapava	6.732	102	2	100	0
Ituverava	3.367	1.648	1	104	0
Patroc. Pta.	1.860	2	0	0	8
TOTAL					

Transformação e emprego da matéria-prima — Indústrias

Segundo a natureza da matéria-prima

Municípios	Texteis	Couros, peles etc.	Madeiras	Metalurgia	Cerâmica
Franca	11	15	16	102	8
Igarapava	3	0	18	65	191
Ituverava	1	0	8	21	55
Patroc. Pta.	1	0	7	4	11

Segundo a aplicação da matéria-prima

Municípios	Produtos químicos e análogo	Alimentação	Vestuário e toucador	Mobiliário	Edificação	Aparelho transporte
Franca	13	28	318	38	436	133
Igarapava	0	32	116	17	294	12
Ituverava	0	7	45	5	137	11
Patroc. Pta.	1	2	19	10	69	2

Transformação e emprego da matéria-prima

Segundo a administração da aplicação da matéria-prima

Municípios	Produção e transmissão de forças físicas	Relat. às ciências, letras e artes. Indústrias de luxo	Outras
Franca	37	33	49
Igarapava	27	6	17
Ituverava	7	9	2
Patroc. Pta.	10	0	0

Transportes

Municípios	Marítimos e Fluviais	Terrestres e aéreos	Correios, Telégrafos e telefones
Franca	6	297	15
Igarapava	3	198	21
Ituverava	2	137	8
Patroc. Pta.	0	50	1

Comércio

Municípios	Bancos, câmbio, Seguros, comunicações etc.	Comércio propriamente dito	Outras espécies de comércio
Franca	6	607	49
Igarapava	13	244	13
Ituverava	1	187	5
Patroc. Pta.	0	35	1

Administração e profissões liberais — Força Pública

Municípios	Exército Oficiais	Exército Praças	Armada Oficiais	Armada Praças	Polícia Oficiais	Polícia Praças
Franca	0	5	0	0	0	26
Igarapava	0	7	0	0	0	9
Ituverava	1	2	0	0	0	9
Patroc. Pta.	0	5	0	0	0	9

Administração e profissões liberais

Força Pública — Bombeiros

Municípios	Oficiais	Praças
Franca	0	0
Igarapava	37	33
Ituverava	0	0
Patroc. Pta	0	0

Administração Pública

Municípios	Federal	Estadual	Municipal	Particular
Franca	15	24	41	70
Igarapava	49	6	297	15
Ituverava	3	16	5	38
Patroc. Pta	2	9	3	18
TOTAL	7	4	2	3

Profissionais Liberais

Municípios	Religiosas	Judiciárias	Médicas	Magistério	Ciências, Letras e Artes
Franca	9	28	91	44	53
Igarapava	6	607	49	0	5
Ituverava	5	17	39	18	21
Patroc. Pta	0	12	31	20	16
TOTAL	3	10	14	10	9

Diversas

Municípios	Pessoas que vivem de suas rendas	Serviço Doméstico	Mal definidas
Franca	28	42	695
Igarapava	0	0	0
Ituverava	15	12	184
Patroc. Pta	27	5	198
TOTAL	3	8	94

Profissão Não declaradas

Municípios	0-14 anos	15-20 anos	21 e + anos	Total
Franca	10.159	1.667	98	22.682
Igarapava	26	4.643	6.911	44.308
Ituverava	7.687	1.016	155	17.473
Patroc. Pta	5.677	864	138	12.800
TOTAL	2.242	322	44	4.882

Fonte: SPP-DD.

Tabela 106
População masculina por profissões – Porcentagem – 1920

Produção de matéria-prima

Municípios	Exploração do solo e sub-solo			Extração de materiais minerais	
	Agricultura etc.	Criação	Caça e Pesca	Pedreiras	Minas, salinas etc.
Franca	29,58	1,30	0,00	1,61	0,00
Igarapava	38,53	0,58	0,01	0,57	0,00
Ituverava	26,30	12,88	0,01	0,81	0,00
Patroc. Pta.	38,10	0,04	0,00	0,00	0,16

Transformação e emprego da matéria-prima
Indústrias – Segundo a natureza da matéria-prima

Municípios	Têxteis	Couros, peles etc.	Madeiras	Metalurgia	Cerâmica
Franca	0,05	0,07	0,07	0,45	0,04
Igarapava	0,02	0,00	0,10	0,37	1,09
Ituverava	0,01	0,00	0,06	0,16	0,43
Patroc. Pta.	0,02	0,00	0,14	0,08	0,23

Segundo a aplicação da matéria-prima

Municípios	Produtos químicos e análogo	Alimentação	Vestuário e toucador	Mobiliário	Edificação	Aparelho transporte
Franca	0,06	0,12	1,40	0,17	1,92	0,59
Igarapava	0,00	0,18	0,66	0,10	1,68	0,07
Ituverava	0,00	0,05	0,35	0,04	1,07	0,09
Patroc. Pta.	0,02	0,04	0,39	0,20	1,41	0,04

Transformação e emprego da matéria-prima
Indústrias – Segundo a administração da aplicação da matéria-prima

Municípios	Produção e transmissão de forças físicas	Relat. às ciências, letras e artes. Indústrias de luxo	Outras
Franca	0,16	0,15	0,22
Igarapava	0,15	0,03	0,10
Ituverava	0,05	0,07	0,02
Patroc. Pta.	0,20	0,00	0,00

Transportes

Municípios	Marítimos e Fluviais	Terrestres e aéreos	Correios, Telégrafos e telefones
Franca	0,03	1,31	0,07
Igarapava	0,02	1,13	0,12
Ituverava	0,02	1,07	0,06
Patroc. Pta.	0,00	1,02	0,02

Comércio

Municípios	Bancos, câmbio, Seguros, comunicações etc.	Comércio propriamente dito	Outras espécies de comércio
Franca	0,03	2,68	0,22
Igarapava	0,07	1,40	0,07
Ituverava	0,01	1,46	0,04
Patroc. Pta.	0,00	0,72	0,02

Administração e profissões liberais
Força Pública

Municípios	Bombeiros Oficiais	Bombeiros Praças	Administração Pública Federal	Estadual	Municipal
Franca	0,00	0,00	0,07	0,11	0,18
Igarapava	0,00	0,00	0,02	0,09	0,03
Ituverava	0,00	0,00	0,02	0,07	0,02
Patroc. Pta	0,00	0,00	0,14	0,08	0,04

Profissionais Liberais

Municípios	Particular	Religiosas	Judiciárias	Médicas	Magistério	Ciências, Letras e Artes
Franca	0,31	0,04	0,12	0,40	0,19	0,23
Igarapava	0,22	0,03	0,10	0,22	0,10	0,12
Ituverava	0,14	0,00	0,09	0,24	0,16	0,13
Patroc. Pta	0,06	0,06	0,20	0,19	0,20	0,18

Diversas

Municípios	Pessoas que vivem de suas rendas	Serviço Doméstico	Mal definidas
Franca	0,12	0,19	3,06
Igarapava	0,09	0,07	1,05
Ituverava	0,21	0,04	1,55
Patroc. Pta	0,06	0,16	1,93

Administração e profissões liberais
Força Pública

Municípios	Exército Oficiais	Exército Praças	Armada Oficiais	Armada Praças	Polícia Oficiais	Polícia Praças
Franca	0,00	0,02	0,00	0,00	0,00	0,11
Igarapava	0,00	0,04	0,00	0,00	0,00	0,05
Ituverava	0,01	0,02	0,00	0,00	0,00	0,07
Patroc. Pta	0,00	0,10	0,00	0,00	0,00	0,18

Profissão Não declaradas

Municípios	0-14 anos	15-20 anos	21 e + anos	Total
Franca	44,79	7,35	0,43	100,00
Igarapava	43,99	5,81	0,89	100,00
Ituverava	44,35	6,75	1,08	100,00
Patroc. Pta	45,92	6,60	0,90	100,00

Fonte: SPP-DD.

Tabela 107
População feminina por profissões – 1920

Municípios	Produção de matéria-prima – Exploração do solo e sub-solo					Transformação e emprego da matéria-prima – Indústrias									
	Exploração do solo				Extração de materiais minerais		Segundo a natureza da matéria-prima					Segundo a aplicação da matéria-prima				
	Agricultura etc.	Criação	Caça e Pesca		Pedreiras	Minas, salinas etc.	Têxteis	Couros, peles etc.	Madeiras	Metalurgia	Cerâmica	Produtos químicos e análogo	Alimentação	Vestuário e toucador	Mobiliário	Edificação	Aparelho transporte
Franca	896	3	0		0	0	4	0	0	0	0	0	2	475	0	0	0
Igarapava	191	2	0		0	0	0	0	0	0	1	0	0	96	0	0	0
Ituverava	106	0	0		0	0	1	0	0	0	1	0	0	57	0	0	0
Patroc. Pta.	81	0	0		0	0	6	0	0	0	0	0	0	56	0	0	0
TOTAL																	

Municípios	Transformação e emprego da matéria-prima – Indústrias			Transportes			Comércio			
	Segundo a administração da aplicação da matéria-prima			Marítimos e Fluviais	Terrestres e aéreos	Correios, Telégrafos e telefones	Bancos, câmbio, Seguros, comunicações etc.	Comércio propriamente dito	Outras espécies de comércio	
	Produção e transmissão de forças físicas	Relat. as ciências, letras e artes. Indústrias de luxo	Outras							
Franca	0	0	20	0	0	1	0	12	2	
Igarapava	0	0	2	0	0	3	0	8	0	
Ituverava	0	0	0	0	0	0	0	3	0	
Patroc. Pta.	0	0	0	0	0	1	0	0	0	
TOTAL										

Municípios	Administração e profissões liberais							Profissionais Liberais							Diversas	
	Força Pública			Administração Pública				Religiosas	Judiciárias	Médicas	Magistério	Ciências, Letras e Artes	Comércio		Pessoas que vivem de suas rendas	Serviço Doméstico
	Bombeiros		Praças	Federal	Estadual	Municipal	Particular									
	Oficiais	Praças														
Franca	0	0	0	0	2	1	1	22	0	5	53	9			22	278
Igarapava	0	0	0	0	0	0	0	0	0	5	24	0			4	132
Ituverava	0	0	0	0	0	0	0	0	0	2	14	1			2	85
Patroc. Pta	0	0	0	1	0	0	0	0	0	0	6	0			0	72
TOTAL																

Municípios	Mal definidas	Exército		Armada		Polícia		Profissão não declaradas			Total
		Oficiais	Praças	Oficiais	Praças	Oficiais	Praças	0-14 anos	15-20 anos	21 e + anos	
Franca	32	0	0	0	0	0	0	9.997	2.976	6.813	21.626
Igarapava	12	0	0	0	0	0	0	7.501	2.054	5.170	15.205
Ituverava	4	0	0	0	0	0	0	5.341	1.610	3.525	10.752
Patroc. Pta	7	0	0	0	0	0	0	2.032	664	1.513	4.439
TOTAL											

Fonte: SPP-DD.

Tabela 108
População feminina por profissões – Porcentagem – 1920

Municípios	Produção de matéria-prima – Exploração do solo e sub-solo – Exploração do solo – Agricul-tura etc.	Criação	Caça e Pesca	Extração de materiais minerais – Pedreiras	Minas, salinas etc.	Transformação e emprego da matéria-prima – Indústrias – Segundo a natureza da matéria-prima – Têxteis	Couros, peles etc.	Madeiras	Metalurgia	Cerâmica	Segundo a aplicação da matéria-prima – Produtos químicos e análogo	Alimentação	Vestuário e toucador	Mobiliário	Edificação	Aparelho transporte
Franca	4,14	0,01	0,00	0,00	0,00	0,02	0,00	0,00	0,00	0,00	0,01	0,01	2,20	0,00	0,00	0,00
Igarapava	1,26	0,01	0,00	0,00	0,00	0,00	0,00	0,00	0,00	0,01	0,00	0,00	0,63	0,00	0,00	0,00
Ituverava	0,99	0,00	0,00	0,00	0,00	0,01	0,00	0,00	0,00	0,00	0,00	0,00	0,53	0,00	0,00	0,00
Patroc. Pta.	1,82	0,00	0,00	0,00	0,00	0,14	0,00	0,00	0,00	0,00	0,00	0,00	1,26	0,00	0,00	0,00
TOTAL																

Municípios	Transformação e emprego da matéria-prima – Indústrias – Segundo a administração da aplicação da matéria-prima – Produção e transmissão de forças físicas	Relat. às ciências, letras e artes. Indústrias de luxo	Outras	Transportes – Marítimos e Fluviais	Terrestres e aéreos	Correios, Telégrafos e telefones	Comércio – Comércio propriamente dito	Bancos, câmbio, Seguros, comunicações etc.	Outras espécies de comércio
Franca	0,00	0,00	0,09	0,00	0,00	0,00	0,00	0,00	0,01
Igarapava	0,00	0,00	0,01	0,00	0,00	0,02	0,00	0,00	0,00
Ituverava	0,00	0,00	0,00	0,00	0,00	0,00	0,00	0,00	0,00
Patroc. Pta.	0,00	0,00	0,00	0,00	0,00	0,02	0,00	0,00	0,00
TOTAL									

Municípios	Administração e profissões liberais – Força Pública – Bombeiros – Oficiais	Praças	Administração Pública – Federal	Estadual	Municipal	Profissionais Liberais – Particular	Religiosas	Judiciárias	Médicas	Magistério	Ciências, Letras e Artes	Diversas – Pessoas que vivem de suas rendas	Serviço Doméstico	Mal definidas	Profissão Não declaradas 0-14 anos	15-20 anos	21 e + anos	Total
Franca	0,00	0,00	0,00	0,01	0,00	0,00	0,10	0,00	0,02	0,25	0,04	0,10	1,29	0,15	43,23	13,76	31,50	100,00
Igarapava	0,00	0,00	0,00	0,00	0,00	0,00	0,00	0,00	0,03	0,16	0,00	0,03	0,87	0,08	49,33	13,51	34,00	100,00
Ituverava	0,00	0,00	0,00	0,00	0,00	0,00	0,00	0,00	0,02	0,13	0,01	0,02	0,79	0,04	49,67	14,97	32,78	100,00
Patroc. Pta	0,00	0,00	0,00	0,02	0,00	0,00	0,00	0,00	0,00	0,14	0,00	0,00	1,62	0,16	45,78	14,96	34,08	100,00
TOTAL																		

Administração e profissões liberais – Força Pública

	Exército		Armada		Policia	
	Oficiais	Praças	Oficiais	Praças	Oficiais	Praças
	0,00	0,00	0,00	0,00	0,00	0,00
	0,00	0,00	0,00	0,00	0,00	0,00
	0,00	0,00	0,00	0,00	0,00	0,00
	0,00	0,00	0,00	0,00	0,00	0,00

Fonte: SPP-DD.

Tabela 109
Número e porcentagem de *lavradores e criadores* em relação à população total do município de Franca – 1872/1920

Censos	1872	1872	1920
	Município de Franca(*)	Paróquia de N. S. da Conceição da Franca (**)	Município de Franca
População total	21.419	8.248	44.308
População com profissão declarada	18.892	4.889	12.598
Número de lavradores e criadores	7.102	2.669	7.902
% de lavradores e criadores em relação ao total da população com profissão declarada	37,59%	54,59%	62,72%

Fonte: SPP-DD
(*) O município de Franca, em 1872, incluía Igarapava, Ituverava e Patrocínio Paulista.
(**) Limites aproximados do município de Franca a partir de 1890.

Em suma, o que a análise dos censos evidencia, é que a maioria da população do município de Franca, continuava a se dedicar a atividades agropastoris, mesmo com o crescimento da cidade e a ampliação e diversificação contínua das atividades econômicas. Tal conclusão é corroborada pelo levantamento das profissões dos censos de 1872 e 1920 (levando-se em conta que o censo de 1890 não discrimina as profissões). Em 1872, 54,59% das pessoas dedicavam-se a profissões agrícolas – lavradores e criadores, e em 1920 essa porcentagem crescera, ou seja, 65,09% dos homens eram devotados à agricultura e à criação de animais (Tabela 109).

CONCLUSÕES

Durante o século XIX, foram fundados os alicerces da economia do município de Franca, sustentados principalmente na pecuária e na agricultura de abastecimento interno. Com a chegada da ferrovia (1887) e a ampliação da cafeicultura, durante os anos de 1890 e 1920, as bases das tradicionais atividades econômicas não só permaneceram, como foram ampliadas e dinamizadas.

As expressivas transformações ocorridas na economia paulista, no mundo rural, implementadas especialmente pelo café, foram absorvidas em Franca, sem desmantelar a antiga estrutura produtiva.

A cafeicultura, novo centro dinâmico, veio postar-se ao lado da pecuária, que permaneceu com características semelhantes às do século XIX, ou seja, o gado de corte para vender, o gado de criar para a economia da casa, e os bois de carro para transportar os produtos e arar a terra. Além disso, criava-se suínos para o consumo e venda da carne e do toucinho. Ao mesmo tempo em que brotavam os novos cafezais, produzia-se, também, para comercializar, o arroz, o milho e o feijão. A produção atendia o consumo doméstico, a demanda da cidade em crescimento populacional e os mercados regionais, estes através da ferrovia.

Assim, o município francano, mantendo as características de produtor para o mercado interno, revigorou o papel de entreposto comercial, de porte regional, com vínculos estreitos com o Triângulo Mineiro, Sul de Minas e com todo o Nordeste paulista, rivalizando-se com os municípios nos quais a cafeicultura passou a predominar, como foi o caso de Ribeirão Preto, Cravinhos, Sertãozinho e São Simão.

Os possuidores das lavouras de grande porte simultaneamente mantinham os maiores rebanhos de bovinos, equinos e suínos. Dependendo do tamanho, os imóveis rurais destinavam-se ao autoabastecimento e ao fornecimento de gêneros para o centro urbano, caso das chácaras, ou produziam sistematicamente para o mercado, próprio dos sítios e fazendas. Desta forma, as unidades produtivas rurais eram aparelhadas para manter a estrutura produtiva tradicional. A diversificação da estrutura produtiva foi, pois, predominante em Franca, no período. A cafeicultura, com fins comerciais, esteve concentrada em parte das propriedades. Embora o *Censo de 1920* revelasse que em 50,42% das unidades produtivas houvesse o cultivo da rubiácea, 12% das fazendas produziam cana-de-açúcar e seus derivados, e a produção de alimentos e a pecuária foram práticas amplamente disseminadas em todas as propriedades. Cultivou-se plantas alimentícias (arroz, milho e feijão) em aproximadamente 80% dos estabelecimentos rurais, enquanto que a pecuária estava atuante em mais de 90% das propriedades.

Os proprietários rurais – de pequeno, médio e grande porte – tiveram o cuidado de não investir todos seus recursos em uma única atividade. Distanciaram-se do modelo monocultor, combinando os investimentos em imóveis [rurais e urbanos], gado e cafezais.

Nesse sentido, em Franca, as práticas implementadas no campo, influenciadas pelo café, puderam de certa maneira ser controladas. As demais atividades não se reordenaram somente no sentido de serem amplamente cadenciadas pelo ritmo da cafeicultura. A maior parte da mão de obra do município, inclusive decorrente da imigração, permaneceu nas atividades agropastoris. A pequena exploração rural não recuou diante do avanço da grande exploração. Não obstante, os chacareiros e sitiantes, e até os grandes fazendeiros, resguardaram as formas conservadoras de produção para o autoconsumo, conciliando tradicionalismo e adesão ponderada às forças do mercado.

FONTES E BIBLIOGRAFIA

FONTES MANUSCRITAS

Arquivo Histórico Municipal de Franca *Capitão Hypólito Antônio Pinheiro*.
 750 Inventários (Partilhas) *post-mortem* – 1. e 2. Ofício Cível.
 2.190 escrituras de compra e venda – 2. Ofício Cível.

Museu Histórico Municipal de Franca *José Chiachiri*.
 Jornal Tribuna da Franca – período: 1909-1915.
 Livros de Atas das Câmara Municipal – período: 1890-1920;
 Livros de Lançamentos de Arrecadação do Mercado Municipal;
 Regulamentos para arrecadação de impostos municipais – Ano: 1898;
 Código de Posturas da Câmara Municipal – Ano: 1888.

FONTES IMPRESSAS

Fundos Arquivísticos
APESP – Arquivo Público do Estado de São Paulo.

Repertório de sesmarias concedidas pelos Capitães Generais da Capitania de São Paulo, desde 1721 até 1821. São Paulo: Tip. Globo, 1944, v. 4.

Relatórios da Secretaria de Negócios da Agricultura, Comércio e Obras Públicas, apresentados ao Presidente do Estado. Anos: 1892, 1893, 1896, 1897, 1898, 1899, 1902 e 1903.

SEADE – Fundação Sistema Estadual de Análise de Dados do Estado de São Paulo
Anuário Estatístico do Estado de São Paulo – Anos: 1898, 1905, 1906, 1907, 1908, 1909, 1910, 1911, 1912, 1913, 1914, 1915, 1916, 1917, 1918, 1919, 1920, 1921, 1925, 1926, 1927 e 1928.
Produção do Município de Franca – agrícola, extrativa, zootécnica – Anos: 1895, 1896, 1897, 1905 e 1906.
Número de estabelecimentos rurais: 1905 e 1906.
Gado abatido no Matadouro Municipal: 1906 a 1913.
Alimentação pública: preços extremos da carne verde por quilo.
Finanças do Município: Receitas x despesas: 1898 a 1920.
Arrecadação de Tributos: Imposto de Indústrias e Profissões; Imposto Predial; Imposto sobre alinhamento e vias públicas; Imposto sobre o café produzido no município; Serviço de Águas e Esgotos; Receita do Cemitério; Receita do Matadouro; Renda do Mercado; Cobrança de Dívidas Ativas; Empréstimos; Depósitos e cauções; Rendas extraordinárias e Rendas Diversas.

IBGE – Instituto Brasileiro de Geografia e Estatísitica – Ministério da Agricultura, Indústria e Commercio. Directoria Geral de Estatística. *Recenseamento do Brasil, 1920.* Rio de Janeiro: Typ da Estatística, 1924.

NEPO – Núcleo de Estudos de População – Unicamp. BASSANEZI, Maria Sílvia C. Beozzo, FONSECHI, Gislaine Aparecida (orgs.). *São Paulo do passado.* Dados Demográficos. Unicamp: Núcleo de Estudos de População (NEPO), 1998.

AHMF – Arquivo Histórico Municipal de Franca. CHIACHIRI FILHO, José. *A mineração.* In: Franca: banco de dados. s/d. (mimeo).

Monografias

D'ALINCOURT, Luiz. *Memória sobre a viagem do porto de Santos à cidade de Cuiabá.* Belo Horizonte: Itatiaia; São Paulo: Universidade de São Paulo. 1975. (Reconquista do Brasil, 25).

FERREIRA, Jurandir Pires. *Enciclopédia dos municípios brasileiros.* Rio de Janeiro: IBGE, 1957. v. 23.

FRANCO, M. (org.). *Almanack de Franca – 1902.* São Paulo: Duprat, 1902.

LUNÉ, Antônio José Baptista, FONSECA, Paulo Delfino da. *Almanack da Província de São Paulo para 1873*. Ed. fac-similar. São Paulo: Imesp, 1985.

MACHADO, Alcântara. *Vida e Morte do Bandeirante*. São Paulo: Martins, 1972.

MARQUES, Manuel Eufrásio de Azevedo. *Apontamentos da Província de São Paulo*. São Paulo: Livraria Martins Editora, 1985. t.1 e 2.

MÜLLER, Daniel Pedro. *Ensaio d'um quadro estatístico da Província de São Paulo: ordenado pelas leis municipais de 11 de abril de 1836 e 10 de março de 1837*. 3. Ed. São Paulo: Governo do Estado, 1978.

SAINT-HILAIRE, Auguste. *Viagem às nascentes do rio São Francisco*. Trad. Clara Ribeiro Lessa. São Paulo: Nacional, 1937, v. 1 (Brasiliana, 1968).

_____. *Viagem à Província de São Paulo*. São Paulo: Livraria Martins, s/d.

BIBLIOGRAFIA

AGUIAR, Maria do Amparo Albuquerque. *Terras de Goiás. Estrutura fundiária – 1850/1920* – Tese (doutorado) – FFLCH-USP, São Paulo, 1998.

ARLANCH, Flávia. *Formação do mercado interno em São Paulo: o exemplo de Jaú (1870-1914)* – Dissertação (mestrado) – FFLCH-USP, São Paulo, 1977.

ARRUDA, José Jobson de Andrade. "História e crítica da História econômica quantitativa". *Revista de História*, São Paulo, v. 55, n. 110, p. 463-481, 1977.

_____. "O século de Braudel". *Cebrap Novos Estudos*, São Paulo, v. 2, n. 4, p. 27-36, abr., 1984.

_____. A prática econômica setecentista no seu dimensionamento regional. *Revista Brasileira de História*, São Paulo, v. 5, n. 10, mar./ago., 1985.

_____. O Império da História. *Revista de História*, São Paulo, n. 135, 1996.

BACELLAR, Carlos de Almeida Prado e BRIOSCHI, Lucila Reis (orgs.). *Na estrada do Anhanguera. Uma visão regional da História paulista*. São Paulo: Humanitas, FFLCH-USP, 1999.

BANDECCHI, Brasil. *História econômica e administrativa do Brasil*. 4. ed. São Paulo: Didática Irradiante, s/d.

BEIGUELMAN, Paula. *A formação do povo no complexo cafeeiro: aspectos políticos*. 2. ed. São Paulo: Pioneira, 1977.

BENTIVÓGLIO, Júlio César. *Igreja e urbanização em Franca*. Franca: Unesp-FHDSS: Amazonas Prod. Calçados S/A, 1997. 176p. (História Local, 8)

BRAUDEL, Fernand. História e Ciências Sociais. *Revista de História*, São Paulo, v. 30, n. 62, p. 261-294, abr./jun., 1965.

_____. *A dinâmica do capitalismo*. Trad. port. Rio de Janeiro: Rocco, 1987.

_____. *Civilização material, economia e capitalismo: séculos XV-XVIII*. Trad. port. São Paulo: Martins Fontes, 1996. T.1,2 e 3.

BRIOSCHI, Lucila Reis et al. *Entrantes do sertão do Rio Pardo:* o povoamento da Freguesia de Batatais – séculos XVIII e XIX. São Paulo: CERU, 1991.

_____. *Entrantes da Freguesia de Batatais – séc. XVIII e XIX*. São Paulo: CERU, 1991.

CANABRAVA, Alice Piffer. A grande lavoura. In: HOLANDA, Sérgio Buarque (coord.). *História Geral da Civilização Brasileira*. O Brasil Monárquico. São Paulo: Difusão Europeia do Livro, 1971.

CANABRAVA, Alice Piffer. Uma economia de decadência: os níveis de riqueza na Capitania de São Paulo, 1765/67. *Revista Brasileira de História*, Rio de Janeiro, v. 26, n. 4, out./dez., 1972.

CÂNDIDO, Antônio. *Parceiros do Rio Bonito*. Um estudo sobre o caipira paulista e a transformação dos seus meios de vida. 7. ed. São Paulo: Duas Cidades, 1987.

CANO, Wilson. Base e superestrutura em São Paulo: 1886-1929. In: LORENZO, Helena Carvalho e COSTA, Wilma Peres da. *A decadência de 1920 e as origens do Brasil moderno*. São Paulo: Fundação Editora Unesp, 1997. (Prismas).

CANO, Wilson. O complexo cafeeiro de São Paulo. In: *Ensaios sobre a formação econômica regional do Brasil*. Campinas: Unicamp, 2002.

CARDOSO, Ciro Flamarion Santana. História da agricultura e história regional: perspectivas metodológicas e linhas de pesquisa. In: *Agricultura, escravidão e capitalismo*. Petrópolis: Vozes, 1979.

CARDOSO, Fernando Henrique. Livros que inventaram o Brasil. *Cebrap Novos Estudos*, São Paulo, n. 37, p. 21-35, nov., 1993.

CHAVES, Cláudia Maria das Graças. *Perfeitos negociantes*. Mercadores das minas setecentistas. São Paulo: Annablume, 1999.

CHIACHIRI, José. *Vila Franca do Imperador*: subsídios para a história de uma cidade. Franca: O Aviso de Franca, 1967.

CHIACHIRI Filho, José. *Do sertão do Rio Pardo à Vila Franca do Imperador*. Ribeirão Preto: Ribeira, 1982.

CHIACHIRI FILHO, José. Realidade colonial. In: BRIOSCHI, Lucila R. *Entrantes da Freguesia de Batatais*. Séculos XVIII e XIX. São Paulo: CERU, 1991, p. 1-57.

COELHO, Hercídia Mara Facuri (coord.). *Histórias de Franca*. Franca: Unesp-FHDSS: Amazonas Prod. Calçados S/A, 1997. (História Local, 4).

CONTADOR, Cláudio R. e HADDAD, Cláudio L. Produto real: moeda e preços: a experiência brasileira no período 1861-1970. *Revista Brasileira de Estatística*. Rio de Janeiro, v. 36, n. 143, p. 407-440.

CORREIA Júnior, Carmelino. *Os primórdios do povoamento do Sertão do Capim Mimoso*. Franca, s/d. (mimeo.).

COSTA, Emília Viotti da. *Da senzala à colônia*. São Paulo: Unesp, 1999.

COSTA, Hernani Maia. *As barreiras de São Paulo: estudo histórico das barreiras paulistas no século XIX* – Dissertação (mestrado) – FFLCH-USP, São Paulo, 1984.

DAUMARD, Adeline. *Hierarquia e riqueza na sociedade burguesa*. São Paulo: Perspectiva, 1985.

DEAN, Warren. *Rio Claro:* um sistema brasileiro de grande lavoura. Rio de Janeiro: Paz e Terra, 1977.

DELFIM NETO, Antônio. *O problema do café no Brasil. São Paulo: Faculdade de Ciências Econômicas e Administrativas,* – Tese (livre docência) – USP, São Paulo, 1959.

DI GIANNI, Tércio Pereira. *Italiano em Franca*. Imigrantes de boa estrela em uma cidade do interior. Franca: Unesp-FHDSS: Amazonas Prod. Calçados S/A, 1997 (História Local, 1).

DINIZ, José Alexandre Filizola. *Evolução das propriedades agrícolas do município de Araras. (1850-1965)*. Simpósio nacional de professores universitários de história, 5, São Paulo, 1971.

FARIA, Sheila Siqueira de Castro. *Terra e trabalho em campos de Goiatacazes (1850-1920)* - Dissertação (mestrado) - ICHF-UFF, Niterói, 1986.

FAUSTO, Boris. Expansão do café e política cafeeira. In: _____(dir.). *História geral da civilização brasileira. O Brasil republicano. Economia e finanças nos primeiros anos da República*. São Paulo: Difel, 1975. t.3, v. 1.

FERLINI, Vera Lúcia do Amaral. *Terra, trabalho e poder: o mundo dos engenhos no Nordeste colonial*. São Paulo: Brasiliense, 1988.

FILIPPINI, Elizabeth. *À sombra dos cafezais: sitiantes e chacareiros em Jundiaí (1890-1920)* - Tese (doutorado) - FFLCH-USP, São Paulo, 1998.

FLOUD, Roderick. *Métodos cuantitativos para historiadores*. Trad. esp. Madrid: Aliança Editorial, 1983.

FRANÇA, Ary. *A marcha do café e as frentes pioneiras*. Rio de Janeiro: Conselho Nacional de Geografia, 1960.

FRANCO, M. (org). *Almanack da Franca – 1902*. São Paulo: Duprat, 1902.

FRANCO, Maria Sylvia de Carvalho. *Homens livres na ordem escravocrata*. São Paulo: IEB-USP, 1969.

FREITAS, Myrtes Palermo C. de. *A diversificação das atividades econômicas do município paulista de Franca (1900-1930)* - Dissertação (mestrado) - FFLCH-USP, São Paulo, 1979.

FURET, François. *O quantitativo em História*. In: LE GOFF, Jacques; NORA, Pierre. *História: novos problemas*. Trad. port., Rio de Janeiro: F. Alves, 1976.

FURTADO, Celso. *Formação Econômica do Brasil*. 20. ed. São Paulo: Nacional, 1985.

GOLDSMITH, Raymond W. *Brasil 1850-1984. Desenvolvimento financeiro sob um século de inflação*. São Paulo: Harper & Row do Brasil, 1986.

GOULART, José Alípio. *Brasil do boi e do couro*. Rio de Janeiro: Edições GRD, 1965, v. 1.

GUTIÉRREZ GALLARDO, Darío Horácio. *Terras e gado no Paraná tradicional.* São Paulo: Faculdade de Filosofia, Letras e Ciências Humanas, 1996. 176p. Tese (Doutorado em História) – Universidade de São Paulo, 1998.

HOLANDA, Sérgio Buarque de. Prefácio. In: DAVATAZ, Thomas. *Memórias de um colono no Brasil (1850).* São Paulo: Martins Fontes/Edusp, 1972, p. xxv.

_____. *Monções.* 3. ed., São Paulo: 1989.

HOLLOWAY, T. Holloway. *Imigrantes para o café. Café e sociedade em São Paulo, 1886-1934.* Trad. port. Rio de Janeiro: Paz e Terra, 1984.

LAGES, José Antônio Corrêa. *O povoamento da mesopotâmea Pardo-Mojiguaçu por correntes migratórias mineiras: o caso de Ribeirão Preto (1834-1883)* – Dissertação (mestrado) – FHDSS-Unesp, Franca, 1995.

LENHARO, Alcir. *As tropas da moderação: o abastecimento da corte na formação da política do Brasil, 1808-1842.* São Paulo: Símbolo, 1979 (Ensaio e Memória, 21).

_____. *Rota menor: o movimento da economia mercantil de subsistência do centro-sul do Brasil, 1808-1831. Anais do Museu Paulista,* v. 23, p. 29-49, 1977/78.

LIMA, Cacilda Comássio. *A construção da cidade. Franca-século* XIX. Franca: Unesp-FHDSS, Companhia Açucareira Vale do Rosário, 106 p. (História Local,3).

LIMA, Sílvia Maria Jacintho. *Transformações na pecuária bovina paulista: o exemplo da região de Franca. Franca: 1973.* Tese (Doutorado em Geografia) – Faculdade de Filosofia, Ciências e Letras de Franca, 1973.

LINHARES, Maria Yedda; SILVA, Francisco Carlos Teixeira. *História da Agricultura Brasileira.* São Paulo: Brasiliense, 1981.

MARCONDES, Renato Leite. *A arte de acumular numa economia cafeeira.* Vale do Paraíba, século XIX. Lorena: Stiliano, 1998.

MARCONDES, Renato Leite. *Formação da rede regional de abastecimento do Rio de Janeiro: a presença dos negociantes de gado (1801-1811).* Topoi, Rio de Janeiro, 2001.

MARTINS, José de Souza. *O cativeiro da terra.* São Paulo: Livraria Editora Ciências Humanas, 1979.

MARTINS, Roberto. *A economia escravista de Minas Gerais no século XIX*. Texto para discussão, n. 10., Belo Horizonte: CEDEPLAR, 1982.

MARTINS, Roberto Borges. *Growing in silence: the slave economy of nineteenth – century, Minas Gerais, Brasil*. Nashiville: Vanderbilt University, 1980.

MARX, Karl. *O capital*. Trad. Reginaldo Sant'Ana. 3. ed. Rio de Janeiro: Civilização Brasileira, 1977, livro 3, vol.6.

_____. *O capital*. Trad. port. 7. ed. Rio de Janeiro: Zahar, 1982. P. 361.

MATOS, Odilon N. *Café e ferrovias*. São Paulo: Alfa-Ômega, 1974.

MAYER, Arno J. *A força da tradição: a permanência do Antigo Regime, 1848-1914*. Trad. Denise Bottmann. São Paulo: Companhia das Letras, 1987.

MELLO, João Manoel Cardoso de. *O capitalismo tardio: uma contribuição à revisão crítica da formação e do desenvolvimento da economia brasileira*. 4. ed., São Paulo: Brasiliense, 1986.

MILLIET, Sérgio. *Roteiro do café e outros ensaios*. 3. ed. São Paulo, 1941.

MONBEIG, Pierre. *Pioneiros e fazendeiros em São Paulo*. Trad. Ary França, Raul de Andrade e Silva. São Paulo: Hucitec/Polis, 1984.

NABUT, Jorge Alberto (org.). *Desemboque: documento histórico e cultural*. Uberaba: Fundação Cultural de Uberaba, Arquivo Público de Uberaba, Academia de Letras do Triângulo Mineiro, 1986.

NALDI, Mildred Regina Gonçalves. *O barão e o bacharel: um estudo de política local no II Reinado, o caso de Franca* – Tese (doutorado) – FFLCH-USP, São Paulo, 1988.

NAVARRA, Wanda Silveira. *O uso da terra em Itatiba e Morungaba. Permanência e mudança na organização do espaço agrário (1956-1966)* – Tese (doutorado) – FFLCH-USP, São Paulo, 1972.

NEME, Mário. Apossamento do solo e evolução da propriedade rural na zona de Piracicaba. *Coleção Museu Paulista*. São Paulo. 1974. v. 1. (Série História).

NOVAIS, Fernando Antônio. *Portugal e Brasil na crise do Antigo Sistema Colonial (1777-1808)*. São Paulo: Hucitec, 1983.

NOVAIS, Fernando Antônio. Condições da privacidade na Colônia. In: _____.(org.). *História da vida privada no Brasil*. São Paulo: Companhia das Letras, 1997. v. 1.

NOZOE, Nelson e MOTTA, José Flávio. Pródomos da acumulação cafeeira paulista. *Seminário permanente de estudo da família e da população no passado brasileiro.* IPE-USP, abr. 1994.

_____. "Os produtores eventuais de café: nota sobre os primórdios da cafeicultura paulista (Bananal, 1799-1829)". Juiz de Fora: *Locus Revista de História*, v. 5, n. 1, p. 33-50, 1999.

OLIVEIRA, Francisco de. "Herança econômica do Segundo Império". In: FAUSTO, Boris (dir.). *História geral da civilização brasileira.* São Paulo: Difel, 1985, v. 3, p. 394-396.

OLIVEIRA, Lelio Luiz de. A posse de escravos em Franca, segundo os inventários (1822-30). *Estudos de História,* Franca, v. 1, p. 173-186, dez., 1994.

_____. *As transformações da riqueza em Franca no século XIX* – Dissertação (mestrado) – FHDSS-Unesp, Franca, 1995.

_____. As transformações da economia da região de Franca no século XIX. *Estudos de História,* Franca: Unesp-FHDSS, v. 3, n. 1, *1996.*

_____. *Economia e História. Franca século XIX.* Franca: Unesp-FHDSS: Amazonas Prod. Calçados S/A, 1997. (História Local, 7).

OLIVEIRA, Roberson Campos de. *Agricultura e mercado interno.* São Paulo: 1850-1930 – Dissertação (mestrado) – FFLCH-USP, São Paulo, 1993.

OLIVEIRA, Wilmar Antônio. *Política e saúde pública: o município de Franca na Primeira República (1889-1930)–* Dissertação (mestrado) – FHDSS-Unesp, Franca, 1999.

PELAES, Carlos e SUZIGAN, Wilson. *História Monetária do Brasil.* 2. ed. Brasília: Universidade de Brasília, 1981. 438p. (Coleção Temas Brasileiros, 15).

PETRONE, Maria Thereza Schorer. *A lavoura canavieira em São Paulo: expansão e declínio.* São Paulo: Difusão Europeia do Livro, 1968.

_____. Terras devolutas, posses e sesmarias no Vale do Paraíba paulista em 1854. *Revista de História, São Paulo,* n. 103, p. 375-400, jul.-set., 1975.

PINTO, Luciana Suares Galvão. As origens da economia cafeeira em Ribeirão Preto. In: CONGRESSO BRASILEIRO DE HISTÓRIA ECONÔMICA, 3, 1999, Curitiba. *Anais.* Curitiba, 1999.

_____. *Ribeirão Preto:* a dinâmica da economia cafeeira de 1870 a 1930 – Dissertação (mestrado) – FCL-UNESP, Araraquara, 2000.

PIRES, Júlio Manuel. Finanças públicas municipais na República Velha: o caso de Ribeirão Preto. *Estudos econômicos.* São Paulo, v. 27, n. 3, p. 481-518, set./dez, 1997.

PRADO JÚNIOR, Caio. *Evolução política do Brasil* (1933). 5. ed., São Paulo: Brasiliense, 1975.

_____. *História econômica do Brasil* (1945). 42. ed., São Paulo: Brasiliense, 1978.

_____. *Formação do Brasil contemporâneo* (1942). 20. ed., São Paulo: Brasiliense, 1987.

PRESOTTO, Zélia; RAVAGNANI, Oswaldo. Dados históricos e arqueológicos dos primeiros habitantes do Nordeste paulista. *Boletim de História e Ciências correlatas,* Franca, ano 2, n. 4, 1970.

REIS, José Carlos. *Escola dos Annales.* A inovação em História. São Paulo: Paz e Terra, 2000.

SAES, Flávio Azevedo Marques de. *As ferrovias em São Paulo: Paulista, Mogiana e Sorocabana* – Tese (doutorado) – FEA-USP, São Paulo, 1974.

SANTOS, Wanderley. *O índio na história de Franca.* Franca: Prefeitura Municipal de Franca, 1995.

_____. *Banco de dados.* Franca: Prefeitura Municipal de Franca (mimeo).

SIMONSEN, Roberto. *História Econômica do Brasil: 1500-1820.* 3. ed., São Paulo: Nacional, 1957.

SINGER, Paul. "O Brasil no contexto do capitalismo internacional – 1889-1930". In: FAUSTO, Boris. *História Geral da Civilização Brasileira. O Brasil republicano. Estrutura de poder e economia (1889-1930).* 4. ed, São Paulo: DIFEL, 1985, t.3, v. 1, p. 345-414.

STEIN, Stanley J. *Grandeza e decadência no Vale do Paraíba, com referência especial ao município de Vassouras.* São Paulo: Brasiliense, 1961.

STOLCKE, Verena. *Cafeicultura, homens, mulheres e capital (1850-1980).* Trad. de Denise Bottmann, João R. Martins Filho. São Paulo: Brasiliense, 1986.

TOSI, Pedro Geraldo. *Capitais no interior:* Franca e a história da indústria coureiro-calçadista (1860-1945). Campinas: Instituto de Economia, 1998. 276p. Tese (Doutorado em História Econômica) – UNICAMP, Campinas, 1998.

_____. Cultura do café e cultura dos homens em Franca: a influência da ferrovia para a sua urbanização. *Estudos de História,* Franca, v. 5, n. 2, p. 113-148.

VIEIRA, Benedito Eufrásio Marcondes. *O uso da terra no planalto de Franca.* Franca: Faculdade de Filosofia, Ciências e Letras, 1973. 273p. Tese (Doutorado em Geografia) – Faculdade de Filosofia, Ciências e Letras, 1973.

ZAMBONI, Ernesta. *Processo de formação e organização da rede fundiária da área de Ribeirão Preto (1874-1900):* uma contribuição ao estudo da estrutura agrária. São Paulo: Faculdade de Filosofia e Ciências Humanas, Universidade de São Paulo, 1978. 135p. Dissertação (Mestrado em História) – Universidade de São Paulo, 1978.

Esta obra foi impressa pela Renovagraf em São Paulo no outono de 2016. No texto foi utilizada a fonte Minion Pro, em corpo 10 e entrelinha de 15 pontos.